"十二五"普通高等教育本科国家级规划教材

"十二五"普通高等教育本科省级规划教材

21世纪工商管理特色教材

投资风险管理
（第2版）

INVESTMENT
RISKS MANAGEMENT

迟国泰 ⊙ 编著

清华大学出版社
北京

本书封面贴有清华大学出版社防伪标签，无标签者不得销售。
版权所有，侵权必究。举报：010-62782989，beiqinquan@tup.tsinghua.edu.cn。

图书在版编目(CIP)数据

投资风险管理 / 迟国泰编著．—2版．—北京：清华大学出版社，2014(2025.2重印)
(21世纪工商管理特色教材)
ISBN 978-7-302-37437-4

Ⅰ. ①投… Ⅱ. ①迟… Ⅲ. ①投资－风险管理－高等学校－教材 Ⅳ. ①F830.59

中国版本图书馆CIP数据核字(2014)第169851号

责任编辑：刘志彬
封面设计：汉风唐韵
责任校对：王荣静
责任印制：杨　艳

出版发行：清华大学出版社
网　　址：https://www.tup.com.cn, https://www.wqxuetang.com
地　　址：北京清华大学学研大厦A座　　　　　邮　编：100084
社 总 机：010-83470000　　　　　　　　　　邮　购：010-62786544
投稿与读者服务：010-62776969, c-service@tup.tsinghua.edu.cn
质量反馈：010-62772015, zhiliang@tup.tsinghua.edu.cn

印 装 者：天津鑫丰华印务有限公司
经　　销：全国新华书店
开　　本：185mm×260mm　　印　张：14　　字　数：316千字
版　　次：2010年6月第1版　 2014年9月第2版　　印　次：2025年2月第10次印刷
定　　价：38.00元

产品编号：056379-02

21 世纪工商管理特色教材

编辑委员会

名誉主任	王众托
主　　任	苏敬勤
副 主 任	李延喜　李新然
编　　委	（按姓氏笔画排列）

王尔大	王延章	王国红	朱方伟
仲秋雁	任曙明	刘凤朝	刘晓冰
安　辉	苏敬勤	李文立	李延喜
李新然	迟国泰	陈艳莹	胡祥培
秦学志	原毅军	党延忠	郭崇慧
逯宇铎	董大海	戴大双	

前言

投资风险管理研究如何把个人、机构的有限资源在具有不确定性收益的金融资产和实物资产中进行优化配置。就一般意义而言,人们面对的未来都是充满不确定性的,只不过这种不确定性(风险)对于投资管理的影响更加显著而已。

投资风险管理是在均衡考虑收益与风险的情况下实现投资者效用最大化。收益与风险是投资过程中相互矛盾的两个方面,在鱼和熊掌不可兼得的情况下如何作出一个最优的权衡(trade-off),这就是投资决策。

本书涵盖了投资组合与风险管理(portfolio and risk management)等许多国外本科生和研究生该类课程的主要内容。其中,风险管理旨在反映金融学科的核心内容,具有很强的应用性质。

本书在编写过程中试图突出以下六个特色:

(1) 传递金融理论与方法的核心信息。金融学的核心问题是研究资本和资产的配置效率。金融学方法的三个理论支柱是跨时期的资源最优化(货币的时间价值)配置、资产估值、风险管理(尤其是投资组合理论)。本书的基本内容就涵盖了资本和资产的配置理论与方法,突出了资产估值、资产优化和风险管理。

(2) 反映企业生产实践中的真实需求。例如出口企业如何防范人民币升值导致的企业亏损,发电类企业在煤炭涨价时怎么预防风险,怎样回避由于利率的波动导致的企业债务负担加重的问题,如此等等。其实,这正是远期、期货、期权的套期保值功能所要解决的实际问题。

(3) 对金融市场的真实反映。本书除了涉及债券投资、股票投资外,对企业风险管理常用的套期保值工具如远期、期货投资、期权投资也进行了重点介绍。这就解决了课程知识体系对生产经营实践和金融市场的真实反映问题。

(4) 以应用为导向。通过案例和实例,力求使学生掌握资产估值、资产配置和风险管理的原理与方法的应用。

(5) 与国际惯例接轨。西方的金融与投资类课程,就是按照上述的资产估值、资产优化和风险管理的逻辑线索设置的。

（6）有关章节后附有由金融模型严谨推导的附录。本书不同于国内外流行的"投资学"、"金融学"或"投资组合与风险管理"教材泛泛地给出没有来由的金融模型，而是在有关章节之后附有复杂模型详尽推导过程的附录，以便于使用本书的教师或有理工科背景的学生课后深入理解和研究投资风险管理，深入理解金融的模型化特点，深入了解金融模型的来龙去脉。这些模型一般都是用初等数学推导的，即使是文科背景的学生，也可以看懂其中大部分内容。

本书的编写主旨和思路有二：

（1）设置金融学的核心思想和方法。用授人以渔代替授人以鱼。课程设置的主线是资本和资产配置的理论与方法，突出了资产估值、资产优化和风险管理这三大金融学的核心内容。

（2）以掌握原理与方法的应用为导向。通过案例和实例，力求使学生掌握并能初步运用资产估值、资产配置和风险管理等金融学的主要精髓和核心知识。另外，教材设置了部分标有"*"号的章节和习题，这些内容具有一定的深度，供有兴趣的读者进一步学习。

本书包括6章内容：金融市场与投资环境、投资理论、债券市场和债券投资、股票与基金、远期和期货、期权分析与投资。

金融学方法的理论支柱在本书中得到了充分的体现，其中资产估值内容在2.3、2.4、3.2、4.1、5.4、6.3等章节展开阐述与讨论，风险管理（包括投资组合理论）则集中在2.2、3.3～3.5、5.2、5.5、6.2等章节阐述和讨论。至于金融学方法的另一个理论支柱——跨时期的资源最优化（货币的时间价值），则属于"公司财务管理"课程的内容，投资理论在此不便涉及。

本书充分阐述了当代金融里程碑式的三个模型：亨利·M.马克维茨（Harry M. Markowitz）的"证券组合选择"（在2.2中介绍）；威廉·夏普（William Sharpe）的资本资产定价模型（在2.3中讨论）；罗伯特·默顿（Robert Merton）、迈伦·斯科尔斯（Myron Scholes）、费希尔·布莱克（Fisher Black）的期权定价理论（在6.3中阐述）。对这些经典理论进行讨论，在于通过案例分析与实例介绍，能够使学生应用这些理论和模型分析实际问题，而不是使其系统地掌握这些理论的来龙去脉。

本书第一版的编写凝聚着很多人的心血，仅编写大纲就三易其稿，而编写过程中的讨论与修改更是家常便饭。

本书第一版的编写大纲由我起草，并由大连理工大学工商管理学院教材编写委员会于2009年5月14日讨论通过。在书稿的资料整理和初稿的编写过程中，有7位研究生做了大量的工作：本书第1章的初稿由褚凤飞编写，第2章的初稿由王丽君编写，第3章的初稿由李刚编写，第4章的初稿由胡嘉城编写，第5章的初稿由李鹏编写，第6章的初稿由陈瑶编写。事后几经对书稿内容和习题编写的讨论与修改，书稿最后由迟国泰修改定稿。此外，研究生顾雪松在书稿讨论的组织与修改中，协助我做了大量的工作。

本书第二版根据教学中发现的问题，对书中的图、表、公式、案例以及习题等，都逐一进行了系统的校对与修改，更正了第一版中的诸多印刷错误、并修补了纰漏。

本次修订增加"3.4.4 组合久期"一节，补充了久期内容。对第一版中的 15 个案例进行修改，包括案例 2.1、2.2、3.1、3.2、4.1、4.2、5.1 的数据更新，案例 1.2、3.5、4.3、4.4、5.2、5.3 的内容添加或替换，并增加"案例 5.2 株洲冶炼厂期货锌事件"和"案例 6.1 深南电期权套期保值"。为了帮助读者抓住要点，提高学习效率和质量，本次修订对上述案例均增加了问题讨论。最后，在第一版的基础上，我们对书稿习题部分进行了内容替换和少量扩充，使习题更能涵盖本书中的知识点。

与科研成果的论文发表、专著撰写的标新立异不同，教材的特色在于针对特定的读者，有针对性地对经典理论的内容进行取舍和结构重组。虽然结构的变化与重组或许能使系统产生新的功能，但作者仍然对那些金融理论的经典作者心存感激并表示深深的敬意。因为没有这些大家之作流传于世，要想编写一本合适的教材是不可能的，要想进行金融理论与方法的进一步研究也是不可能的。

上述所提及的本书特色和编写主旨的尝试有待于在教学实践中验证。限于作者水平，书中难免存在疏漏，敬请读者批评指正。

迟国泰
2013 年 7 月于大连理工大学工商管理学院

第1章 金融市场与投资环境 ... 1

1.1 投资和投资管理概述 ... 2
1.1.1 投资与投资的适宜性 ... 2
1.1.2 投资管理的过程 ... 2
1.1.3 生命周期与投资目标 ... 3
1.1.4 经济周期与投资管理 ... 3
1.1.5 投资的风险与收益 ... 4

1.2 投资工具概览 ... 4
1.2.1 现金及现金等价物 ... 5
1.2.2 固定收益投资工具 ... 5
1.2.3 股权投资工具 ... 6
1.2.4 基金投资工具 ... 6
1.2.5 期货 ... 7
1.2.6 外汇投资工具 ... 8
1.2.7 房地产 ... 8
1.2.8 实物及其他投资工具 ... 8

1.3 金融及金融系统概述 ... 8
1.3.1 金融三大理论支柱 ... 8
1.3.2 什么是金融系统 ... 9
1.3.3 宏观经济中的资金流动 ... 9
1.3.4 金融系统三大核心机构 ... 9
1.3.5 金融系统的功能 ... 10
案例1.1 开设一家公司面临的风险 ... 10
案例1.2 企业年金出售中的逆向选择 ... 13

1.4 金融市场的价格 ... 14
1.4.1 利率 ... 14
1.4.2 汇率 ... 14
1.4.3 股票价格指数 ... 15

1.5 投资信息 ... 15
1.5.1 信息渠道 ... 15
1.5.2 上市公司提供的信息 ... 16

习题 ... 16

第2章 投资理论 …… 18

2.1 单一资产收益与风险 …… 18
2.1.1 收益的类型与测定 …… 18
2.1.2 风险的类型与测定 …… 21

2.2 资产组合理论 …… 23
2.2.1 资产组合的收益与风险 …… 23
案例 2.1　两种证券构造的资产组合的收益与风险 …… 23
2.2.2 效用函数及应用 …… 25
2.2.3 有效集与投资者的选择 …… 30
2.2.4 风险资产与无风险资产的配置 …… 33
案例 2.2　两个风险资产和一个无风险资产的最优投资组合 …… 35
案例 2.3　长者的投资组合 …… 37

2.3 资本资产定价模型 …… 37
2.3.1 资本资产定价模型和证券市场线 …… 37
2.3.2 α 系数 …… 39
2.3.3 市场模型对风险的分解 …… 40
2.3.4 投资分散化的解释 …… 40
2.3.5 CAPM 的局限性 …… 40

2.4 套利定价理论 …… 41
2.4.1 套利的概念及基本形式 …… 41
2.4.2 无风险套利的定价机理 …… 42
2.4.3 套利投资组合 …… 42
2.4.4 套利定价理论 …… 42
2.4.5 套利定价模型检验 …… 44
2.4.6 APT 与 CAPM 的比较 …… 44
2.4.7 套利定价理论的应用 …… 45

2.5 市场有效性 …… 46
2.5.1 市场有效性的定义与分类 …… 46
2.5.2 投资策略与市场有效性 …… 47
2.5.3 异象 …… 48
2.5.4 市场有效性的实证检验 …… 49
案例 2.4　市场有效性与意外事件的影响 …… 49

习题 …… 50
附录 2.A　风险的价格与效用函数的保费 …… 51
附录 2.B　最小方差资产组合的推导 …… 52
附录 2.C　资本资产定价模型的推导 …… 52

第3章 债券市场和债券投资 ... 54

3.1 债券的基本要素与债券市场 ... 54
3.1.1 债券的概念及要素 ... 54
3.1.2 我国的债券市场 ... 57

3.2 债券收益率与债券定价 ... 59
3.2.1 贴现率与到期收益率 ... 59
3.2.2 债券定价模型 ... 60
3.2.3 影响债券定价的因素 ... 62
案例 3.1 市场利率变化对不同债券定价的影响 ... 65
3.2.4 债券的当期收益率、赎回收益率与持有期收益率 ... 66
3.2.5 债券违约风险及信用评级 ... 67

3.3 利率的期限结构 ... 68
3.3.1 零息债券的收益率曲线 ... 68
3.3.2 利率期限结构与收益率曲线 ... 69
3.3.3 确定的利率期限结构 ... 70
3.3.4 利率的不确定性与远期利率 ... 71
案例 3.2 利率不确定性对投资决策的影响 ... 73
3.3.5 利率期限结构理论 ... 74

3.4 利率风险与久期 ... 77
3.4.1 久期 ... 77
3.4.2 修正久期 ... 79
3.4.3 久期法则 ... 79
3.4.4 组合久期 ... 81
3.4.5 久期免疫原理 ... 81
案例 3.3 久期免疫原理的应用 ... 81
3.4.6 利率风险与凸性 ... 82

3.5 债券的投资管理 ... 84
3.5.1 债券投资管理的含义与种类 ... 84
3.5.2 消极的债券管理 ... 84
3.5.3 积极的债券管理 ... 87
案例 3.4 或有免疫策略的应用 ... 87
案例 3.5 债券互换的应用 ... 89

习题 ... 90
附录 3.A 债券价格对利率敏感性的实例 ... 91
附录 3.B 久期法则的证明及实例 ... 94

第4章　股票与基金 ... 98

4.1　股票定价 ... 98
4.1.1　公司估值的基础 ... 98
4.1.2　现金流贴现模型 ... 99
案例4.1　增长机会对股票定价的影响 ... 103
4.1.3　相对估值模型 ... 108
案例4.2　用比较估值法确定公司价值 ... 111

4.2　股票分析方法 ... 112
4.2.1　基本面分析 ... 112
案例4.3　公司财务指标的计算与评价 ... 120
案例4.4　运用杜邦分析法分析公司财务状况 ... 122
4.2.2　技术分析 ... 123

4.3　基金 ... 125
4.3.1　基金概述 ... 125
4.3.2　货币市场基金 ... 127
4.3.3　LOF投资 ... 127
4.3.4　ETF投资 ... 127
4.3.5　私募基金 ... 129
4.3.6　风险投资基金 ... 129
案例4.5　风险投资经典案例——软银投资阿里巴巴 ... 130

习题 ... 132
附录4.A　固定增长红利贴现模型的公式证明 ... 133
附录4.B　公式 $g=\text{ROE}\times b$ 的证明 ... 134

第5章　远期与期货 ... 135

5.1　远期与期货概述 ... 135
5.1.1　远期合约 ... 135
5.1.2　期货合约 ... 136

5.2　期货交易的策略 ... 138
5.2.1　套期保值 ... 138
案例5.1　套期保值的盈亏计算 ... 139
案例5.2　株洲冶炼厂期货锌事件 ... 140
5.2.2　套利 ... 141
5.2.3　投机 ... 142

5.3　基差 ... 143

5.4　期货定价原理 ... 144
5.4.1　期货价格的形成过程 ... 144

    5.4.2 期货价格与远期价格的关系 …………………………………… 144
    5.4.3 定价模型的基本假设 ……………………………………………… 145
    5.4.4 金融期货的价格 …………………………………………………… 145
    5.4.5 商品期货的价格 …………………………………………………… 147
  5.5 主要的期货品种 ……………………………………………………………… 148
    5.5.1 利率期货 …………………………………………………………… 148
    案例 5.3 利率期货的套期保值 …………………………………………… 149
    5.5.2 外汇期货 …………………………………………………………… 149
    案例 5.4 外汇期货的套期保值 …………………………………………… 151
    5.5.3 黄金期货 …………………………………………………………… 152
    5.5.4 股票指数期货 ……………………………………………………… 153
    案例 5.5 股指期货的套期保值 …………………………………………… 154
    案例 5.6 沪深 300 指数期货合约 ……………………………………… 155
 习题 ……………………………………………………………………………………… 156

第 6 章 期权分析与投资 …………………………………………………………… 159

  6.1 期权基础 ……………………………………………………………………… 159
    6.1.1 期权的分类 ………………………………………………………… 160
    6.1.2 期权到期时的价值 ………………………………………………… 160
    6.1.3 欧式看涨期权和看跌期权的平价关系 …………………………… 162
    *6.1.4 看涨期权的上下限 ………………………………………………… 164
    6.1.5 影响期权价格的 5＋1 个因素 …………………………………… 166
    6.1.6 股票期权的报价 …………………………………………………… 167
  6.2 期权交易策略 ………………………………………………………………… 168
    6.2.1 期权的保值应用 …………………………………………………… 168
    案例 6.1 深南电期权套期保值 …………………………………………… 169
    6.2.2 期权的增值作用 …………………………………………………… 172
    6.2.3 合成期权 …………………………………………………………… 173
    6.2.4 价差期权 …………………………………………………………… 176
  6.3 期权定价 ……………………………………………………………………… 179
    6.3.1 二叉树定价模型 …………………………………………………… 179
    6.3.2 Black-Scholes 期权定价模型 …………………………………… 182
    6.3.3 套期保值率与期权弹性 …………………………………………… 185
    案例 6.2 利用隐含波动率套利 …………………………………………… 187
    6.3.4 对投资组合保险 …………………………………………………… 187
    案例 6.3 为复制保护性看跌期权采取的策略 …………………………… 188
  6.4 我国类似期权的证券 ………………………………………………………… 189
    6.4.1 认股权证 …………………………………………………………… 190

6.4.2　含权债券 ………………………………………………………… 190
　　6.4.3　可转换债券 ……………………………………………………… 190
　*案例 6.4　可转换债券的价值构成 …………………………………………… 192
　*6.4.4　可赎回债券 ……………………………………………………… 193
　*6.4.5　可回售债券 ……………………………………………………… 194
　*6.4.6　结构性产品:高息票据和保本票据 …………………………… 194
　　案例 6.5　看涨高息票据的定价实例 ………………………………………… 195
　　案例 6.6　保本票据的定价实例 ……………………………………………… 197
　习题 ……………………………………………………………………………… 198
习题答案 ……………………………………………………………………………… 200
参考文献 ……………………………………………………………………………… 203
后记 …………………………………………………………………………………… 204

第1章 金融市场与投资环境

学习目标

1. 掌握投资的概念和投资管理的过程;
2. 理解一些重要投资工具的类型和特点;
3. 了解金融系统及金融系统的职能;
4. 了解金融产品的价格及其对投资的影响;
5. 熟悉投资信息的渠道。

本章导读

假如你想进行投资,可又不知道从何开始,那么你可以先试着回答下面几个问题:
(1) 投资有哪些适宜性?你将如何进行投资管理?
(2) 怎样评估投资工具?怎样选择适合你的投资工具?
(3) 金融系统有哪些功能?你将以怎样的角色融入其中?
(4) 如何看待金融产品的价格对投资的影响?
(5) 从哪里可以获取投资信息?

假设你在一个银行账户上有一定的存款,而且准备用这笔钱作一项投资,那么你会怎样分析当前的投资环境并结合自己的特点进行投资呢?你可能会制定出一个投资目标,那么你将怎样管理这项投资来实现你的目标呢?你可能会选择投资股票或基金;或者你对古玩比较在行,你可以斥资古玩市场;你也有可能想开一家自己的餐馆。不要以为事情会进展得很顺利,店址的确定、如何装修、餐馆所需要的各种设备等都需要你作出投资选择。

这些只是在你准备投资之前需要考虑的问题,而当你真正地进入投资与金融市场以后,会有更多、更复杂的问题等着你去解答。这就需要你对投资环境以及对金融系统是如何运行的有一定的了解。那么,本章的目的就在于让你对投资环境与金融系统有一个概括性的认识,以便你在今后的投资过程中能够驾轻就熟,获得预期的收益。

1.1 投资和投资管理概述

1.1.1 投资与投资的适宜性

1. 投资的概念

投资就是为了满足将来消费的需要而牺牲当前消费,将资金投入到能保值增值的投资工具上的过程。其相较于投机而言,时间段更长一些,更趋向于在未来一定时间段内获得某种比较持续稳定的现金流收益,包括对外投资所分得的股利和收到的债券利息,以及投资到期收回或到期前转让债权的款项高于账面价值的差额等。

2. 投资的适宜性

投资可能并不是为了获取最大的投资收益,而要根据投资者在短期或者长期对资金的需要,建立适合投资者的投资目标。因此,投资必须考虑其适宜性。投资的适宜性包括以下四个方面的内容:①投资的可获取性(availability);②投资的安全性(safety);③投资的流动性(liquidity);④投资的收益性(yield)。

投资者必须充分考虑投资的适宜性,并选择适宜的投资管理方案和投资产品,否则在投资失败时,可能无法承受由此带来的经济损失和精神压力。

什么样的投资才是合适的投资?合适的投资是指对于不同的投资者,应该具有不同的投资目标。例如,60岁以上退休人员需要的是当期收入,此时当期收入目标多于增长目标;30岁以下的年轻人需要积累资金用于购房购车,此时增长目标多于当期收入目标。

对于不同的投资目标,应该选择不同的投资工具。例如,满足紧急性开支应该投资于流动性强、安全性高的短期投资工具,如国库券、活期储蓄等;满足长远的养老需要,则应购买人寿保单、长期国债等既安全又能满足长期需要的投资工具。

而对于不同的投资工具也要在可获取性、安全性、流动性和收益性等方面进行具体的分析和考虑。

1.1.2 投资管理的过程

投资管理是指专业人员为客户制订方案或代替客户对其一生或某一特定阶段或某一特定事项的现金流在不同时间、不同投资对象上进行配置,以获取与风险相匹配的最优收益的过程。

投资管理是理财管理的一个重要组成部分,如何满足投资者需要是投资管理的关键。投资管理一般遵循以下几个阶段:

(1)为当前消费预留足够的资金。投资者要预留供衣食住行、娱乐及医疗等基本生活开支需要,剩余资金方可用于投资。

(2)建立投资目标。投资者要自我分析特征和需求,设定合适自己的投资目标。

(3)制定投资计划。投资者在设定了具体投资目标的基础上,可以初步拟订合适的投资计划,内容包括投资的目标金额、实现时间等。

(4) 评估投资工具。评估每个投资工具的可获取性、安全性、流动性和收益性等方面的特征以及收益和潜在风险之间的关系。

(5) 选择投资工具。这一步是投资成功的关键所在,进一步收集投资信息,选择与投资目标相一致的投资工具,并应考虑投资的期限、成本、收益和风险的平衡。

(6) 构建分散化投资组合。投资分散化是指通过持有一定数量的不同投资工具以增加投资收益降低投资风险。

(7) 投资组合管理。监督投资组合的表现,不断比较其实际投资业绩和期望投资业绩之间的关系,并及时作出调整。

1.1.3 生命周期与投资目标

投资者在不同的生命周期有着不同的投资理念。一般来说,年轻时投资者的理念都比较激进,随着年龄的增长,他们的理念会趋于保守。我们将投资者的生命周期分为以下三个主要阶段:

(1) 成长期(20~45岁)。处在成长期的投资者对未来资本收入的偏好大于当前收入,因此他们特别偏好具有高成长性和高投机性的投资工具,即高速成长性的投资。但是,处于这一阶段的年轻投资者往往没有足够的资金,所以他们期望的是一种最快速的资本增长方式,于是具有高风险的股票和期权投资方式成为他们热衷的投资工具。

(2) 稳健期(45~60岁)。进入中年的投资者,他们将会选择具有稳健增值性的投资组合,这是由于家庭与子女的需要,以及各种家庭消费、教育、养老基金等都变得越来越重要。低风险的成长型和收入型的股票、高评价的债券、优先股、可转换债券和共同基金都会是这个年龄层投资者的第一选择。

(3) 老年期(即60岁以上)。当投资者进入这一年龄阶段后,他们更看重的是当前收入的增长,对已经积累起来的资产的保护以及终生获得财富的享用。并且随着年龄的增长,投资者的投资会变得越来越保守,他们将主要选择银行定期存款、高收益的政府债券、高质量的公司债券、低风险的收益型股票以及一些短期投资工具。

1.1.4 经济周期与投资管理

在投资人的生命周期中会经过一系列经济周期的变化,因此,投资人的投资管理应充分考虑经济环境的变化对投资收益的影响。也就是说,投资人知道在"什么时候"选择什么样的投资工具进行投资。

那么,什么样的市场条件会对投资收益产生影响呢?面对这个投资择时问题,投资者应该清楚地了解经济的不同状态,即经济的恢复、繁荣、衰退和萧条阶段,如图1.1所示。

你所持有的投资工具决定了你在不同经济环境下的投资收益状况。例如,股票、股票类共同基金、股票期权、股票指数期货和房地产等投资工具受经济周期的影响比较大。在扩张性的经济周期,房地产和股票价值增加且收益率提高;相反,当经济衰退时,这些股票的价值和收益都会显著下降。

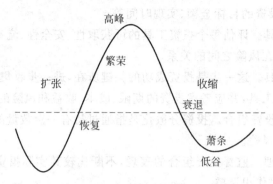

图1.1 经济周期

再来看看经济周期对债券和利率的影响。债券和其他固定收益类证券对利率的变化非常敏感。利率与债券价格朝相反方向变动,因此利率的升高会严重影响投资者投资组合内的债券收益。

1.1.5 投资的风险与收益

投资者投资的目的是为了获得收益,与此同时,他们又不可避免地面临风险,投资管理围绕着如何处理这两者的关系而展开。风险与收益的基本关系是:收益与风险是相对应的。也就是说,风险较大的投资工具,其要求的收益率相对较高;反之,收益率较低的投资工具,其风险相对较小。

1.2 投资工具概览

投资工具概览如表1.1所示。

表1.1 投资工具概览

类 型	投资工具	特 点
现金及现金等价物	短期存款、短期融资券、CD存单、央行票据、银行票据、商业票据等	风险低,流动性强,通常用于满足紧急需要、日常开支周转和一定当期收益需要
固定收益投资工具	银行存款、政府债券、公司债券、金融债券等	风险适中,流动性较强,通常用于满足当期收入和资金积累需要
股权投资工具	普通股、优先股等	风险高,流动性较强,用于资金积累、资本增值需要
基金投资工具	开放式基金、封闭式基金等	专家理财,集合投资,分散风险,流动性较强,风险适中,适用于获取平均收益的投资者
外汇投资工具	外汇存单、外汇组合理财产品、外汇股票、外汇衍生产品投资	具有专业性特征,一般与外币理财、外币债权债务、外汇风险管理或外汇投机相联系
实物及其他投资工具	房地产、黄金、艺术品、古玩、纪念币、邮票等	具有行业和专业特征

1.2.1 现金及现金等价物

现金是指可以立即投入流通的交换媒介。它具有普遍的可接受性,可以有效地立即用来购买商品、货物、劳务或偿还债务。它是流通性最强的资产。

现金等价物是指企业持有的期限短、流动性高、易于转换为已知金额的现金和价值变动风险很小的短期投资。

现金等价物虽然不是现金,但其变现容易、交易成本低且支付能力与现金的差别不大,因此可视为现金。通常指购买在3个月或更短时间内即到期的或即可转换为现金的投资。现金等价物包括短期存款、短期融资券、CD存单、央行票据、银行票据、商业票据等。

1.2.2 固定收益投资工具

固定收益资本市场由长期借贷投资工具组成,这一市场中包括的投资工具有银行存款、政府债券、公司债券和金融债券。

1. 银行存款

一般来说,按支取方式不同,可将银行存款分为活期存款、定期存款和储蓄存款。企业在银行设立的账户多为活期存款和定期存款,储蓄存款主要是针对居民个人积蓄货币和取得利息收入之需而开办的一种存款业务。

2. 政府债券

政府债券又称国家债券,是指国家为筹措资金而向投资者出具的、承诺在一定时期支付利息和到期偿还本金的债务凭证。由于其在所有债券中信用度最高且投资的风险最小,而且违约风险为零,故其利率也较其他债券低。

政府债券主要包括国库券和公债两大类。国库券是货币市场上流动性最强的工具,对于要求较高流动性的投资者很有吸引力。公债是指为筹集建设资金而发行的一种债券。

3. 公司债券

公司债券就是企业公司举借长期债务而出具的一种书面凭证,发行债券的公司主要是信誉良好的股份公司。基于公司债券的发行,在债券的持有人和发行人之间形成了以还本付息为内容的债权债务法律关系。因此,公司债券是公司向债券持有人出具的债务凭证,其期限较长,利率一般高于国债和金融债券,可流通转让。

4. 金融债券

金融债券就是银行或其他金融机构作为债务人向投资者发行的借款凭证,以此作为筹措中长期贷款的资金来源。该债券一般由金融债券的发行机构在其营业点以公开出售的方式发行。其期限为1~5年,利率略高于同等期限的定期存款。到期还本付息,债权人不能提前抽回本金,但有些国家允许金融债券进入二级市场转让流通。

中国债券市场交易的债券见表1.2。

表1.2 中国债券市场交易的债券

债 券	内容及特点
政府债券	包括国债、财政债券等,为鼓励购买,利息收入免征个人所得税
公司债券	可分为实物债券、凭证式债券和记账式债券
金融债券	即银行和非银行金融机构发行的债券。主要由政策性银行发行

1.2.3 股权投资工具

股票是指按《中华人民共和国公司法》的规定,股份有限公司为筹措资本所发行的一定数量和一定股份的证书,交给出资人,作为对公司投资的凭证。

股票是一种有价证券,它被用来证明投资者的股东身份和权益,以及作为投资者获得股息或红利的凭证。作为股票的持有者股东,对公司的重大经营决策有投票权,同时在公司破产的时候负担有限责任。

根据股东权益不同,可将股票分为普通股和优先股。

1. 普通股

普通股是在优先股要求权得到满足之后才参与公司利润和资产分配的股票。它代表股东享有的平等权利不受特别限制,只在资本清偿和利润分配上享有普通要求权的股票。

普通股是股票中最普通、最重要的一种形式,是股份有限公司必须发行的一种基本股票。其有效期限与公司相始终,其持有者是最基本的股东,他们完全平等地按股份比例享有参与经营权、收益分配权、资产分配权和股份转让权,这些权利不受特别限制,也不享有特别权利。当公司只发行一种股票时,这种股票就是普通股。

普通股股东一般享有盈余分配权、清算时资产分配权、股票转让权和出席股东大会的权利。此外,普通股股东还拥有优先认股权,即当公司增发新的普通股时,现有股东有权按其原来的持股比例认购新股,以保持对公司所有权的现有比例。现有股东也可以在市场上出售优先认股权,其价值取决于市场价格、新股售价和其他因素。

2. 优先股

优先股股票,又称特别权股票,是指在分取股息和公司剩余资产方面有优先权的股票。虽然优先股股票在分得固定股息并且在普通股之前收取股息方面较普通股有优势,但在控制权方面则劣于普通股,优先股股东通常是没有投票权的。

1.2.4 基金投资工具

投资基金是一种利益共享、风险共担的集中投资制度,即通过向社会公开发行一种凭证筹集基金,并将基金用于股票、债券、外汇和货币等金融工具的投资,以获得投资收益和资本增值。向社会公开发行的凭证叫基金券,又称基金份额。谁持有这种凭证,谁就对基金享有资产所有权、收益分配权、剩余财产处置权和其他有关权利,并承担相应的义务。

投资基金具有以下特征:

(1) 投资基金是由专家运作、管理并专门投资于证券市场的基金。

(2) 投资基金是一种间接的证券投资方式。

(3) 投资基金具有投资小、费用低的特点。

(4) 投资基金具有组合投资、分散风险的好处。

(5) 投资基金流动性强。

投资基金的分类:

(1) 按组织形式不同,投资基金可分为契约型与公司型两种。

(2) 按基金的受益凭证可否赎回和买卖方式不同,投资基金可分为开放式基金和封闭式基金。开放式基金和封闭式基金的区别如表1.3所示。

表1.3 开放式基金与封闭式基金的区别

项 目	开放式基金	封闭式基金
期限	没有固定期限,投资者随时可以赎回或者买入	固定期限,一般5年以上,可以延长
发行规模	规模不确定	确定的发行规模
交易方式	向基金管理人购买基金或赎回基金	不能赎回,投资者只能出售给第三者
计价标准	基金单位净资产	受市场供求影响,出现溢价和折价现象
投资策略	保留一部分现金应对赎回要求	可全部用于长线投资

(3) 按投资目标不同,投资基金可分为收入型基金、成长型基金和平衡型基金。

(4) 按投资对象不同,投资基金可分为股票基金、债券基金、货币市场基金、期货基金、期权基金、指数基金和认股权证基金等。

(5) 按资本来源和动用地域不同,投资基金可分为国际基金、海外基金、国内基金、国家基金和区域基金等。

1.2.5 期货

期货,是一种买卖双方在交易时约定买卖条件,同意在将来某一时间按约定的条件进行买卖的交易方式。

期货合约具有强制性、标准性、其标的物具有限制性等特点。

期货的经济功能包括:①利用期货合约进行套期保值;②利用期货合约进行投机;③利用期货合约发展价格。

目前我国的期货市场主要有三个:大连期货交易所,主要交易品种是大豆;上海期货交易所,主要交易品种是天然橡胶、铜、铝等有色金属;郑州期货交易所,主要交易品种是小麦。中国期货市场的发展有利于中国取得全球市场上重要商品的定价权,为中国企业提供了保值的渠道,因此从长远来看还有很大的发展潜力。

1.2.6 外汇投资工具

外汇市场是指由各种专门从事外汇买卖的中间媒介机构和个人形成的外汇交易的市场。外汇市场不一定存在具体的交易场所,它往往是供求双方利用现代通信系统进行买进卖出的交易活动形成的市场。

外汇市场范围有狭义和广义之分,前者包括外汇银行以及外汇银行与中央银行之间的外汇交易市场,后者除包括前者之外,还包括外汇银行与顾客之间的外汇交易市场。同时,外汇市场还有现货外汇市场和期货外汇市场之分,现货外汇市场的外汇交易必须在两个营业日内交割,期货外汇市场的交易则按协议在未来某一确定时间内完成交割。

1.2.7 房地产

所谓房地产投资,是指资本所有者将其资本投入到房地产业,以期在将来获取预期收益的一种经济活动。

房地产投资往往需要雄厚的资本,而且其投资形式多种多样。例如,为了出租经营而购买住宅或办公楼;将资金委托给信托投资公司用以购买或开发房地产;企业建造工厂、学校建设校舍、政府修建水库,等等。对于个人投资来说,几种可行的投资方式包括房地产信托、住房购买、房地产租赁等。

1.2.8 实物及其他投资工具

除以上一些主要的投资工具外,还包括期权、远期合约、黄金、艺术品、古玩、纪念币、邮票等其他投资工具。这些投资工具有着各自行业的特点,而且其风险性及流动性也各不相同,预期收益也有着很大的差别,投资者可以在建立了自己的投资目标的基础上合理搭配这些投资工具。

1.3 金融及金融系统概述

1.3.1 金融三大理论支柱

金融主要是研究如何在不确定的条件下对稀缺资源进行跨时期的配置。金融学的分析方法有三个支柱:货币时间价值、资产估值和风险管理。这些内容的核心是一些运用于所有分支领域的基本法则和原理。金融学的三大理论支柱与投资风险管理有着密不可分的联系,是投资风险管理的理论依据。

货币时间价值,是指当前所持有的一定量货币比未来获得的等量货币具有更高的价值。其原因如下:

(1) 货币可用于投资,获得利息,从而在将来拥有更多的货币量。

(2) 货币的购买力会因通货膨胀的影响而随时间改变。

(3) 一般来说,未来的预期收入具有不确定性。

资产估值即资产价值的测算过程,是进行财务决策的核心内容。

风险管理是指确定减少风险的成本收益权衡方案和决定采取的行动计划(包括决定不采取任何行动)的过程。

1.3.2 什么是金融系统

金融系统被看做是市场及其他用于订立金融合约和交换资产及风险的机构的集合。金融系统包括股票、债券和其他金融工具的市场,金融中介(如银行和保险公司)、金融服务公司(如金融咨询公司),以及监控管理所有这些单位的管理机构。研究金融系统是如何发展演变的,是金融学科的重要方面。

1.3.3 宏观经济中的资金流动

金融系统中不同参与者之间的关系如图1.2所示。资金从资金有盈余的实体(图1.2的左边)通过金融系统流入有资金短缺的实体(图1.2的右边)。

图1.2显示,资金盈余部门的一部分资金通过银行这样的金融中介(图1.2的下方)流向短缺部门,还有一部分资金通过金融市场(图1.2的上方),而不是通过金融中介流向短缺部门。

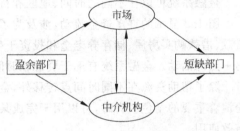

图1.2 资金流动图

然而,通过金融系统流动的大部分资金并未通过金融市场,所以并未流过图1.2上方的渠道。正如图1.2中的下半部分所示,资金通过金融中介从资金盈余部门流向短缺部门。

从标有中介的圆形向上指向标有市场的圆形的箭头表示,中介经常将一些资金导向金融市场。例如,一对中年夫妇为了退休而存款(盈余部门),他们可能将其储蓄存入一家保险公司的账户(中介机构),保险公司会将资金投资于股票或债券(市场)。通过保险公司,这对夫妇向发行股票和债券的企业(短缺部门)间接地提供了资金。

从标有市场的圆形向下指向标有中介的圆形的箭头表示,一些中介除了将一些资金导向金融市场外,也从金融市场获得资金。

1.3.4 金融系统三大核心机构

1. 商业银行

商业银行是以经营工商业存款、放款为主要业务,并以获取利润为目的的货币经营企业。它是全能的金融中介机构,不仅为客户提供交易服务和贷款,同时还提供相互基金服务和各类保险。

2. 投资银行

投资银行的主要功能是帮助企业、政府及其他实体通过发行证券筹集资金,为其经营活动融资。投资银行还为公司的兼并或一家公司收购另一家公司提供便利,有时还是发起者。

3. 保险公司

保险公司是一种中介机构,它的主要功能是使家庭或企业可以通过购买一种名为保单的合约规避特定的风险,在特定事件发生时,依据合约赔付现金。

1.3.5 金融系统的功能

1. 在时间和空间上转移资源

金融系统可以在不同的时间、地区和行业之间提供经济资源转移的途径。

图1.2显示的许多资金流动,涉及为了今后而放弃一些现在的东西,或者相反。学生贷款、借款购买房屋、储存养老金和投资于生产设备,都是将资源从时间上的一点转移到另一点的活动。金融系统有助于资源在时间点之间的这种转移。

除了帮助资源在不同时间点转移外,金融系统对于在不同地点之间转移经济资源也扮演着重要的角色。有时,可以用于完成某项活动的资本资源远离活动地点也可以得到有效使用。

经济越复杂,金融系统为资源在时间和空间上的转移提供高效率的手段的角色就越重要。

创新使得稀缺资源在时间和空间上,从获得相对较低收益的地方转向收益较高的地方,从而提高了效率。

2. 管理风险

金融系统提供管理风险的方法。

正如资金通过金融系统转移一样,风险也在转移。例如,保险公司就是主要进行风险转移的金融中介。它们从希望转移风险的客户那里取得保费,然后将其转移给那些愿意承担风险并获得权益的投资者,并从中取得收益。

资金和风险经常是"捆绑"在一起,同时通过金融系统转移的,所以如图1.2所示的资金流动也适用于风险。下面让我们用商业融资和转移商业风险的例子来加以说明。

案例 1.1

开设一家公司面临的风险

假设你希望开设一家公司,需要100 000美元,但是自己没有存款,所以你是一个赤字部门。假定你说服了一个私人投资者(盈余部门)为你提供70 000美元的资金,并使其分享公司75%的利润,同时你说服了一家银行(金融中介)以6%的年利率给你贷款30 000美元。图1.2显示100 000美元从其他地方流向你。但是,公司失败的风险如何呢?一般来说,是投资者承担了商业风险。这样,如果你的公司倒闭了,私人投资者不会得到他投资的70 000美元中的一分钱。同时,银行也面临无法全部收回本金和利息的风险。例如,假设在年终时,公司的价值为20 000美元,则投资者损失了70 000美元的全部投资,银行损失了借给你的30 000美元中的10 000美元。这样,放款者和投资者共同分担了一部分商业风险。

虽然资金和风险经常捆绑在一起,但它们也可以被"松绑"。以银行贷给你的30 000美元为例,假设银行要求你获得你家庭中其他人员的担保,这样银行便将呆账风险从它自己转移给你的亲属。银行现在为你提供30 000美元资金而不承担风险,贷款的风险被转移给了你的亲属。

正如我们所知,金融世界中的很多金融合约是关于转移风险,而不是转移资金的。对保险合约和担保是这样,对期货、互换和期权这样的衍生产品也是如此。

3. 清算和支付结算

金融系统提供清算和支付结算的途径,以完成商品、服务和资产的交易。

金融系统的一项重要职能,是在企业或人们购买商品和服务时,为向各自支付款项提供高效的手段。金融系统的重要职能是提供有效率的支付系统,使企业和家庭不必为了购买资源而耗费时间。支付系统不断提高效率的一个例子,是用纸币替代黄金作为支付手段。黄金是用于机械工业和珠宝业的稀缺资源,而纸币是一种更好的支付手段。纸币容易验证(不易伪造),并且可方便地放在口袋里。它的制造成本比黄金的采矿、精选和熔炼的成本低得多。而支票、信用卡和电子资金转移等纸币的代替性支付手段又进一步提高了支付效率。

4. 储备资源和分割股份

金融系统提供了有关机制,可以储备资金,购买无法分割的大型企业,或者在很多所有者之间分割一个大型企业的股份。

在现代经济中,经营一家公司所需的最低投资,往往超过个人甚至一个大家族的能力。金融系统提供了很多机制(如股票市场和银行),可以储备或聚集家庭的财富,形成大笔的资金用于办公司。

5. 提供信息

金融系统提供价格信息,帮助协调不同经济部门的决策。

在企业经理选择投资项目和安排融资时,资产价格和利率将提供关键的信息。不在金融市场上进行交易的企业经理,往往利用这些市场提供的信息作出决策。例如,某企业在生意红火的年份赚了1 000万美元利润,它面临是将利润再投资、给股东分红或是买回股份这样的决策。而对自己和其他企业股票价格及市场利率的了解,无疑会帮助他作出决策。

当一个新的金融工具诞生的时候,提取信息的新机会便随之而来。例如,自1973年开始在交易所交易的标准期权合约就大大增加了关于经济和金融变量波动性的信息。这种信息特别有助于制定风险管理决策。

6. 解决激励问题

当交易中的一方拥有另一方没有的信息,或一方作为另一方的代理人为其决策时,金融系统提供解决激励问题的方法。

正如我们所讨论的那样,金融市场和中介机构执行了几项职能,可以提高资源和风险配置的效率。但是,激励问题限制了它们执行那些职能的能力。因为合约的各方通常无法方便地监督和控制其他人,所以就出现了激励问题。激励问题有很多种形式,如道德风险、逆向选择和委托-代理问题。

1) 道德风险

当为风险投保之后,投保的一方会期待更大的风险,而不注意防止可能导致损失的事件。道德风险使一些保险公司不愿为某些风险提供保险。例如,如果仓库的所有者投了火灾险,保险合约便使其降低了防止火灾的动机,使火灾更容易发生。一个极端的例子是,如果保险金超过了仓库的市值,所有者甚至会自己放火,以获得保险金。由于潜在的道德风险,保险公司会限制提供保险的金额,或者在特定情况下拒绝出售保单。

假如你有一个开公司的新想法,你需要启动资金。从哪儿得到资金呢?首先你会求助于你的家庭和朋友。为什么?一方面,因为你相信他们,他们也了解和相信你。你知道你的秘密计划不会因他们而泄露。另一方面,你向你的家人完全透露了关于商业机会的信息,包括所有的缺陷。而且,如果公司没有立刻红火起来,他们知道你会努力工作保护他们的利益。

如果银行提供贷款,情况又如何呢?你会因为与银行负责信贷的陌生人谈论你的公司计划而感到不舒服;他可能将你的计划泄露给另一位客户,此客户可能是你的竞争对手。但即使你可以解决对银行的担心,也还有其他问题。信贷员很难给你需要的贷款,因为他知道你除非不得已,是不愿透露计划中的缺陷的。这样,在商业机会的信息交换中存在不平衡,或者说不对称:你知道的比信贷员多。

而且,信贷员知道,他对你来说是个陌生人,银行对你来说,是个非个人的机构。如果公司情况不佳,你不必像为家人和朋友那样勤奋地工作,你甚至会离开公司而不归还贷款。当部分风险转移到你不关心其利益的实体(如银行或保险公司)上时,你勤奋工作的动力就降低了,这正是道德风险的一个例子。

2) 逆向选择

另一类由信息不对称造成的问题是逆向选择,即购买保险以防范风险的人可能比普通人面临更大的风险。以终身年金这种在保单购买者有生之年每月都支付固定金额的合约为例,出售此类年金的企业不能假定购买保单的顾客的寿命与一般水平相当。

> **案例 1.2**
>
> ## 企业年金出售中的逆向选择
>
> 假如企业将年金出售给65岁退休的人。在普通人群中,有三类人的数量相当:A类人还可活10年,B类人可活15年,C类人可活20年。平均下来,65岁的人还可活15年。但是,如果企业以15年的寿命为保单定价,则会发现购买保单的人中B类和C类人的比例格外高。A类人会觉得企业的年金产品对他们不划算而不购买。
>
> 如果年金企业知道每位潜在客户的类型,而且可以根据寿命长短标出价格,那就不会有逆向选择问题出现了。但是,年金企业无法得到关于潜在客户的足够信息来判断其寿命。除非年金企业可以根据每个人的真实寿命定价,那么大量的年金产品将被寿命很长的健康人购买。在我们的例子中,年金购买者的平均寿命可能为17.5年,比平均寿命长2.5年。
>
> 因此,如果年金企业使用一般的寿命预期为其年金定价,而不添加其他款项来调整逆向选择问题,它们将遭受损失。结果是,此市场上的企业对年金的定价对那些具有平均寿命预期的人的吸引力相对较小,而且如果没有逆向选择问题,市场会小很多。
>
> **问题讨论:**
>
> 在保险市场中,保险公司为消除逆向选择可以通过提供不同类型的合同,将不同风险投保人分开,让购买保单的人在高自赔率加低保费和低自赔率加高保费之间进行选择。问能否借鉴此方法来解决企业年金出售中的逆向选择问题?

3) 委托-代理问题

当关键性的任务由他人代办时,就会产生另一类激励问题。例如,公司的股东将公司的管理权交给了经理,投资于共同基金的投资者将选择证券组合的权力交给了基金经理。在这些情况下,承担一系列决策风险的个人和组织放弃了决策权,或者将决策权转交给其他个人或组织。那些承担决策风险的人被称为委托人,那些行使决策权的人被称为代理人。

委托-代理问题,是指如果委托人知道代理人掌握的情况时,委托人作出的决策与代理人作出的决策不一致,代理人和委托人之间可能存在利益冲突。在极端的情况下,代理人可能会损害委托人的利益,如股票经纪人在客户的账户上频繁买卖,只是为了获得手续费。

一个职能健全的金融系统有助于克服这些激励问题,从而使金融系统的其他好处,如储蓄、风险分担和专业化得以实现。例如,贷款的抵押,即在拖欠发生时使放款者可以获得特定资产,它是减少与贷款有关的激励问题时普遍使用的工具。抵押减少了放款者监督借款者的成本,放款者只要注意用于抵押的资产市值足够偿付贷款的到期本金和利息即可。随着时间的推移,技术的进步使跟踪和计值用于抵押的商业资产(如商品存货)的成本降低,从而拓宽了抵押贷款协议适用的范围。

委托-代理问题也可以通过金融系统得到缓解。如果对管理者的补偿是基于企业股票的市场价格的变化,管理者和股东的利益就会变得更为一致。以在贷款协议中引入用于限制股东和债主之间利益冲突的"准权益条件"为例来说明。准权益条件是在贷款完全归还以前,以一定比例分享利润。另外一种是放款者有权将贷款转为一定数量的股票。

管理者是由企业的股东选出的。这样,当股东和债主之间出现利益冲突时,管理者会以债主的利益为代价保护股东的利益,由此造成的道德风险问题会阻碍对双方有利的贷款协议的实现。而通过在贷款协议中加入准权益条件,这一问题可以得到缓解甚至解决,对股东和放款者都有利。

1.4 金融市场的价格

1.4.1 利率

利率与投资有着密切的联系。利率一方面影响现期的投资活动,另一方面又通过调节储蓄来影响未来的投资规模。凯恩斯认为,债券的市场价格与市场利率成反比,如果利率上升,则债券价格下跌;如果利率下降,则债券价格上涨。利率与债券价格的这种关系,使得人们在所持有的金融资产的安排上可以在货币与债券之间进行选择,以期获利。

利率对投资的影响主要表现为以下三个方面:

(1) 利率对投资规模的影响。利率对投资规模的影响是指利率作为投资的机会成本对社会总投资的影响。例如,在投资收益不变的条件下,因利率上升而导致的投资成本增加,必然使那些投资收益较低的投资者退出投资领域,从而使投资需求减少。

(2) 利率对投资结构的影响。利率作为调节投资活动的杠杆,对投资结构的作用必须依赖预期收益率与利率的对比。资金容易流向预期收益率高的投资活动,而预期收益率低于利率的投资,往往由于缺乏资金而无法进行。

(3) 利率调节作用的发挥。总的来说,利率变动主要是通过贷款人和借款人对利率变动的反应来影响投资的,但利率作用的发挥又往往受到各种因素的限制,尤其受制于社会平均利润率的变动与社会资本状况。

1.4.2 汇率

汇率是以一国货币兑换另一国货币的比率。汇率作为一项重要的经济杠杆,其变动能反作用于经济。汇率对投资的调节作用是通过影响进出口、物价、资本流动等实现的。

(1) 汇率通过进出口影响投资。一般来说,汇率贬值,能起到促进出口、抑制进口的作用。相反,一国汇率升值,则会增加进口、抑制出口,引起国内投资的减少。

(2) 汇率通过物价影响投资。从进口商品来看,汇率贬值要引起进口商品国内价格的上涨,使国内生产的消费品和原材料需求上升,这会刺激国内投资;反之,汇率升值,则会起到抑制进口商品的物价的作用,使国内投资相对减少。从出口商品看,汇率贬值有利于扩大出口,使出口商品在国内市场的供给小于需求,从而抬高国内市场价格,也同样会刺激投资的增加;而汇率升值使部分商品由出口转为内销,增大了国内市场供给,使商品价格降低,抑制了投资扩大。

(3) 汇率通过资本流动影响投资。汇率变动对长期资本的流动影响较小,因为长期资本流动主要以利润和风险为转移。但是,短期资本流动常常要受到汇率波动的影响。在汇率贬值的条件下,本国投资者和外国投资者就不愿持有以贬值国货币计价的各种金融资产,因而会发生资本外逃的现象。

1.4.3 股票价格指数

股票价格指数是由证券交易所或金融服务机构编制的表明股票行市变动的一种供参考的指示数字。为了让投资者全面了解多种股票的价格变化,一些金融服务机构编制出股票价格指数,并公开发布,作为市场价格变动的指标。

世界主要股票价格指数如表1.4所示。

表1.4 世界主要股票价格指数

国　家	指　数	国　家	指　数
美国	NASDAQ、DJI、S&P500	法国	CAC40
日本	Nikkei、Topix	瑞士	Credit Suisse
英国	FT-30、FT-100	欧洲、澳大利亚、远东	MSCI、EAFE
德国	DAX		

股票价格指数是描述股票市场总的价格水平变化的指标。它是选取有代表性的一组股票,把它们的价格进行加权平均,通过一定的计算得到的。各种指数具体的股票选取和计算方法是不同的。

1.5 投资信息

1.5.1 信息渠道

获取信息的渠道主要有电视、网络、行情软件、报纸、杂志、专业机构等。投资者可以通过多种渠道获得证券市场上的信息。

目前国内证券专业类报纸、杂志很多,大到全国性证券专业类报纸、杂志,小到地方性的证券报纸、杂志、股市信息传真件等。例如,《新财富》、《商业周刊》、《金融时报》、《中国证券报》等。

中国证券监督管理委员会(简称中国证监会)指定的信息披露报刊最具权威性,如《证券时报》、《中国证券报》、《上海证券报》、《金融时报》等。其他许多经济类大报、杂志,地方性的报纸和杂志也都专门刊登有关证券方面的行情信息。

中央和各地广播电台以及电视台都会播报最新股市信息,除即时播报股市行情,还请一些证券专业人士剖析行情。投资者可以根据自己的时间安排和兴趣偏好来选择收听和收看。

随着计算机的日益普及,有越来越多的综合网站和专业网站提供证券市场信息和相应的服务,投资者可以更加方便、及时地了解自己需要的动态行情,如新浪财经等。

1.5.2　上市公司提供的信息

中国证监会发布的《上市公司信息披露管理办法》对上市公司所有层面的人员进行信息披露提出了要求。例如,发行人、上市公司及其董事、监事及高级管理人员应负责确保披露信息的真实、准确、完整与及时;上市公司的股东、实际控制人及收购人有责任对披露信息的任何变化向公司发出及时、准确的通知,并负责协助公司进行适当的披露等等。

根据《上市公司信息披露管理办法》的规定,上市公司应及时披露特定的信息,如上市公司的招股说明书、定期报告及上市公告,招股说明书和定期报告均应包含可能对投资者的决策产生重大影响的所有信息。除此之外,上市公司还被要求报告任何投资者尚未得知的、可能对公司股价产生较大影响的重大事件,并说明事件的起因、目前的状态和可能产生的法律后果。《上市公司信息披露管理办法》还根据相关法律法规列出了披露该等信息的时间表。

习题

1. 你的主要生活目标是什么?在你实现目标的过程中,金融扮演了什么角色?你主要权衡些什么?

2. 单身者面临的金融决策与那些有几个学龄子女的家长面临的金融决策有哪些不同之处?两者要权衡的东西是否不同?或者说,他们是否以不同的方式作出选择?

3. 举例说明道德风险如何妨碍你为你所要做的事情获得融资。你能想出解决这一问题的办法吗?

4. 举例说明逆向选择如何妨碍你为你所要做的事情获得融资。你能想出解决这一问题的办法吗?

5. 家庭 A 和家庭 B 都有父亲、母亲和两个上学的孩子。家庭 A 的夫妇都在外工作,每年的总收入为 100 000 美元。家庭 B 的夫妇只有一个人在外工作,每年的总收入为 100 000 美元。两个家庭面临的金融环境和决策有哪些不同?

6. 资本市场的成熟发育给企业带来的机遇和风险各有哪些?与一家企业的财务管理人员会面,看一看他们与你的观点是否一致?

7. 风险转移的方法及基本含义是什么?

8. 什么是金融系统?金融系统的主要功能有哪些?金融系统如何对经济的安全与繁荣作出贡献?

9. 假设你投资于房地产开发,总投资额为 100 000 美元。你投资了 20 000 美元自己的钱,从银行借了 80 000 美元。谁承担了这个企业的金融风险?为什么?

10. 一家企业考虑要扩大生产规模,通过以下问题分析一下你的决策:

　　a. 为了扩大生产规模,企业可采用几种方式融资?

b. 分别指出不同融资方式的风险。

c. 在做出决策时企业应采用哪些原则？

11. 试分析一下你所在地区资本市场都存在哪些问题？你认为应该从哪些方面努力来进一步促进资本市场的发展？

12. 举例说明委托-代理问题如何妨碍你为所要做的事情获得融资。你能想出办法解决这一问题吗？

13. 假如你是一名读金融与投资类的学生，在本地××公司工作，并且是一名中下层管理人员。根据你现在的收入和未来10年的支出，设计一个适合自己的投资规划，并说明理由。

14. 你准备自己开公司，但没有资金。

a. 想出一个不必借钱就可以开业的行业。

b. 如果你可以用当前的利率借入任何数额的资金，想出一个你希望进入的行业。

c. 你面临着哪些风险？

d. 你能从哪里为你的新公司融资？

15. 你正在考虑购买汽车。通过以下问题分析一下你的决策：

a. 除了购买的汽车外，是否有其他方式可以满足你的交通需求？列出其他方式，并写出它们各自的优缺点。

b. 为了购买汽车，你有几种取得融资的方式？

c. 从至少三家提供汽车融资的单位了解它们各自不同的融资条件。

d. 在作出决策时你采用哪些标准？

16. 下列各种情况分别选择了哪种风险管理方法？

a. 在家中安装烟雾探查器；

b. 投资于国库券而非股票；

c. 决定不购买汽车撞车险；

d. 为自己购买人寿保险单。

第 2 章 投资理论

学习目标

1. 掌握投资收益与风险的测算方法；
2. 掌握资产组合风险的衡量以及各指标的计算方法；
3. 掌握资本资产定价模型及其应用；
4. 掌握套利定价理论及其应用；
5. 了解市场有效性的检验及其对投资策略的影响。

本章导读

刘某有一笔富余资金,想投资于股票和基金。他知道在投资过程中,高收益伴随着高风险,低风险也往往意味着低收益。可是,什么样的指标能衡量这些风险和收益呢? 俗话说,"不要把鸡蛋放在一个篮子里",那么,为了规避风险,他应该怎样做一个投资组合规划?

对于一个企业来说,投资行为是效益持续增长的前提和关键,必须加强企业的投资管理,实行最佳投资组合策略,才能实现减少分散投资风险、提高投资效益的目的。那么,什么样的策略才是最佳的投资组合策略呢?

这些都是投资理论中的基本知识,本章将为你一一解决以上这些问题。

2.1 单一资产收益与风险

2.1.1 收益的类型与测定

1. 持有期收益率

1) 收益额与持有期收益率

收益额是指当期收益与资本利得之和。

持有期收益率(holding period return,HPR)是指投资者在持有某投资对象的一段时间内所获得的收益率。一般地,它等于当期收益(current income,CI)与资本利得(capital gain,CG)之和占初始投资(initial cost,IC)的百分比,即

$$HPR = (CI + CG)/IC \qquad (2.1)$$

持有期收益率如图 2.1 所示。

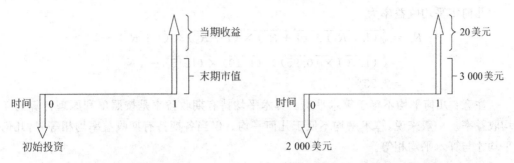

图 2.1　持有期收益率　　　　　图 2.2　持有期收益率的计算

【例 2.1】　持有期收益率的计算

假定 X 在去年的 1 月 1 日以每股 20 美元的价格购买了 100 股股票,今年 1 月 1 日得到 20 美元的红利(20 美分/股×100 股)。去年年底时股票价格为每股 30 美元,求其持有期收益率。

解析：
$$X \text{ 的投资额} = 20 \times 100 = 2\,000 \text{(美元)}$$
去年年末 X 的股票价值为 3 000 美元,同时还拥有现金红利 20 美元,那么
$$X \text{ 的收益} = 20 + (3\,000 - 2\,000) = 1\,020 \text{(美元)}$$
年持有期收益率 = 1 020 美元/2 000 美元 = 51%,如图 2.2 所示。

2) 多期持有期收益率及几何平均持有期收益率

多期持有期收益率是指投资人在持有某种投资品 n 年中获得的收益率总和。其计算公式为

$$\text{多期持有期收益率} = (1+R_1)(1+R_2)\cdots(1+R_n) - 1 \quad (2.2)$$

其中,R_i 为第 i 年的持有期收益率($i=1,2,\cdots,n$)

几何平均持有期收益率是指投资人在持有某种投资品 n 年中按照复利原则计算的实际获得的年平均收益率。其计算公式为

$$\text{几何平均持有期收益率} = \sqrt[n]{(1+R_1) \times (1+R_2) \times \cdots \times (1+R_n)} - 1 \quad (2.3)$$

其中,R_i 为第 i 年的持有期收益率($i=1,2,\cdots,n$)。

【例 2.2】　几何年平均收益率的计算

假设 A 某投资的股票在 4 年里的收益见表 2.1,求其持有期收益率和几何年平均收益率。

表 2.1　A 某股票收益

年度	2004	2005	2006	2007
收益	10	−5	10	15

则
$$\text{持有期收益率} = (1+R_1)(1+R_2)(1+R_3)(1+R_4) - 1$$

$$= 1.10 \times 0.95 \times 1.10 \times 1.15 - 1 = 32.19\%$$

几何年平均收益率为

$$R_g = \sqrt[4]{(1+R_1) \times (1+R_2) \times (1+R_3) \times (1+R_4)} - 1$$
$$= \sqrt[4]{(1.10) \times (0.95) \times (1.10) \times (1.15)} - 1$$
$$= 7.23\%$$

注意：几何平均不等于算术平均。算术平均持有期收益率是按照单利原理计算的年均收益率。一般来说，算术平均不低于几何平均。仅当各期持有期收益率均相等时，几何平均才与算术平均相等。

2. 预期收益率

预期收益率也称为期望收益率（required rate of return），是指未来收益率的期望值。预期收益率可以是指数收益率也可以是对数收益率，即以市场指数的变化率或指数变化率的对数来表示预期收益率。其计算公式为

$$E(R) = p_1 R_1 + p_2 R_2 + \cdots + p_n R_n = \sum_{i=1}^{n} p_i R_i \tag{2.4}$$

其中，$E(R)$为预期收益率；R_i为第i期可能的收益率；p_i为第i期收益率的概率。

式(2.4)的经济学含义是每一期期望收益率相加的和。

通常可以通过选择历史样本数据，利用收益率的算术平均值来估计预期收益率。

【例2.3】 期望收益率的计算

假设某企业有一投资项目，现有A、B两个方案可供选择。这两个方案在未来三种经济状况下的可能收益率及其概率分布见表2.2。

表 2.2 A、B两方案的收益率及其概率　　　　　　　　　　　　　%

经济情况	发生概率	A方案可能的收益率	B方案可能的收益率
繁荣	30	90	20
正常	40	15	15
衰退	30	−60	10
合计	100		

解析：A、B两方案的预期收益率分别为

$$E(R_A) = 30\% \times 90\% + 40\% \times 15\% + 30\% \times (-60\%) = 15\%$$
$$E(R_B) = 30\% \times 20\% + 40\% \times 15\% + 30\% \times 10\% = 15\%$$

3. 必要收益率

必要收益率是进行一项投资可能接受的最小收益率。投资者所挑选的证券产生的收益率必须补偿：

(1) 货币纯时间价值，即真实无风险收益率RR_f；

(2) 该期间的预期通货膨胀率 π^e;

(3) 所包含的风险,即风险溢价 RP。

这三种成分的总和被称为必要收益率,用公式表示为

$$k = RR_f + \pi^e + RP \qquad (2.5)$$

其中,k 为必要收益率。

式(2.5)的经济学含义是真实无风险收益率、预期通货膨胀率和风险溢价之和。

4. 无风险收益率

无风险收益率(riskless rate of return)是指把资金投资于一个没有任何风险的投资对象所得到的收益率。一般会把这一收益率作为基本收益,再考虑可能出现的各种风险。

无风险收益率又分为名义无风险收益率和真实无风险收益率,二者的关系如下：

名义无风险收益率＝(1＋真实无风险收益率)(1＋预期通货膨胀率)－1

真实无风险收益率＝(1＋名义无风险收益率)/(1＋预期通货膨胀率)－1

无风险收益率的确定在基金业绩评价中具有非常重要的作用,各种传统的业绩评价方法都使用了无风险收益率指标。在我国股市目前的条件下,关于无风险收益率的选择实际上并没有什么统一的标准。在国际上,一般采用短期国债收益率来作为市场无风险收益率。

【例 2.4】 真实无风险收益率的计算

假设某年美国短期国库券的名义无风险收益率是 8%,通货膨胀率是 5%。则

$$\text{真实无风险收益率} = [(1+8\%)/(1+5\%)] - 1 = 1.029 - 1 = 2.9\%$$

2.1.2 风险的类型与测定

1. 风险的定义和分类

(1) 投资收益率的不确定性通常称为风险(risk)。现代组合理论将投资风险分为系统风险和非系统风险两类。

(2) 系统风险又称为市场风险、宏观风险、不可分散风险,是指由于某种全局性的因素而对所有证券收益都产生作用的风险。系统风险具体包括利率风险、市场风险、购买力风险、政策风险等。

(3) 非系统风险也称微观风险、可分散风险,是指因个别上市公司特殊情况造成的风险。非系统风险具体包括财务风险、经营风险、信用风险、偶然事件风险等。

(4) 风险溢价是指超出无风险收益率之上的必要收益率。

2. 风险的测定

1) 风险的绝对测度——方差和标准差

表示随机变量离散程度的指标包括平均差、方差、标准差和全距等,其中,最常用的是方差和标准差。方差是用来表示随机变量与期望值之间离散程度的一个量数。其计算公

式为

$$\sigma^2 = \sum_{i=1}^{n} P_i [R_i - E(R)]^2 \tag{2.6}$$

其中，σ^2 为方差；R_i 为第 i 期的收益率；P_i 为收益率的概率；$E(R)$ 为期望收益率。

标准差也叫均方差，是方差的算术平方根 σ，它是各种可能的收益率偏离期望收益率的综合差异。标准差越小，说明离散程度越小，风险也就越小。

沿用例 2.2，两个项目的期望收益率相同，说明这两个项目的报酬率相同。但是，要比较两个项目的风险程度，就要运用标准差来定量衡量。

由标准差的计算公式得到

$$\sigma_A = \sqrt{(90\% - 15\%)^2 \times 30\% + (15\% - 15\%)^2 \times 40\% + (-60\% - 15\%)^2 \times 30\%}$$
$$= 58.09\%$$

$$\sigma_B = \sqrt{(20\% - 15\%)^2 \times 30\% + (15\% - 15\%)^2 \times 40\% + (10\% - 15\%)^2 \times 30\%}$$
$$= 3.87\%$$

可见，A 方案与 B 方案的期望收益率相同，但是 A 方案比 B 方案的风险大，所以应该选择 B 方案。

2) 风险的相对测度——变异系数

方差和标准差是反映随机变量离散程度的重要指标。但它们的数值是绝对值，而不是一个相对量，只能用来比较预期收益率相同时各项投资的风险程度，而不能用来比较预期收益率不同时各项投资的风险程度。因此，要想比较不同预期收益率项目的风险程度，就需用到变异系数这个指标。

标准差与预期收益率的比值称为变异系数（CV）。

$$CV = \frac{\sigma}{E(R)} \times 100\% \tag{2.7}$$

沿用例 2.2，A、B 两方案的变异系数分别为

$$CV_A = \frac{\sigma_A}{E(R_A)} = \frac{58.09\%}{15\%} \times 100\% = 387.3\%$$

$$CV_B = \frac{\sigma_B}{E(R_B)} = \frac{3.87\%}{15\%} \times 100\% = 25.8\%$$

B 方案变异系数低于项目 A 方案，所以 B 方案更优。

3. 收益与风险的统计计算

(1) 平均收益率(算术平均)：可估计预期收益率为

$$\overline{R} = \frac{(R_1 + \cdots + R_n)}{n} \tag{2.8}$$

(2) 收益率的样本方差与标准差：可估计总体标准差为

$$s = \sqrt{\frac{(R_1 - \overline{R})^2 + (R_2 - \overline{R})^2 + \cdots + (R_n - \overline{R})^2}{n-1}} \tag{2.9}$$

2.2 资产组合理论

2.2.1 资产组合的收益与风险

1. 相关系数和协方差

假设有证券 i 和证券 j，则二者的相关系数 ρ_{ij} 可以表示为

$$\rho_{ij} = \frac{\sigma_{ij}}{\sigma_i \sigma_j} \tag{2.10}$$

其中，σ_i 和 σ_j 分别为证券 i 和证券 j 的收益率标准差。当 $\rho_{ij}=1$ 时，两种证券是完全正相关的；当 $\rho_{ij}=-1$ 时，两种证券是完全负相关的；当 $\rho_{ij}=0$ 时，两种证券不相关。

相关系数决定了两种投资的关系。相关性越低，表明越有可能降低风险。

式(2.10)中的 σ_{ij} 为证券 i 和 j 的回报的协方差。协方差是一个用于测量投资组合中某一具体投资项目相对于另一投资项目风险的统计指标。其计算公式为

$$\sigma_{ij} = E[(R_i - E(R_i))(R_j - E(R_j))] \tag{2.11}$$

当协方差为正值时，表示两种资产的收益率呈同方向变动；协方差为负值时，表示两种资产的收益率呈反方向变动。

2. 两种证券构造的资产组合的收益与风险

假定投资者选定包含两种证券的投资组合，则投资组合的收益为

$$E(R_p) = w_1 E(R_1) + w_2 E(R_2) \tag{2.12}$$

投资组合的方差为

$$\sigma_p^2 = w_1^2 \sigma_1^2 + w_2^2 \sigma_2^2 + 2 w_1 w_2 \sigma_{12} \tag{2.13}$$

在特殊相关系数下，投资组合的标准差如下：

(1) $\rho_{12}=1$ 时，$\sigma_p = w_1 \sigma_1 + w_2 \sigma_2$；

(2) $\rho_{12}=0$ 时，$\sigma_p = \sqrt{w_1^2 \sigma_1^2 + w_2^2 \sigma_2^2}$；

(3) $\rho_{12}=-1$ 时，$\sigma_p = |w_1 \sigma_1 - w_2 \sigma_2|$。

案例 2.1

两种证券构造的资产组合的收益与风险

假设某一资产组合由股票基金和债券基金组成，三种经济状态条件下的收益率和概率如表 2.3 所示。假设股票和债券基金各占 40% 和 60%，试比较投资组合和单个资产的期望收益率与方差。

(1) 单个资产的期望收益率和方差的计算

将表 2.3 中数据代入式(2.4)有：

$E(R_S) = 1/3 \times (-5\%) + 1/3 \times 13\% + 1/3 \times 28\% = 12\%$

$E(R_B) = 1/3 \times 17\% + 1/3 \times 7\% + 1/3 \times (-3\%) = 7\%$

表 2.3 股票和基金的收益率和概率

经济状态	概率	收益率	
		股票基金 S	债券基金 B
萧条	1/3	-5%	17%
正常	1/3	13%	7%
繁荣	1/3	28%	-3%

将表 2.3 中数据代入式(2.6)有：

$\sigma_S^2 = [(-5\%) - 12\%]^2 \times 1/3 + (13\% - 12\%)^2 \times 1/3 + (28\% - 12\%)^2 \times 1/3$
$= 0.0109$

$\sigma_B^2 = [17\% - 7\%]^2 \times 1/3 + (7\% - 7\%)^2 \times 1/3 + [(-3)\% - 12\%]^2 \times 1/3$
$= 0.0018$

(2) 投资组合的期望收益率与方差的计算

A：经济萧条时，将表 2.3 中数据代入式(2.12)，得到 $40\% \times (-5\%) + 60\% \times 17\% = 8.2\%$

B：经济正常时，将表 2.3 中数据代入式(2.12)，得到 $40\% \times 13\% + 60\% \times 7\% = 9.4\%$

C：经济繁荣时，将表 2.3 中数据代入式(2.12)，得到 $40\% \times 28\% + 60\% \times (-3\%) = 9.4\%$

资产组合的预期收益率 $= (8.2\% + 9.4\% + 9.4\%) \times 1/3 = 9.0\%$

资产组合的方差 $\sigma_p^2 = (w_S \sigma_S)^2 + (w_B \sigma_B)^2 + 2(w_S \sigma_S)(w_B \sigma_B) \rho_{BS}$
$= (40\% \times 0.1044)^2 + (60\% \times 0.0424)^2 + 2(40\% \times 0.1044) \times$
$(60\% \times 0.0424) \times (-0.999) = 0.0002$

假设两种证券的相关系数(ρ_{BS} 为 -0.999)，由此得到表 2.4。

表 2.4 投资组合的收益表

经济状态	收益率		
	股票基金 S	债券基金 B	投资组合
萧条	-5%	17%	8.2%
正常	13%	7%	9.4%
繁荣	28%	-3%	9.4%
期望收益率	12.00%	7.00%	9.0%
方差	0.010 9	0.001 8	0.000 2

(3) 由表 2.4 中的数据可以看出，投资组合的风险低于单个证券的风险。

问题讨论：

改变股票与债券的比例,投资组合风险低于单个证券风险的这种结论还会成立吗?

3. 多种证券构造的资产组合的收益与风险

多种证券构造的资产组合的收益率为

$$E(R_p) = \sum_{i=1}^{n} w_i E(R_i) \tag{2.14}$$

资产组合的方差为

$$\sigma_p^2 = E(R_p - E(R_p))^2 = E\left[\sum_{i=1}^{n} w_i(R_i - E(R_i))\right]^2$$

$$= \sum_{i=1}^{n}\sum_{j=1}^{n} w_i w_j \sigma_{ij} \tag{2.15}$$

其中,$\sigma_{ij} = E[(R_i - E(R_i))][(R_j - E(R_j))]$是证券$i$和证券$j$的收益的协方差,也可以用$\text{Cov}(R_i, R_j)$表示。当$i = j$时,即为证券$i$的方差,即$\sigma_{ij} = \sigma_i^2$。

2.2.2 效用函数及应用

1. 效用函数的含义

(1) 效用(utility)在经济学上是指人们从某事物中所得到的主观的满足程度。投资者的效用是投资者对各种不同投资方案形成的一种主观偏好指标(态度)。投资者的效用是其财富的函数。

(2) 假定投资者为理性效用最大化者。投资者的目标是在服从预算约束的条件下,使当前消费效用和期望财富(未来消费)效用,即$E[U(W)]$,最大化。

(3) 效用函数可分为三类:凹性效用函数、凸性效用函数和线性效用函数,分别表示投资者对风险持回避态度、喜好态度和中性态度。

(4) 投资者对风险有三种态度:风险厌恶、风险中性和风险喜好。

2. 效用函数的形态

1) 凹性效用函数——风险厌恶(risk averse)

凹性效用函数表示投资者希望财富越多越好,但财富的增加为投资者带来的边际效用递减。如以横轴代表财富,纵轴代表效用,函数如图2.3所示。

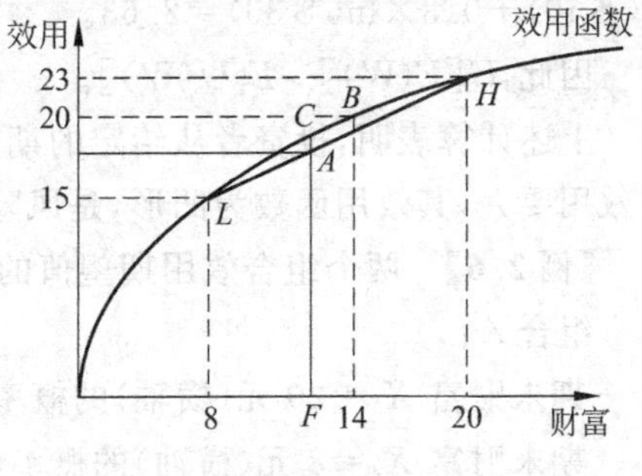

这种效用函数的特点是:

(1) 财富越多越好(一阶导数为正);

(2) 边际效用递减(二阶导数为负)。

图2.3 凹性效用函数

设X_1、X_2为任意两个可能的财富值,α为持有财富X_1的比例,凹性效用函数有如下性质：
$$U(\alpha X_1 + (1-\alpha)X_2) > \alpha U(X_1) + (1-\alpha)U(X_2) \quad (2.16)$$

2) 凸性效用函数——风险喜好(risk preference)

凸性效用函数表示投资者喜欢财富越多越好，但财富增加为投资者带来的边际效用递增，如图 2.4 所示。

凸性效用函数的性质为
$$U(\alpha X_1 + (1-\alpha)X_2) < \alpha U(X_1) + (1-\alpha)U(X_2) \quad (2.17)$$

3) 线性效用函数——风险中性(risk neutral)

线性效用函数表示投资者喜欢财富越多越好，且财富增加为投资者带来的边际效用为常数，如图 2.5 所示。

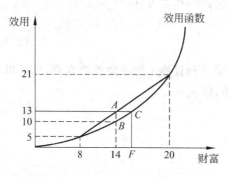

图 2.4 凸性效用函数

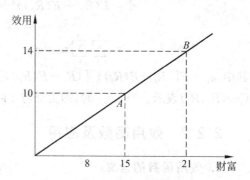

图 2.5 线性效用函数

线性效用函数的性质为
$$U(\alpha X_1 + (1-\alpha)X_2) = \alpha U(X_1) + (1-\alpha)U(X_2) \quad (2.18)$$

【例 2.5】 风险态度的测定

假设给定效用函数，$U(W)=\ln(W)$，赌局为：$G(\$10,\$30,70\%)$，

赌局的期望终盘值为 $E(W)=0.7 \times \$10 + 0.3 \times \$30 = \$16$，

期望终盘值的效用为 $U[E(W)]=\ln(\$16)=2.77$，

终盘结果的期望效用为 $E[U(W)]=0.7 \times U(\$10)+0.3 \times U(\$30)=0.7 \times \ln(\$10)+0.3 \times \ln(\$30)=2.63$。

因此，$U[E(W)] > E[U(W)]$。

上述计算表明，投资者从给定的期望终盘值中获得的效用比从"开赌"的结果中获得的效用要大，其效用函数为凹形，是风险厌恶者。

【例 2.6】 两个组合效用期望值的比较

组合 A：

期末财富 $X_1=20$ 元(横轴)的概率 $\alpha=0.5$， 效用 $U(X_1)=23$ 单位(纵轴)

期末财富 $X_2=8$ 元(横轴)的概率 $(1-\alpha)=0.5$， 效用 $U(X_2)=15$ 单位(纵轴)

则此投资组合期末财富的期望值为 $E(X)=\alpha X_1+(1-\alpha)X_2=0.5\times20+0.5\times8=14$(横轴中部)。

效用的期望值为

$$U(A) = E[\alpha U(X_1) + (1-\alpha)U(X_2)] = E[0.5U(20) + 0.5U(8)]$$
$$= E[0.5 \times 23 + (1-0.5) \times 15] = 19$$

组合 B：可以确切地得到 14 元的财富。由图 2.6 可知，效用的期望值为 $U(B) = U(14) = 20$。$U(B) > U(A)$，投资者将选择 B。

$$U(14) > E[0.5U(20) + 0.5U(8)] \geqslant 风险厌恶(\text{risk averse})$$

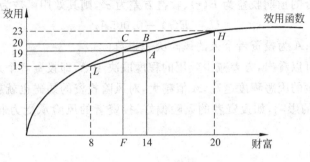

图 2.6　效用函数

4) 效用函数形态的讨论

(1) 效用函数的斜率由一阶导数测定。在所有的三种风险态度中，效用函数的斜率都为正数[$U'(W) > 0$]。也就是说，无论你对风险的态度如何，"多"比"少"好。

(2) 效用函数的凹度由二阶导数测定。凹度测定的是斜率随着风险水平的增加而递减的程度[$U''(W) < 0$]。也就是说，如果当前你有 10 000 元，你从新增加的 1 000 元获得的边际效用要比财富水平为 5 000 000 元时新增加的 1 000 元获得的边际效用要大。

(3) 效用函数的凹度决定了风险厌恶的程度。因此，对于风险厌恶的投资者来说，有 $U'(W) > 0$ 和 $U''(W) < 0$；风险中性时，$U''(W) = 0$；风险喜好时，$U''(W) > 0$。

3. 风险的价格

风险厌恶的投资者应该支付多少以避免进入这样一个赌局，该赌局将以各 50% 的概率增加财富 h 元和减少 h 元呢？

以上这个问题实际上是一个保险问题。也就是说，投资者愿意付出多少费用 π，就是保费，满足

$$U(W - \pi) = 0.5 \times U(W + h) + 0.5 \times U(W - h) \tag{2.19}$$

根据相关的数学计算，求解保费 π 得到

$$\pi = \frac{1}{2} h^2 \left[-\frac{U''(W)}{U'(W)} \right] \tag{2.20}$$

式(2.20)推导过程详见附录 2.A。

也就是说，

$$保费 = 0.5 \times [方差] \times [风险厌恶程度]$$

如果投资者是风险厌恶的，在预期回报相同的情况下，他会拒绝参加赌博，而选择一个确定的结果。如果投资者可以选择，他愿意选择支付一个风险价格 π 以避免参加赌博。$W - \pi$ 可定义为确定等值财富。

4. 均值-方差框架下的效用函数形式

如果收益服从联合正态分布(即所有资产收益都服从正态分布,它们间的协方差服从正态概率定律),则可以通过选择最佳的均值和方差组合实现期望效用最大化。

效用函数是在均值-方差框架下人为定义的函数。

如果资产组合的预期收益为 $E(r)$、收益方差为 σ^2,则其效用函数为
$$U = E(r) - 0.005A\sigma^2 \tag{2.21}$$
其中,U 为效用值;A 为投资者个人的风险厌恶指数。

由式(2.21)可以看出,方差减少效用的程度取决于 A,即投资者个人对风险的厌恶程度。投资者对风险的厌恶程度越高,A 值越大,对风险投资的妨碍也就越大。风险厌恶系数 A 受多种因素的影响,如投资者的风险偏好、投资者的风险承受力和投资者的时间期限等。

值得注意的是:

(1) 投资学里通常假定投资者是风险厌恶型的,即 $A>0$,风险的存在减少效用,他们当中 A 越大的人越厌恶风险。

(2) 若 $A=0$,为中性投资者,风险没影响,他们只关心期望收益率。

(3) 若 $A<0$,为风险喜好投资者,风险的存在增加效用,他们当中 A 越小的人越喜欢风险。

5. 风险厌恶指数 A 的确定

对于风险厌恶指数 A,一般利用以下方法来确定其大小。

第一步,问卷调查:风险容忍度是多少?选择出你认为合适的答案。

(1) 你投资 60 天之后,其价格下跌 20%。假设所有基本情况不变,你会怎么做?

a. 为避免更大的担忧,把它抛掉再试试其他的

b. 什么也不做,静等收回投资

c. 再买入。这正是投资的好机会,同时也是便宜的投资

(2) 现在换个角度看上面的问题。你的投资下跌了 20%,但它是资产组合的一部分,用来在三个不同的时间段上达到投资目标。

A. 如果投资目标是 5 年以后,你怎么做?
    a. 抛出   b. 什么也不做   c. 买入

B. 如果投资目标是 15 年以后,你怎么做?
    a. 抛出   b. 什么也不做   c. 买入

C. 如果投资目标是 30 年以后,你怎么做?
    a. 抛出   b. 什么也不做   c. 买入

(3) 你买入退休基金 1 个月之后,其价格上涨了 25%。同样,基本条件没有变化。沾沾自喜之后,你怎么做?

a. 抛出并锁定收入

b. 保持卖方期权并期待更多的收益

c. 更多地买入,因为其价格可能还会上涨

(4) 你的投资期限长达 15 年以上,目的是获取养老保障。那么你更愿意怎么做?

a. 投资于货币市场基金或保证投资合约,放弃主要所得的可能性,重点保证本金的安全

b. 一半投入债券基金,为一半投入股票基金,希望在收入有些增长的同时,还有固定收入的保障

c. 投资于不断增长的共同基金,其价值在该年可能会有巨幅波动,但在 5 年或 10 年之后有巨额收益的潜力

(5) 你刚刚获得一个大奖!但具体哪一个,由你自己定。

a. 2 000 美元现金

b. 50% 的机会获得 5 000 美元

c. 20% 的机会获得 15 000 美元

(6) 有一个很好的投资机会,但是你得借钱。你会接受贷款吗?

a. 绝对不会　　　　　　b. 也许　　　　　　c. 是的

(7) 你所在的公司要把股票卖给职工,公司管理层计划在 3 年后使公司上市,在上市之前,你不能出售手中的股票,也没有任何分红,但公司上市时,你的投资可能会翻 10 倍。那么你会投资多少钱买股票?

a. 一点儿也不买　　　　b. 2 个月的工资　　　c. 4 个月的工资

第二步,风险容忍度打分。

按以下方法将你的答案乘以不同的系数相加,就得出了测试结果。

a. 答案×1=(　)分　　　b. 答案×2=(　)分　　　c. 答案×3=(　)分

9～14 分:保守的投资者。

15～21 分:温和的投资者。

22～27 分:激进的投资者。

第三步,确定 A 的大小。

假设李某得分为 18 分,那么他属于温和的投资者。我们设风险厌恶系数 A 为 2～8 (A 越大越厌恶风险),那么,A 的计算式为

$$A = [(27-18)/(27-9)] \times (8-2) + 2 = 5$$

6. 效用无差异曲线

在式(2.21)中,对于任何一个投资者,A 是确定的。如某投资者的风险厌恶系数为 4,则他的效用函数就是

$$U = E(r) - 0.005 \times 4\sigma^2 = E(r) - 0.02\sigma^2 \tag{2.22}$$

给定 $U=$ 常数,无差异曲线是均值和方差的函数。如 $U=1$ 时,函数变成

$$1 = E(r) - 0.02\sigma^2 \tag{2.23}$$

对不同的 U,如 $U=2$,$U=3$,$U=3.2$,$U=\cdots$ 就可以画出某投资者一系列的无差异曲线,如图 2.7 所示。

对于无差异曲线,有:①风险厌恶投资者的无差异曲线是收益分布均值和方差的函

数；②无差异曲线上任一点的期望效用相等；③风险厌恶投资者的无差异曲线上任一点的斜率不小于0。

越在上面的无差异曲线,表示 U(效用)越大。A 相同的人,无差异曲线当然也相同,他们在资本市场线上选择的组合也相同。

7. 效用函数的应用

假设投资人要在一个预期收益率为20%、标准差为34%的风险资产组合与无风险报酬率为5%的国库券之间作出投资选择,这时风险资产组合的风险溢价为15%。

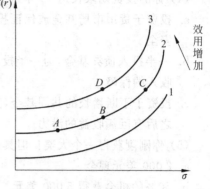

图2.7 无差异曲线

如果投资人比较厌恶风险,如 $A=3$ 时,资产组合效用值为

$$U = 20 - (0.005 \times 3 \times 34^2) = 2.66\%$$

比无风险报酬率5%稍低,这时投资人会放弃资产组合而选择国库券。

如果投资人不太厌恶风险(风险容忍度较高),如 $A=2$ 时,他会将预期回报率下调 $0.005 \times 2 \times 34^2 = 11.56\%$,这样,风险资产组合的效用水平为

$$U = 20 - (0.005 \times 2 \times 34^2) = 8.44\%$$

高于无风险报酬率,因此,投资人接受该投资预期。

2.2.3 有效集与投资者的选择

1. 资产组合的有效集定理

(1) 由 n 个基本证券构成的投资组合,由于权重不同而有无穷多个组合,所有这些证券组合构成一个可行集(feasible set)。可行集可见图2.8。

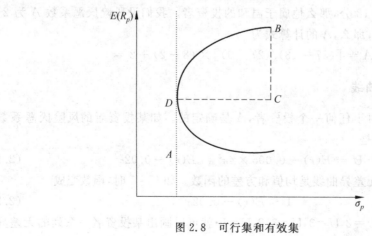

图2.8 可行集和有效集

(2) 投资者不需要评估可行集中的所有投资组合,只需要分析任意给定风险水平有最大的预期回报的最小风险的投资组合。满足这两个条件的投资组合集叫 Markowitz 有效集(efficient set),如图 2.8 中的曲线 DB 为有效集。有效集是可行集左上方的边界。

(3) 有效集是可行集的左上方边界(即最小方差组合以上的边界)。

【例 2.7】 可行集与有效集

假设在一投资组合中,股票投资比例与投资组合风险和收益的关系如表 2.5 和图 2.9 所示。

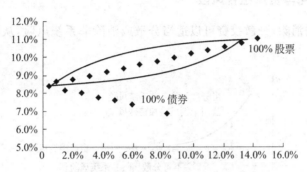

图 2.9 投资组合风险和收益的关系

表 2.5 股票投资比例与投资组合风险和收益的关系　　　　　　　　　　%

股票投资比例	0.00	5.00	10.00	15.00	20.00	25.00	30.00	35.00	40.00	45.00	50.00
风险	8.16	7.04	5.92	4.80	3.68	2.56	1.44	0.39	0.86	1.97	3.08
收益	7.00	7.20	7.40	7.60	7.80	8.00	8.20	8.40	8.60	8.80	9.00
股票投资比例	55.00	60.00	65.00	70.00	75.00	80.00	85.00	90.00	95.00	100.00	
风险	4.20	5.32	6.45	7.57	8.69	9.81	10.94	12.06	13.18	14.31	
收益	9.20	9.40	9.60	9.80	10.00	10.20	10.40	10.60	10.80	11.00	

注意:其中有些资产组合优于其他组合,即它们的风险更低而收益更高。其中,椭圆圈中的部分就构成了一个有效集。

2. 最小方差投资组合

两个风险资产进行组合,可形成各种不同的收益和标准差,从而形成各种投资组合。

在均值-标准差平面中,最靠近左边的点代表所有投资组合中风险最小的组合,称为最小方差投资组合。假设有两个资产 x 和 y,在最小方差情况下,资产 x 所占比重为

$$a^* = \frac{\sigma_y^2 - \rho_{xy}\sigma_x\sigma_y}{\sigma_x^2 + \sigma_y^2 - 2\rho_{xy}\sigma_x\sigma_y} \tag{2.24}$$

式(2.24)的推导见附录 2.B。

【例 2.8】 最小方差投资组合的计算

假设有两个风险资产,其中,$E(R_x)=10\%$,$E(R_y)=8\%$,$\sigma_x=8.7\%$,$\sigma_y=8.4\%$,$\rho_{xy}=-0.33$,则在最小方差投资组合中,利用式(2.24)可以得到投资资产 x 的比例为

$$a^* = \frac{0.084^2-(-0.33)(0.087)(0.084)}{0.084^2+0.087^2-2(-0.33)(0.087)(0.084)} = 48.68\%$$

投资资产 y 的比例为 $1-48.68\%=51.32\%$。

3. 投资分散化与资产组合风险

系统风险无法消除,分散投资可以适当分散或消除非系统风险,从而降低整体风险,如图 2.10 所示。

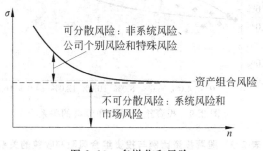

图 2.10 多样化和风险

4. 多个风险资产形成的有效集

(1) 多个风险资产进行组合,由于权重不同而有无穷多个组合,所有这些证券组合构成一个可行集。

(2) 任意给定预期收益有最小的风险,并且任意给定风险水平有最大的预期收益,该资产组合的集合叫做马克维茨有效集。

(3) 在可行集中,最靠近左边的点所代表的组合称为最小方差资产组合。在所有可行的资产组合中,它的风险最小。

(4) 在最小方差资产组合以上的弧线代表有效边界或有效前沿,在有效边界上的资产组合为有效资产组合,如图 2.11 所示。

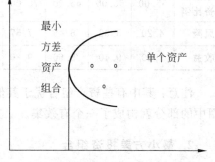

图 2.11 多个风险资产组成的有效集

5. 最优投资组合的选择

最优投资组合是一个投资者选择一个有效的投资组合并且具有最大效用,它是在有效集和具有最大可能效用的无差别曲线的切点上。图 2.12 中,X、Y 是两个具有不同无差异曲线的投资者选择的最优投资组合。显然,选择左图中 X 的投资者比选择右图中 Y 的投资者更厌恶风险。

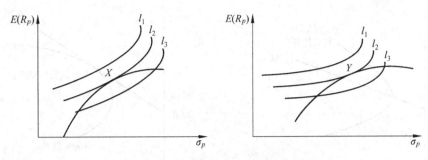

图 2.12 最优投资组合的选择

2.2.4 风险资产与无风险资产的配置

1. 市场组合的构成

(1) 市场组合应包括所有可交易的风险资产：金融资产，如股票、债券、期权、期货等；实物资产，如不动产、黄金、古董、艺术品等。

(2) 市场组合是一个完全多样化的风险资产组合。

(3) 市场组合中每一种证券的现时市价都是均衡价格，即股份需求数等于上市数时的价格。如果偏离均衡价格，交易的买压或卖压会使价格回到均衡水平。

(4) 市场组合无法观测，通常用所有的普通股的资产组合代替，如标准普尔 500 指数、纽约证券交易所的综合指数、上证综合指数等。

2. 资本市场线与资本配置线

(1) 任意风险资产可以与无风险资产（通常选择国库券）构建资产组合。无风险资产与任意风险资产构建资产组合，将形成一条资本配置线（capital allocation line, CAL），如图 2.13 所示。

根据

$$E(R_p) = yR_f + (1-y)E(R_A) \tag{2.25}$$

$$\sigma_p = (1-y)\sigma_A \tag{2.26}$$

有 CAL 的计算公式：

$$E(R_p) = R_f + \frac{E(R_A) - R_f}{\sigma_A}\sigma_p \tag{2.27}$$

(2) 在引入无风险资产后，市场组合 M 与无风险资产构成全部资产组合的集合，即资本市场线，它构成了风险资产与无风险资产组合的有效边界，如图 2.14 所示。

资本市场线（capital market line, CML）上任何有效的投资组合的预期回报等于无风险回报加上风险价格与投资组合标准差的乘积。由

$$E(R_p) = yR_f + (1-y)E(R_M) \tag{2.28}$$

$$\sigma_p = (1-y)\sigma_M \tag{2.29}$$

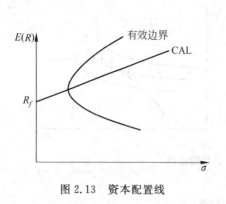

图 2.13 资本配置线

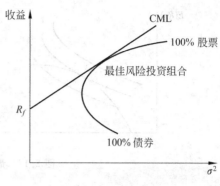

图 2.14 资本市场线

得到 CML 的计算式:

$$E(R_p) = R_f + \frac{E(R_M) - R_f}{\sigma_M}\sigma_p \tag{2.30}$$

式(2.30)的经济学含义是一个由无风险资产和市场组合组成的资产组合的期望收益率,该期望收益率由无风险收益率 R_f 与风险溢价两部分组成,其中风险溢价表示为单位市场的超额收益与整个资产组合风险的乘积。

通常 CML 是向上倾斜的,CML 的斜率反映有效组合的单位风险的风险溢价,表示一个资产组合的风险每增加 1 个百分点,需要增加的风险报酬。其计算公式为

$$S_p = \frac{E(R_M) - R_f}{\sigma_M} \tag{2.31}$$

CML 给出风险水平不同的各个有效证券组合的预期收益。不同投资者可根据自己的无差异曲线在资本市场线上选择自己的资产组合。

(1) 对于风险承受能力弱、偏爱低风险的投资者可在 CML 上的左下方选择自己的资产组合。一般可将全部资产分为两部分,一部分投资于无风险资产,另一部分投资于风险资产。越是追求低风险,在无风险资产上投资越大,所选择的资产组合点就越接近于纵轴上的 R_f。

(2) 对于风险承受能力强、偏爱高风险的投资者可在 CML 上的右上方选择自己的资产组合。一般将全部资金投资于风险资产组合后,还按无风险利率借入资金投资于风险资产。风险偏好越强,借入资金越多,所选择的资产组合点就越远离 CML 上的点。

3. 分离理论

投资者选择资本市场线上的哪一点取决于他的风险接受程度。但需要注意的是,所有投资者都有相同的资本市场线。所有投资者有相同的资本市场线的原因是在无风险利率既定的情况下,他们的最佳风险组合是相同的,由此可得出分离定理。

(1) 分离定理认为投资者在投资时,可以分投资决策和融资决策两步进行。

第一步是投资决策,即选择最优风险资产组合或市场组合。

第二步,根据风险偏好,在资本市场线上选择一个由无风险资产与市场组合构造的资

产组合,该资产组合要求使投资者的效用满足程度最高,即无差异曲线与资本市场线的切点。

(2) 分离理论的推论是:①最优风险资产组合的确定与个别投资者的风险偏好无关;②最优风险资产组合的确定仅取决于各种可能的风险资产组合的预期收益和标准差;③确定由风险资产组成的最优风险资产组合叫做投资决策;④个别投资者将可投资资金在无风险资产和最优风险资产组合之间分配叫做融资决策;⑤分离定理也可表述为投资决策独立于融资决策。

案例 2.2

两个风险资产和一个无风险资产的最优投资组合

下面看一个关于两个风险资产和一个无风险资产的最优投资组合的案例。有股票、债券和国库券的资产配置如表 2.6。

表 2.6 两个风险资产和一个无风险资产的配置

项 目	收益率 $E(R)$	标准差 σ
股票(stock)	$E(R_s)=20\%$	$\sigma_s=30\%$
债券(bond)	$E(R_b)=12\%$	$\sigma_b=15\%$
国库券(T-bill)	$R_f=8\%$	

其中, $\rho_{sb}=0.1$。要得出最优风险资产组合,首先要建立一个含两种风险资产(股票和债券)的有效集,然后利用无风险资产建立资本配置线(CAL)与有效集相切,切点即为最优风险资产组合所在的点。如图 2.15 所示。

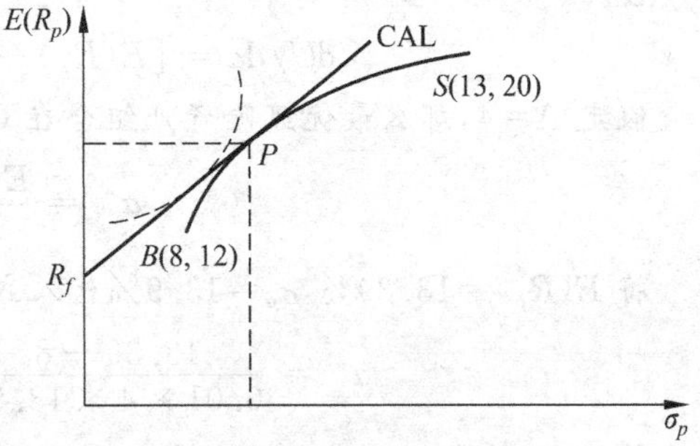

第一步,确定两种风险资产的比例。

从数学角度讲,P 点的资本配置线斜率(也称风险回报比率)等于有效集上该点的斜率。函数表达式:

$$\max_{w_b} S_p = \frac{E(R_p)-R_f}{\sigma_p} \tag{2.32}$$

图 2.15 资本配置线

其中,
$$E(R_p)=w_b E(r_b)+(1-w_b)E(R_s) \tag{2.33}$$
$$\sigma_p^2=w_b^2\sigma_b^2+(1-w_b)^2\sigma_s^2+2w_b(1-w_b)\rho_{sb}\sigma_b\sigma_s \tag{2.34}$$

将式(2.33)的 $E(R_p)$ 和式(2.34)的 σ_p^2 代入式(2.32)的 S_p 的表达式,对式(2.32)求导,并令导数 $dS_p/dw_b=0$,则有下面的表达式:

$$w_b=\frac{[E(r_b)-R_f]\sigma_s^2-[E(r_s)-R_f]\rho_{sb}\sigma_b\sigma_s}{[E(r_b)-R_f]\sigma_s^2+[E(r_s)-R_f]\sigma_b^2-[E(r_b)+E(r_s)-2R_f]\rho_{sb}\sigma_b\sigma_s} \tag{2.35}$$

将表2.6中的数据代入式(2.35),结果即为

$w_b = [(12\%-8\%)\times(30\%)^2 - (20\%-8\%)\times 0.1\times 15\%\times 30\%]/\{(12\%-8\%)\times(30\%)^2 + (20\%-8\%)\times(15\%)^2 - (12\%+20\%-2\times 8\%)\times 0.1\times 15\%\times 30\%\}$
$= 82.61\%$ (2.36)

$w_s = 1 - w_b = 17.39\%$ (2.37)

将式(2.36)式(2.37)的数据代入式(2.33)式(2.34),得到
$$E(R_p) = 13.39\%, \quad \sigma_p = 13.9\%$$

第二步,引入无风险资产。

无风险资产和P点之间的有效集变成直线(82.61%为债券,17.39%为股票),所有的投资者都面临同样的目标选择集(即这条直线上各种资产组合,其中的差异就在于无风险资产和P点资产的权重不同)厌恶风险的投资者可能采用下面的函数

$$U = E(r) - 0.005A\sigma^2 \tag{2.38}$$

根据
$$E(Rc) = aE(R_p) + (1-a)R_f \tag{2.39}$$

整理得到
$$E(Rc) = a[E(R_p) - R_f] + R_f \tag{2.40}$$

又有
$$\sigma_c = a\sigma_p \tag{2.41}$$

$$\max U = a[E(R_p) - R_f] + R_f - 0.005Aa^2\sigma_p^2 \tag{2.42}$$

设
$$dU/da = [E(R_p) - R_f] - 0.01Aa\sigma_p^2 = 0 \tag{2.43}$$

假定A=4,那么最优风险资产组合在C中的权重应为
$$a^* = \frac{E(R_p) - R_f}{0.01A\sigma_p^2} \tag{2.44}$$

将$E(R_p)=13.39\%, \sigma_p=13.9\%$代入式(2.44),得到
$$a^* = \frac{13.39 - 8}{0.01\times 4\times 13.9^2} = 0.6974 = 69.74\%$$

第三步,确定三种资产的比重。

该投资者的投资组合中股票、债券和国库券的比重分别为

股票:$0.1739\times 0.6974\times 100\% = 0.1172\times 100\% = 11.72\%(x_s)$

债券:$0.8261\times 0.6974\times 100\% = 0.5761\times 100\% = 57.61\%(x_b)$

国库券:$(1-0.6974)\times 100\% = 0.3026\times 100\% = 30.26\%$

问题讨论:

如果该投资者不是风险厌恶的,而是风险喜好的,试选择合适的效用函数,计算三种资产的比例。

案例 2.3

长者的投资组合

假设你的父亲已有 58 岁，就职于 Ruffy Suffy 玩具公司，过去 15 年来一直定期向公司储蓄计划存钱。在工资的 6% 以内，对你父亲存入储蓄计划的每 1 美元，Ruffy Suffy 公司也存入 0.5 美元。加入储蓄计划的人可以在四种不同的投资选择间分配其存款：固定收入债券基金、投资于大公司的"混合"期权、不含对其他玩具公司投资的收入增长型相互基金、专一投资于 Ruffy Suffy 玩具公司的股票的基金。感恩节假期之后，父亲发现你已就读于金融专业，决定将为你的教育而投资的钱取出一些。他让你看了看他的储蓄计划的最新季度报表，你发现其现值的 98% 为第四种投资选择，即 Ruffy Suffy 股票。

假设你的父亲是一个典型的风险厌恶者，并且准备 5 年后退休。当你问他为什么这样分配时，他回答说，公司的股票一直表现很好，只是由于一个很久以前卖出的机构的问题才引起了价格的些许下滑。他还说，同他一起工作的很多朋友都是这样做的。你将向父亲建议如何调整计划分配？为什么？

如果考虑到父亲为 Ruffy Suffy 工作，同时 98% 的投资分配 Ruffy 股票基金上，那么这将使他的风险增加、减少还是不变？为什么？

2.3 资本资产定价模型

2.3.1 资本资产定价模型和证券市场线

1. 资本资产定价模型

资本资产定价模型（CAPM）是由经济学家亨利·M. 马克维茨（Harry M. Markowitz）和威廉·夏普（William Sharpe）在 20 世纪 50 年代提出的，两人由于在此方面所作出的贡献而于 1990 年获得诺贝尔经济学奖。资本资产定价模型是财务学形成和发展过程中最重要的里程碑，它第一次使人们可以量化市场的风险程度，并且能够对风险进行具体定价。它立足于投资组合理论，基于资产价格的调整使供求相等的假设，推导出风险资产预期收益率必然存在的数量关系。

CAPM 的基本思想是达到均衡时人们承担风险的市场报酬。

资本资产定价模型的假设条件如下：

(1) 投资者都是采用资产期望收益及或标准差来衡量资产的收益和风险。

(2) 投资者都是风险回避者，当面临其他条件相同的两种选择时，他们将选择具有较小标准差的投资组合。

(3) 投资者永不满足，当面临其他条件相同的两种选择时，他们将选择具有较高预期收益率的投资组合。

(4) 每种资产无限可分。

(5) 投资者可按相同的无风险利率借入或贷出资金。

(6) 税收和交易费用均忽略不计。

(7) 所有投资者的投资期限皆相同。

(8) 对于所有投资者来说,无风险利率相同。

(9) 资本市场是不可分割的,市场信息是免费的,且投资者都可以同时获得各种信息。

(10) 所有投资者对各种资产的期望收益、标准差和协方差等具有相同的预期。如果每个投资者都以相同的方式投资,根据这个市场中所有投资者的集体行为,每个证券的风险和收益最终可以达到均衡,即投资者有一致性预期。

2. β 系数作为风险测度的定义和解释

研究者发现,衡量一个大的证券组合中的单一证券的最好指标是 β 值。β 值衡量的是一种证券对整个市场组合变动的反应程度,用公式表示为

$$\beta_i = \frac{\text{Cov}(R_i, R_M)}{\sigma_M^2} \quad (2.45)$$

投资组合的 β 值是组合中单个资产 β 值的加权平均数。

$$\beta_p = \sum_{i=1}^{N} w_i \beta_i \quad (2.46)$$

(1) β 系数等于 1,说明它的系统风险与整个市场的平均风险相同。市场风险收益率上升 1%,该股票风险收益率也上升 1%。

(2) β 系数大于 1(如为 2),说明它的系统风险是股票市场平均风险的 2 倍。市场风险收益率上升 1%,该股票风险收益率将上升 2%。

(3) β 系数小于 1(如为 0.5),说明它的系统风险只是市场平均风险的一半。市场风险收益率上升 1%,该股票的风险收益率则只上升 0.5%。

3. 证券市场线

根据上述假设,所有投资者将选择在坦然自若状态下相同的切点投资组合。这是因为所有投资者有一致性预期,并且以相同的无风险利率借入或贷放款。图 2.16 中的直线是一个有效集,我们称之为证券市场线(security market line,SML),即

$$E(R_i) = R_f + [E(R_M) - R_f] \quad (2.47)$$

式(2.47)的经济学含义是资产的期望收益是在无风险收益的基础上进行风险补偿。这里的风险是以 β 系数为代表系统性风险来描述的。

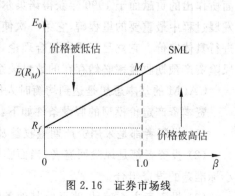

图 2.16 证券市场线

4. 市场模型

如果市场上投资人都持有充分分散化的投资组合，那么在市场均衡的条件下，从每个资产获得的每单位系统风险的风险溢价应该相等。资本资产定价模型的公式为

$$R_{it} = \alpha_i + \beta_i R_{mt} + \varepsilon_{it} \qquad (2.48)$$

其中，R_{it} 为证券 i 在期间 t 的回报；R_{mt} 为市场指数在期间 t 的回报；α_i 为证券 i 的常数回报；β_i 为证券 i 的回报相当于市场指数的回报的测定；ε_{it} 为在时期 t 的实际回报与给定市场回报时的预期回报之间的差。

式 (2.48) 的经济学含义是市场风险溢价与非常规收益之和。这里的市场风险溢价是指 R_{mt}，非常规收益是指 β_i。

式 (2.48) 的推导见附录 2.C。

5. 证券市场线与资本市场线的比较

（1）证券市场线（SML）与资本市场线（CML）都是描述资产或资产组合的期望收益率与风险之间关系的曲线。

（2）CML 是由所有风险资产与无风险资产构成的有效资产组合的集合，反映的是有效资产组合的期望收益率与风险程度之间的关系。CML 上的每一点都是一个有效资产组合，其中 M 是由全部风险资产构成的市场组合，线上各点是由市场组合与无风险资产构成的资产组合。

（3）SML 反映的则是单项资产或任意资产组合的期望收益与风险程度之间的关系。

（4）CML 是由市场证券组合与无风险资产构成的，它所反映的是这些资产组合的期望收益与其全部风险间的依赖关系。

（5）SML 是由任意单项资产或资产组合构成的，但它只反映这些资产或资产组合的期望收益与其所含的系统风险的关系，而不是全部风险的关系。因此，它用来衡量资产或资产组合所含的系统风险的大小。

2.3.2 α 系数

处于均衡状态的资本资产定价模型中，每一种资产都位于证券市场线上，即资产期望收益率与它的均衡期望收益率完全一致。而事实上，总有一部分资产或资产组合位于 SML 上方或下方，这时，资产价格与期望收益率处于不均衡状态，又称资产的错误定价。资产的错误定价用 α 系数度量，其计算公式为

$$\alpha_i = E(R_i) - E(R_i') \qquad (2.49)$$

其中，$E(R_i)$ 为资产 i 的期望收益率；$E(R_i')$ 为资产 i 的均衡期望收益率。位于 SML 上方的资产 i 的期望收益率即为均衡期望收益率，也即

$$E(R_i') = R_f + [E(R_M) - R_f]\beta_i \qquad (2.50)$$

则

$$\alpha_i = E(R_i) - [R_f + (E(R_M) - R_f)\beta_i] \qquad (2.51)$$

如果某资产的 α 系数为零，则它位于 SML 的上方，说明定价正确；如果某资产的 α 系

数为正数,则它位于 SML 的上方,说明价格被低估;如果某资产的 α 系数为负数,则它位于 SML 的下方,说明价格被高估。

应该指出,投资学中的四条线即资本配置线(CAL)、资本市场线(CML)、证券市场线(SML)和 α 线在本章已经一一介绍过。现在简单总结一下:

(1) 资本配置线(CAL)是无风险资产与有效集上任意资产组合构造的投资组合。

(2) 在所有的资本配置线中,斜率最大的那一条,就叫做资本市场线(CML)。

(3) 证券市场线(SML)是根据资本资产定价模型确定的一条线,这条线的横坐标是资产的 β 值,反映的是资产的系统风险与其预期收益率之间的关系。根据这条线,可以计算出资产在均衡状态下的预期收益率。

(4) α 线是以 α 系数为截距,β 系数为斜率,并通过该资产超额收益率与市场证券组合超额收益率相交点的直线。

2.3.3 市场模型对风险的分解

如果市场超额收益 R_M 的方差为 σ_M^2,则每个股票收益率的方差可拆成两部分:

(1) 源于一般宏观经济因素的不确定性的方差 $\beta_i^2 \sigma_M^2$;

(2) 源于公司特有不确定性的方差 $\sigma^2(e_i)$。

R_M 和 e_i 的协方差为零,因为 e_i 定义为公司特有的,即独立于市场的运动。因此,证券 i 的收益率的方差为

$$\sigma_i^2 = \beta_i^2 \sigma_M^2 + \sigma^2(e_i) \tag{2.52}$$

两个股票超额收益率的协方差,如 R_i 与 R_j 的协方差,仅仅来自于一般因素 R_M。因为 e_i 和 e_j 都是每个公司特有的,它们显然不相关。所以协方差为

$$\text{Cov}(R_i, R_j) = \text{Cov}(\beta_i R_M, \beta_j R_M) = \beta_i \beta_j \sigma_M^2 \tag{2.53}$$

2.3.4 投资分散化的解释

当一个资产组合中资产种类趋近于 20 种及以上时,可以达到投资分散化、减少组合总风险的目的。这是因为:

(1) 组合中的 β 系数是构成其各证券 β 系数的加权平均数。一般情况下,组合中证券种类的个别调整不会引起 $β_p$ 的显著变化,也即投资分散化将导致系统风险的平均化。

(2) 组合中的 α 系数是构成其各证券 α 系数的加权平均数。由于各证券 α 系数围绕着其 SML 上下波动,数值可正可负,因此组合中证券种类越多,投资越分散,各证券 α 系数相互抵消的可能性越大。同样,影响收益率的随机误差值也可正可负,存在相互抵消的可能性。因此,投资分散化将导致非系统风险的相互抵消与减少。

2.3.5 CAPM 的局限性

当然,CAPM 也不是尽善尽美的,它本身存在着一定的局限性,表现在:

(1) CAPM 的假设前提是难以实现的。比如,现实市场并不是处于完善的竞争状态,市场上投资者数量众多,他们的资产持有期间不可能完全相同。而且,市场上存在的交易

成本、税收和信息不对称等问题,也使得该模型的假设条件无法实现。

(2) CAPM 中的 β 值难以确定。某些证券由于缺乏历史数据,其 β 值不易估计。此外,由于经济的不断发展变化,各种证券的 β 值也会产生相应的变化。因此,依靠历史数据估算出的 β 值对未来的指导作用也要打折扣。

(3) 模型在现实生活中运用效果不好。根据 CAPM 模型,如果该模型正确,那么证券的收益率应与 β 系数呈线性关系,而且 β 系数应是解释收益率的唯一变量。而事实上,实证检验表明,β 系数与收益率之间的关系不大,反而是其他变量如规模、市净率等似乎更能对收益率作出解释。

2.4 套利定价理论

2.4.1 套利的概念及基本形式

套利是指利用一个或多个市场上存在的各种价格差异,在不冒任何风险或冒较小风险的情况下赚取大于零的收益的行为。

套利有五种基本形式:空间套利、时间套利、工具套利、风险套利和税收套利。

1. 空间套利

空间套利或称地理套利,是指在一个市场上低价买进某种商品,而在另一市场上高价卖出同种商品,从而赚取两个市场间差价的交易行为。空间套利是最简单的套利形式之一。

2. 时间套利

时间套利是指同时买卖在不同时点交割的同种资产,包括现在对未来的套利和未来对未来的套利。

3. 工具套利

工具套利就是利用同一标的资产的现货及各种衍生证券的价格差异,通过低买高卖来赚取无风险利润的行为。在这种套利形式中,多种资产或金融工具组合在一起,形成一种或多种与原来有着截然不同性质的金融工具,这就是创造复合金融工具的过程。

4. 风险套利

风险套利是指利用风险定价上的差异,通过买低卖高赚取无风险利润的交易行为。根据高风险高收益原则,风险越高,所要求的风险补偿就越多。保险是风险套利的典型事例。

5. 税收套利

税收套利是指不同投资主体、不同证券、不同收入来源以在税收待遇上存在的差异所进行的套利交易。

2.4.2 无风险套利的定价机理

（1）无风险套利是指通过市场对证券之间定价不一致进行资金转移，从而赚取无风险利润。

（2）如果投资者可以找到这样一种证券组合，其初始净投资为零而又能赚得正值收益，那么所有投资者都会去投资于这种吸引人的证券，结果这种证券组合的价格将会发生变化，直到均衡状态下正的收益降为零。当这种交易不再存在时，就失去了套利机会，并且得到了一种与资本资产定价模型类似的风险—收益模型。

（3）现代金融研究的基本方法是无套利均衡分析(no-arbitrage)方法。在金融资产的定价分析过程中，无套利定价法既是一种定价的方法，也是定价理论中最基本的原则之一。

（4）事实上，确定无套利价格是金融资产定价的核心，因此意义十分重大。无套利价格至少可以用于金融产品的创新、资产管理、对持有的组合资产进行市值计算以及与实际价格作比较，以发现短期内可能出现的价差，等等。

2.4.3 套利投资组合

套利投资组合需满足三个条件：①不需要追加额外投资；②投资组合的因素风险（或者说系统风险）为0；③投资组合的收益不等于0。

当市场处于均衡状态时，将不存在套利机会。

套利组合的特征表明，投资者如果能发现套利组合并持有它，那他就可以实现不需要追加投资又可以获得收益的套利交易，即投资者是通过持有套利组合的方式来进行套利的。所以套利定价理论认为，如果市场上不存在套利组合，那么市场就不存在套利机会。

2.4.4 套利定价理论

1. 套利定价理论的假设

（1）存在一个完全竞争的资本市场；

（2）投资者追求效用最大化；

（3）投资者都一致认为，任一证券的收益率都是影响该证券收益率的 k 个因素的线性函数；

（4）组合中的证券个数必须远远超过影响因素的种类；

（5）随机误差项为非系统风险，与所有影响因素正交。

2. 收益率与 K 因素的线性关系

收益率与 K 因素的线性关系为

$$R_i = a_i + b_{i1}F_1 + b_{i2}F_2 + \cdots + b_{ik}F_k + \varepsilon_i \tag{2.54}$$

其中，R_i 为证券 i 的收益率；F_k 为第 k 个影响因素；b_{ik} 为证券 i 的收益对因素 k 的敏感度；ε_i 为随机误差。由此可知其期望收益率为

$$E(R_i) = a_i + b_{i1}E(F_1) + b_{i2}E(F_2) + \cdots + b_{ik}E(F_k) \tag{2.55}$$

式(2.54)与式(2.55)相减，得到

$$R_i = E(R_i) + b_{i1}\dot{F}_1 + b_{i2}\dot{F}_2 + \cdots + b_{ik}\dot{F}_k + \varepsilon_i \tag{2.56}$$

其中，$\dot{F}_k$ 为因素 k 的意外值。

1) 单因素模型

如果在市场上能找到一个对某因素敏感度为 1 的投资组合，则该组合被称为因素组合，其收益率记为 δ_k。

单因素情况下，任一资产的收益率可考虑为

$$E(R_i) = r_f + [E(\delta_k) - r_f] \times b_{ik} \tag{2.57}$$

其中，r_f 为无风险收益率；$E(\delta_k) - r_f$ 为因素组合的风险溢价；b_{ik} 为敏感系数。

均衡状态下，任何风险资产的期望收益率与 k 风险因素的敏感系数存在线性关系。

2) 多因素模型

多因素情况下投资组合的收益率为

$$\begin{aligned} E(R_i) = &r_f + [E(\delta_1) - r_f] \times b_{i1} + [E(\delta_2) - r_f] \\ &\times b_{i2} + \cdots + [E(\delta_k) - r_f] \times b_{ik} \end{aligned} \tag{2.58}$$

均衡状态下，任何风险资产的期望收益率与多个风险因素的敏感系数存在线性关系。

【例 2.9】 多因素模型的应用

考虑如下一种特定股票收益的多因素证券收益模型，见表 2.7。

假设国库券可提供 6% 的收益率，如果市场认为该股票是公平定价的，求出该股票的期望收益率。

表 2.7 多因素 β 值风险溢价

要素	β 值	风险溢价/%
通货膨胀	1.2	6
行业生产	0.5	8
石油价格	0.3	3

解析：将数据代入式(2.55)，得到 $E(r) = 6 + 1.2 \times 6 + 0.5 \times 8 + 0.3 \times 3 = 18.1\%$。

3. APT 和分散化投资组合

$$r_P = E(r_P) + \beta_1\dot{F}_1 + \beta_2\dot{F}_2 + \cdots + \beta_k\dot{F}_k + e_P \tag{2.59}$$

其中，$\dot{F}$ 为宏观经济因素的意外变化；对于充分多样化的投资组合，e_P 趋于零。该结果类似于 CAPM。

投资组合和单一证券的比较见图 2.17。

4. APT 和市场指数投资组合

为了排除套利机会，所有充分分散化投资组合的期望收益必须位于图 2.18 的通过无风险资产点的直线上。这条直线的方程将给出所有充分分散化投资组合的期望收益值。

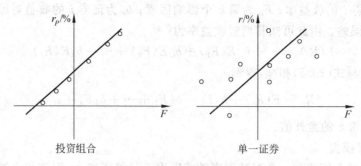

图 2.17　投资组合和单一证券的比较

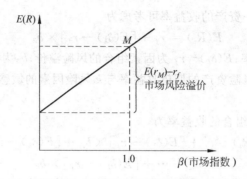

图 2.18　APT 和市场指数投资组合

注意到在图 2.18 中,风险溢价确实与资产组合的值成比例。风险溢价由无风险利率与该资产组合的期望收益之间的距离表示。风险溢价在 $\beta=0$ 时为零,并直接成比例地增长。

2.4.5　套利定价模型检验

Chen、Roll、Ross 推荐了四个经济要素:①未预期到的行业生产情况的变化;②未预期到的低级债券与高级债券之间的价差变化;③未预期到的收益曲线的形状和利率的变化;④未预期到的通货膨胀率的变化。

Scorensen 认为,影响收益率的七个宏观经济要素为:①长期经济增长;②短期商业周期风险;③长期债券收益率的变化;④短期国库券利率的变化;⑤通货膨胀的冲击;⑥美元与主要货币的汇率变化;⑦残余市场 β 系数。

2.4.6　APT 与 CAPM 的比较

套利定价理论与资本资产定价模型的关系可以从下面几个角度去理解:

(1) 在资本资产定价模型中,证券的风险用该证券相对于市场组合的 β 系数来解释,它只能告诉投资者风险的大小,但无法告诉投资者风险来自何处;而在套利定价理论中,证券的风险由多个因素共同来解释。套利定价理论以及多因素模型不仅能告诉投资者证券风险的大小,而且也能告诉他们风险来自何处,以及影响程度多大。

(2) 资本资产定价模型假定了投资者对待风险的类型,即属于风险回避者;而套利定价理论并没有对投资者的风险偏好作出规定,因此套利定价理论的适用性增大了。

(3) 由于前面论证了根据套利定价理论,投资者可以构建因素组合,而且对于同一个证券投资者可能构建出各种因素的纯因素组合,这样,投资者可能根据自己对待风险的态度,选择自己愿意和能够承担的风险,而完全回避掉那些自己不愿意承担的风险,这对投资者选择资产是一个重要的启示和帮助。

2.4.7 套利定价理论的应用

1. 投资组合构建的决策

对系统风险进行细分,测量每项资产对各种系统因素的敏感系数,因而可以使投资组合的选择更准确。

2. 投资组合的策略分析

选择最佳的风险模式,就是选择最佳的因素敏感系数的组合。

3. 组合策略的实施

采用 APT 方法,可以帮助选择和评估投资基金经理。基金经理一般都会偏向选择某一特定的风险模式。例如,一位经理偏重于投资市盈率高的公司,而另一位则可能会大量投资于公用事业。这样,就可以通过配备一个恰当的基金经理人员的组合,使他们共同行动的结果满足组合策略所确定的风险模式。

【例 2.10】 多因素 APT 的应用

假定市场可以用表 2.8 中的三种系统风险及相应的风险溢价进行描述,如果某股票的收益率可以用下面的方程来确定:

$$r = 15\% + 1.0I + 0.5R + 0.75C + e \quad (2.60)$$

其中,I、R、C 为意外变化。如果国库券利率为 6%,使用套利定价理论确定该股票的均衡收益率。该股票价格是低估还是高估了?并解释原因。

表 2.8 因素风险溢价

因　素	风险溢价/%
工业生产(I)	6
利率(R)	2
消费者信心(C)	4

解析:

$$r = 15\% + 1.0I + 0.5R + 0.75C + e$$
$$E(r) = 6 + 6 \times 1 + 2 \times 0.5 + 4 \times 0.75 = 16\%$$

根据该期望公式,股票实际的预期收益率 $E(r) = 15\%$。因为基于风险的要求收益率 16% 超过了实际的预期收益率 15%,所以该股票定价过高。

【例 2.11】 单因素 APT 的应用

考虑单因素 APT 模型,资产组合 a 的 β 值为 1.0,期望收益率为 16%;资产组合 b 的 β 值为 0.8,期望收益率为 12%,无风险收益率为 6%。如果希望进行套利,那么你将持有空头头寸（ ）和多头头寸（ ）? 资产组合的相关数据见表2.9。

A. a;a   B. a;b

C. b;a   D. b;b

表2.9 资产组合的相关数据

资产组合	β值	期望收益率 R
a	1.0	16%
b	0.8	12%
无风险 f		6%
C=a+f	0.8	14%

解：可以通过卖空组合b，用所获取的资金构建一个相同风险而又较高收益的组合C，(C 由 a 和无风险资产构成)，C 的 β 值也为 0.8，期望收益率为14%，那么可以获取套利利润2%。

让组合后的 β 与组合 b 的 β 相同，然后比较其收益的差异 $R_C - R_b$：

$$\beta = w_1 \cdot \beta_f + w_2 \beta_a = 0.8 = w_1 \cdot 0 + w_2 \cdot 1 = 0.8$$

$$w_1 + w_2 = 1$$

有

$$w_2 = 0.8; \quad w_1 = 0.2$$

则

$$R_C = w_1 R_1 + w_2 R_2 = 0.2 \times 6\% + 0.8 \times 16\% = 14\%$$

$$R_C - R_b = 14\% - 12\% = 2\%$$

2.5 市场有效性

2.5.1 市场有效性的定义与分类

1. 随机游走假说与市场有效性

1) 随机游走假说的内容

(1) 股价变动是随机的且不可预测的。

(2) 股价只对新的信息作出上涨或下跌的反应，而新信息的到来是不可预测的，所以股价同样是不可预测的。

2) 市场有效性

市场有效性的概念，最初是由 Fama 在 1970 年提出的。Fama 认为，当证券价格能够充分反映投资者可以获得的信息时，证券市场就是有效市场。即在有效市场中，无论随机选择何种证券，投资者都只能获得与投资风险相当的正常收益率。

3) 市场有效性的假设前提

(1) 投资者都是预期财富最大化的；

(2) 投资者能够理性地处理信息；

(3) 套利可以无限制地进行，从而消除定价错误。

2. 有效市场的类型

Fama 根据投资者可以获得的信息种类，将有效市场分成三个层次：弱式有效市场、半强式有效市场和强式有效市场,如图 2.19 所示。

1) 弱型有效市场

在此种市场,股价已经反映了全部能从市场交易数据中得到的信息,这些信息包括譬如过去的股价史、交易量、空头的利益等,技术分析无效,基本分析是否有效则无法判断。

2) 半强型有效市场

在此种市场中,证券价格充分地反映了所有公开的信息,包括如公司公布的财务报表和历史上的价格信息,技术分析和基本分析均无效。

3) 强型有效市场

在此种市场中,证券价格充分地反映了所有的信息,包括公开的和内幕的信息,技术分析和基本分析均无效。

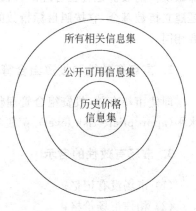

图 2.19　三类信息间的关系

3. 竞争是市场效率的根源

证券价格趋于反映所有相关信息,是市场竞争的结果。

在市场均衡的条件下,证券价格将反映所有有关的信息。而一旦市场偏离均衡,出现了某种获利机会,也会有人在极短的时间内去填补这一空隙,从而使市场恢复均衡。

证券市场是一个充分竞争的市场,在这个市场上存在着许多训练有素、知识和技术能力、分析能力都很强的投资者。因此,在这样一个市场上,要预测证券价格的未来变化,寻找获利机会是相当困难的。

2.5.2　投资策略与市场有效性

1. 投资策略

投资人的投资策略的制定与市场是否有效密切相关。一般来说,如果信息市场是无效的,那么投资人将采取主动投资策略。如果市场信息是有效的,那么投资人将采取被动投资策略。

1) 主动投资策略

主动投资策略主要有技术分析和基本面分析两种。

技术分析本质上是对股价的起伏周期和预测模式的寻找。技术分析家们承认信息对公司未来经济前景的价值,但他们相信这类信息一旦出现就会立即反映在投资人的交易过程中。

基本面分析是利用公司的赢利和红利前景、未来利率的预期以及公司风险的评估来决定适当的股票价格。

2) 被动投资策略

被动投资策略的常用方法一是购入-持有策略。因为他们认为既然给定了已知信息,那么现在的股价是公正合理的,所以没有必要频繁地将股票买入和抛出。另外一种方法是建立指数基金,它按照目标指数的证券构成种类和比例持有股票,其收益率与该目标指数相同。

2. 市场有效性和投资组合管理

即使市场有效,投资组合管理仍将有效,这是因为分散化(diversification)、适度风险水平(appropriate risk level)、赋税考虑(tax considerations)。

3. 市场有效性的启示

(1) 市场没有记忆;
(2) 相信市场价格;
(3) 市场没有幻觉;
(4) 股票价格的弹性大;
(5) 公司不要为投资人越俎代庖;
(6) 寻找规律者自己消灭了规律。

2.5.3 异象

所谓的小公司"一月份效应"由班茨首先提出,如图 2.20 所示。该图给出的是,把纽约证券交易所股票按各年度的公司规模划分为 10 个组合后的业绩比较,从中我们可以看到,小公司的平均年度收益率持续性地处于高水平。

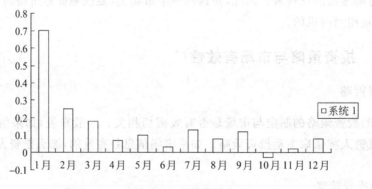

图 2.20　1月份效应

一些研究者相信,"一月份效应"是与年底的为减少纳税而结清蚀本交易紧密相关的。这个假设是,许多人将他们在前几个月中已经降价的股票抛出,以便在课税年度结束之前实现其资本损失。而这些投资者并不把抛售所得重新投入股市直至新的一年到来。在新的一年开始时,对股票的抢购潮将给股价带来压力使其上升,这便导致了"一月份效应"。

关于异象的解释,一种说法认为可能是风险溢价。行为金融学认为:①投资者处理信息存在系统性的非理性,预测经常是有偏的;②套利手段受到限制,套利机会不存在并不说明市场是有效的。因此,市场可能是长期无效的。

2.5.4 市场有效性的实证检验

1. 弱式有效市场检验——市场收益率的随机游走检验

对弱式有效市场的检验,一是要看连续的价格是否独立,二是要看据此能否获得超额利润。Fama、Fisher等学者的结论是股价基本符合随机游走假设。

2. 半强式有效市场检验——事件研究

对半强式有效市场的检验在于测试现实中所有能获得的公开信息和宣布的信息,是否迅速充分地反映在股票价格上,以及利用这些信息能否获得超额利润。Ball、Brown、Fama等的研究均表明存在半强式有效市场。

3. 强式有效市场的检验——私人信息的检验

强式有效市场的检验是检验公司知情人员或者专业投资者是否利用掌握内部信息来获得超额收益,也就是检验他们掌握的内部信息是否反映在股票价格上。强式有效市场假说认为,所有信息包括内部信息和私人信息,全部反映在股票价格上,拥有内部信息的人也不能获得超额利润。由于私人信息的代表是共同基金,所以这方面的检验往往针对共同基金。

案例2.4

市场有效性与意外事件的影响

假设国库券的月收益率为1%,这个月市场价格上涨了1.5%。另外,AC公司股票的 β 值为2,它意外地赢得了一场官司,获得100万美元的赔偿。

(1) 如果该公司的股票初始价值为1亿美元,投资者估计这个月该股票的收益率是多少?

(2) 如果市场本来预测该官司会赢得200万美元,投资者对(1)的答案又如何?

解析:

(1) 根据大的市场趋势,CAPM暗示了AC公司的股票应该已经增长了 $1\% + 2.0 \times (1.5\% - 1\%) = 2\%$。它由于赢得官司而带来的企业特有(非系统)收益为每1亿美元初始股权100万美元,或者说是1%。因此,总收益为3%(上边由于大势而产生的2%增长+100万美元对1亿美元而产生的1%收益=3%)。(这里假定官司的结果有一零期望值)

(2) 如果官司的解决预期为200万美元,则实际的解决"比预期少100万美元",因此企业特有的收益应为-1%,从而总收益为 $2\% - 1\% = 1\%$。

习题

1. 假设 A 资产的预期收益率为 10%，标准差为 9%；B 资产的预期收益率为 8%，标准差为 8.2%，A 和 B 的协方差为 -0.0024，求 A 和 B 组成的最小方差组合中投资 A 的比重。

2. 给定效用函数 $U(W)=W-0.01W^2$，假定一投资者的资产组合有 60% 的可能获得 10 元的收益，有 40% 的可能获得 25 元的收益，判断该投资者的风险偏好类型。

3. 考虑单因素 APT 模型，股票 A 和股票 B 的期望收益率分别为 6% 和 12%，β 值分别为 0.5 和 1.5，股票 C 的 β 值为 2，如果不存在套利机会，求股票 C 的期望收益率。

4. 考虑有两个因素的多因素 APT，股票 A 的期望收益率为 18%，对因素 1 的 β 值为 1.5，因素 1 的风险溢价为 3%，因素 2 的风险溢价为 6%，无风险利率为 6%，如果存在无套利机会，求因素 2 的 β 值。

5. 考虑两种完全负相关的风险资产 A 和 B，A 的期望收益率为 10%，标准差为 16%，B 的期望收益率为 8%，标准差为 12%，求 A 和 B 在最小方差组合中的权重。

6. 假定你在为客户做资产配置时可以选择股票基金、债券基金和国库券。国库券的回报率为 5%，股票基金和债券基金的相关系数为 0.3，股票基金和债券金的相关数据如下：

	期望收益率(%)	标准差(%)
股票基金(s)	13	20
债券基金(b)	8	12

求由两种风险资产组成的最小方差组合中股票基金和债券基金的投资比重。

7. 考虑一资产组合，其预期收益率为 12%，标准差为 18%。国库券的无风险收益率为 7%。如果某投资者的风险厌恶水平 A 为 3，则该投资者更偏好于哪种投资？

8. 考虑一风险资产组合，年末来自该资产组合的现金流可能为 70 000 美元或 200 000 美元，概率相等，均为 0.5；可供选择的无风险国库券投资年利率为 6%。

   a. 如果投资者要求 8% 的风险溢价，则投资者愿意支付多少钱去购买该资产组合？
   b. 假定投资者可以购买(a)中的资产组合数量，该投资的期望收益率为多少？
   c. 假定现在投资者要求 12% 的风险溢价，则投资者愿意支付的价格是多少？
   d. 比较 a 和 c 的答案，分析投资所要求的风险溢价与售价之间的关系。

9. 一证券的期望收益率为 14%，无风险利率为 6%，市场风险溢价为 8.5%。如果这一证券与市场资产组合的协方差加倍（其他变量保持不变）后，其市场价格变为 31.82 美元，则该证券原来的市场价格是多少？假定该股票预期会永远支付一固定红利。

10. 投资者是一家大型制造公司的咨询顾问，考虑有一下列净税后现金流的项目（单位：百万美元）项目的 β 值为 1.8。假定 $r_f=8\%$，$E(r_M)=16\%$，项目的净现值是多少？在其净现值变成负数之前，项目可能的最高估计值是多少？

11. 假定影响美国经济的两个因素已被确定:工业生产增长率与通货膨胀率。目前,预计工业生产增长率为3%,通货膨胀率为5%。某股票与工业生产增长率的贝塔值为1,与通货膨胀率的贝塔值为0.5,股票的预期收益率为12%。如果工业生产真实增长率为5%,而通胀率为8%,那么,修正后的股票的期望收益率为多少?

12. 在最近的一场官司中,AP公司控告BP公司侵犯了它的专利权。陪审团今天将作出判决。AP公司的收益率$r_A=3.1\%$,BP公司的收益率$r_B=2.5\%$。市场今天对有关失业率的好消息作出反应,市场收益率$r_M=3\%$。从线性回归模型的估计得出这两只股票的失业率与市场资产组合的关系如下:

AP公司:$r_A=0.20\%+1.4r_M$

BP公司:$r_B=-0.10\%+0.6r_M$

根据这些数据,投资者认为哪家公司赢了这场官司?

13. 投资者预测来年的市场收益率为12%,国库券收益率为4%。CFI公司股票的贝塔值为0.5,在外流通股的市价总值为1亿美元。

a. 假定该股票被公正地定价,投资者估计其期望收益率是多少?

b. 如果来年的市场收益率实际是10%,投资者估计股票的收益率会是多少?

c. 假定该公司在这一年里赢得了一场官司,判给它500万美元,公司在这一年的收益率为10%。投资者原先预期的市场获得了什么样的结果(继续假定一年中的市场回报率为10%)?官司的规模是唯一不确定的因素。

附录2.A 风险的价格与效用函数的保费

问题:风险厌恶投资者应该支付多少才能避免进入一赌局,该赌局将以各50%的概率增加财富h元和减少h元?

这实际上是一保险问题,即投资者愿意付出的费用π就是保费。

$$U(W-\pi) = 0.5 \times U(W+h) + 0.5 \times U(W-h) \tag{2.A.1}$$

泰勒展开式近似为

$$f(x+\delta) = f(x) + f'(x)\delta + (1/2)f''(x)\delta^2 + \cdots + (1/n!)f^{(n)}(x)\delta^n \tag{2.A.2}$$

利用泰勒展开式(2.A.2),近似得到

$$U(W-\pi) \approx U(W) - U'(W)\pi \tag{2.A.3}$$

$$0.5U(W+h) + 0.5U(W-h)$$
$$\approx 0.5[U(W) + U'(W)h + 0.5U''(W)h^2] + 0.5[U(W)$$
$$-U'(W)h + 0.5U''(W)h^2] \approx U(W) + 0.5h^2U''(W) \tag{2.A.4}$$

因此,由于式(2.A.3)的右端=式(2.A.4)的右端

$$U(W) - U'(W)\pi = U(W) + 0.5h^2U''(W) \tag{2.A.5}$$

求解保费π,得到

$$\pi = \frac{1}{2}h^2\left[-\frac{U''(W)}{U'(W)}\right] \tag{2.A.6}$$

也就是说,

$$\text{保费} = 0.5 \times [\text{方差}] \times [\text{风险厌恶程度}]$$

附录2.B 最小方差资产组合的推导

对于两个资产 x 和 y，

$$E(R_p) = aE(r_x) + (1-a)E(r_y) \tag{2.B.1}$$

$$\sigma_p^2 = a^2\sigma_x^2 + (1-a)^2\sigma_y^2 + 2a(1-a)\rho_{xy}\sigma_x\sigma_y \tag{2.B.2}$$

$E(R_p)$ 与 a 线性相关，对式(2.B.1)求导：

$$\frac{dE(R_p)}{da} = E(r_x) - E(r_y) \tag{2.B.3}$$

对式(2.B.2)求导：

$$\frac{d\sigma_p}{da} = 2a\sigma_x^2 - 2(1-a)\sigma_y^2 + (2-4a)\rho_{xy}\sigma_x\sigma_y \tag{2.B.4}$$

设 $\frac{d\sigma_p}{da} = 0$，即基于 a 的最小方差，求解 a，得到

$$a^* = \frac{\sigma_y^2 - \rho_{xy}\sigma_x\sigma_y}{\sigma_x^2 + \sigma_y^2 - 2\rho_{xy}\sigma_x\sigma_y} \tag{2.B.5}$$

附录2.C 资本资产定价模型的推导

对于持有最佳投资组合的投资人，考虑增持 δ 比例风险资产 i，即增持 $1-\delta$ 无风险资产：

$$E(R_p) = \delta E(r_i) + (1-\delta)E(R_m) \tag{2.C.1}$$

$$\sigma_p = [\delta^2\sigma_i^2 + (1-\delta)^2\sigma_m^2 + 2\delta(1-\delta)\rho_{im}\sigma_i\sigma_m]^{1/2} \tag{2.C.2}$$

对式(2.C.1)求导：

$$\frac{\partial E(R_p)}{\partial \delta} = E(r_i) - E(R_m) \tag{2.C.3}$$

对式(2.C.2)求导：

$$\frac{\partial \sigma_p}{\partial \delta} = \frac{2\delta\sigma_i^2 - 2(1-\delta)\sigma_m^2 + (2-4\delta)\rho_{im}\sigma_i\sigma_m}{2[\delta^2\sigma_i^2 + (1-\delta)^2\sigma_m^2 + 2\delta(1-\delta)\rho_{im}\sigma_i\sigma_m]^{\frac{1}{2}}} \tag{2.C.4}$$

Sharpe 和 Treynor 的发现：市场组合 M 已包含 w_i 风险资产 i；增量投资 δ 是对风险资产 i 的超额需求；均衡状态下，任何对风险资产 i 的超额需求必须等于 0。

当式(2.C.3)和式(2.C.4)中的 $\delta = 0$ 时，带入下式的右端，市场均衡时风险/回报在 M 点的斜率为

$$\left. \frac{\partial E(R_p)/\partial \delta}{\partial \sigma_p/\partial \delta} \right|_{\delta=0}^* = \frac{E(r_i) - E(R_m)}{(\sigma_{im} - \sigma_m^2)/\sigma_m} \tag{2.C.5}$$

由于 M 在 CML 线上，因此斜率相等，即

$$\frac{E(R_m) - R_f}{\sigma_m} = \frac{E(r_i) - E(R_m)}{(\sigma_{im} - \sigma_m^2)/\sigma_m} \tag{2.C.6}$$

整理式(2.C.6)：

$$E(r_i) = R_f + [E(R_m) - R_f] \times \frac{\sigma_{im}}{\sigma_m^2} \qquad (2.C.7)$$

定义

$$\beta_i = \frac{\sigma_{im}}{\sigma_m^2} = \frac{\rho_{im}\sigma_i\sigma_m}{\sigma_m^2} = \rho_{im}\frac{\sigma_i}{\sigma_m} \qquad (2.C.8)$$

将式(2.C.8)代入式(2.C.7)，得

$$E(r_i) = R_f + [E(R_m) - R_f]\beta_i \qquad (2.C.9)$$

第 3 章 债券市场和债券投资

学习目标

1. 了解债券的基本要素与债券市场；
2. 掌握债券的定价与收益率计算；
3. 理解利率的期限结构含义及理论；
4. 掌握久期的含义及计算；
5. 理解凸性的含义；
6. 了解债券的投资组合管理的主要策略。

本章导读

小张对债券投资很感兴趣，他发现随着近期利率上调，债券价格普遍出现了下跌趋势。当他进一步查阅债券市场行情时发现，不同期限、票面利率的债券在价格方面相差甚大。于是，小张很想知道究竟是哪些因素决定了债券价格的涨跌？未来利率变化的不确定性又会对他的债券投资有何影响？如何对某一具体的债券进行分析呢？

本章将为你介绍债券市场及债券定价的基本原理，解释如何通过利率期限结构去预测远期利率的变化，让你理解债券价格对利率变化的反应程度。相信你学完本章后将会对债券市场和债券投资有一个理性的认识，从而让你科学地进行债券投资。

3.1 债券的基本要素与债券市场

3.1.1 债券的概念及要素

1. 债券的概念

债券（debentures）是政府、金融机构、工商企业等机构直接向社会借债筹措资金时，向投资者发行，承诺按一定利率支付利息并按约定条件偿还本金的债权债务凭证。大部分债券在市场上进行买卖，并因此形成债券市场。

2. 债券的基本要素

债券虽然种类多样,但均包括票面价值(face value)或本金(principal)、偿还期限(term to maturity)或到期日(maturity date)、利息(interest or coupon)或息票率(coupon rate)这三大要素。债券票样如图3.1所示。

图 3.1　债券票样

1) 面值或本金

面值是指债券票面上所标明的价值,它代表了发行人的债务和持有人的债权。面值确定了债券到期时发行人必须向持有人偿还的金额,该金额通常被称为本金(principal)。

债券的面值包括计价币种和面额两个内容。如美国中长期国债的面值一般为1 000美元,我国国债的面值一般为100元。

2) 息票与息票率

某债券每次支付的利息由息票(coupon)或息票率(coupon rate)确定。息票是指债券每年支付的利息额,息票率则是指息票与面值的比率。

息票率为0的债券被称为零息债券(zero-coupon bonds)。

3) 到期日或期限

债券在发行时,一般要规定债券的到期日(maturity date)。债券的到期日是指债券偿还本金的日期。

债券的偿还期(term to maturity)是指从债券发行之日起至清偿本息之日止的时间,而债券剩余偿还期是指发行一段时间之后的债券距离到期日剩余的时间长度。

3. 债券的种类

1) 按债券发行主体不同分类

按发行主体不同,债券可分为政府债券、金融债券和公司债券等。

政府债券,是指政府为筹集资金而发行的债券。主要包括国债、地方政府债券等。国债因其信誉好、利率优、风险小而被称为"金边债券"。政府债券票样如图3.2

图 3.2　政府债券票样

所示。

金融债券,是指由银行和非银行金融机构发行的债券。金融债券主要由国家开发银行、进出口银行等政策性银行发行。金融债券票样如图 3.3 所示。

公司(企业)债券,是指企业依照法定程序发行,约定在一定期限内还本付息的债券。公司债券票样如图 3.4 所示。

图 3.3 金融债券票样

图 3.4 公司债券票样

2) 按付息方式不同分类

按付息方式不同,债券可分为零息债券、附息债券等。

零息债券,是指债券券面上不附有息票,发行时按规定的折扣率,以低于债券面值的价格发行,到期按面值支付本息的债券。贴现债券的发行价格与其面值的差额即为债券的利息。零息债券是国际金融市场最流行的信用工具。

附息债券,是指债券券面上附有息票的债券,是按照债券票面载明的利率及支付方式支付利息的债券。附息债券又叫息票,息票上标有利息额、支付利息的期限和债券号码等内容。持有人可从债券上剪下息票,并据此领取利息。

4. 国债

按期限不同,国债可分为三种:一是短期国债(T-bills),又称为国库券,期限在 1 年或 1 年以下;二是中期国债(treasury notes),期限在 1 年以上 10 年以下;三是长期国债(treasury bonds),期限在 10 年以上。

国债是一种流动性非常强的金融工具。国债具有很强的变现能力,交易成本很低,风险很小。国债的期限一般为 3 个月、4 个月、6 个月或 12 个月。

国债一般按贴现方式折价发行,是一种贴现证券。投资者按低于面值的折价购买,在到期日政府以债券面值向投资者兑付,购买价与面值之差就是投资者持有国债到期的所得收益。

3.1.2 我国的债券市场

1. 我国债券市场体系

目前,我国债券市场形成了银行间债券市场、交易所债券市场和商业银行债券柜台市场三个子市场。我国的债券市场体系如图 3.5 所示。

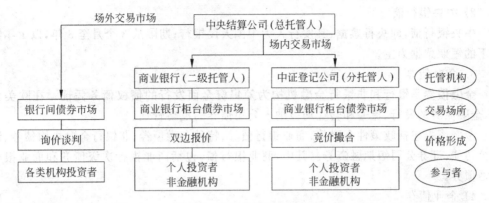

图 3.5 我国的债券市场体系

1) 银行间债券市场

银行间债券市场是我国债券市场的主体。该市场参与者是各类机构投资者。该市场属于大宗交易市场(批发市场),实行双边谈判成交,逐笔结算。

2) 交易所债券市场

交易所债券市场是我国债券市场的重要部分。该市场参与者是除银行以外的各类社会投资者。该市场属于集中撮合交易的零售市场,实行净额结算。

表 3.1 列示了上交所 2009 年 11 月 27 日 14:59:59 该时间的部分债券(国债、企业债券、地方债券)报价。

表 3.1 上交所市场债券报价

代码	名称	开盘价	最高价	最低价	当前价	前日收盘价	涨跌幅	成交量	成交金额/元
10004	20 国债(4)	101.07	101.07	100.96	100.98	101.03	−0.05	167 970	16 965 107
10107	21 国债(7)	103.75	104.03	103.75	103.97	103.85	0.12	219 450	2 2808 596
120101	01 中移动	101.6	101.6	101.6	101.6	101.79	−0.19	67 870	6 895 592
120102	01 三峡债	100.86	101.18	100.86	100.9	101.04	−0.14	3 420	345 199
130000	09 新疆 01	99.4	99.4	99.4	99.4	99.4	0	0	0
130001	09 安徽 01	100	100	100	100	100	0	0	0

3) 商业银行债券柜台市场

商业银行债券柜台市场是银行间债券市场的延伸,属于零售市场。该市场参与者是个人投资者和非金融机构。该市场实行双边报价。

2. 我国债券的主要类型

1）政府债券（主要是国债）

我国国债的发行人为财政部。主要品种有记账式国债和储蓄国债。其中，储蓄国债分为传统凭证式国债和电子凭证式国债。

我国发行的大多数凭证式国债是通过商业银行柜台发行的。

2）中央银行债

中央银行债，即央行票据，其发行人为中国人民银行；期限从3个月至3年，以1年期以下的短期票据为主。

3）金融债券

金融债券是银行和非银行金融机构为筹集资金而发行的债权债务凭证。在欧美国家，金融债券的发行、流通和转让均被纳入公司债券的范畴管理。

金融债券包括政策性金融债、商业银行债券、特种金融债券、非银行金融机构债券、证券公司债、证券公司短期融资券。其中，商业银行债，包括商业银行次级债券和商业银行普通债券。

4）企业债券

企业债券包括中央企业债券和地方企业债券。

5）公司债券

公司债券指公司依照法定程序发行的、约定在1年以上期限内还本付息的有价证券。

公司债券目前仅限于上市公司发行。另外，发行公司债券，应当由保荐人保荐，并向中国证监会申报。

6）短期融资券

短期融资券，是指中国境内具有法人资格的非金融企业发行的短期融资券。

证券公司短期融资券不属于此类，计入非银行金融债。

3. 我国债券市场的现状

1）发行规模总体呈现上升态势

从2004—2010年，我国的债券发行总体规模不断扩大，7年间发行量增幅达到350%，如图3.6所示。2008年的债券发行总量首次出现降低，原因是国债发行量减少了1.46万亿元，并且没有发行特别国债。

2）形成以国债和央行票据为主体，多品种债券协调发展的格局

从债券品种看，央行票据、国债和政策性银行债仍然是一级市场的主要品种，2010年三者发行量占到市场总发行量的82%以上。金融债券、政府债券和短期融资债券发行规模继续保持快速发展态势，2010年金融债券发行量为61 870.2亿元，较2009年增长11.9%；政府债发行量17 878.18亿元，较2009年增长9.3%；短期融资债券发行量为6 742.35亿元，较2009年增长31.6%。如图3.7所示。

3）短期和中期债券发行规模逐渐提高

从债券发行期限看，2010年债券发行以短期为主，1年期以下占49.81%，1～3年期债券占18.73%，两者合计占比为67.54%，较2009年提高了7个百分点。如图3.8

所示。

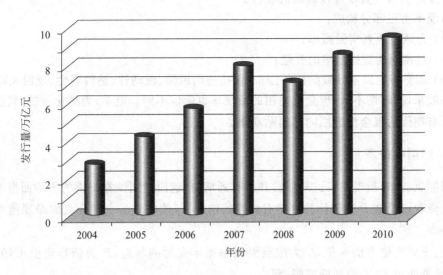

图 3.6 我国债券的发行规模

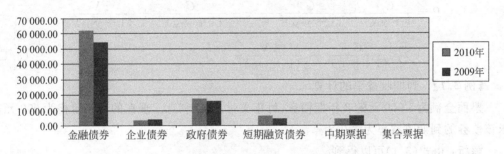

图 3.7 我国 2010 年不同种类债券的发行比例

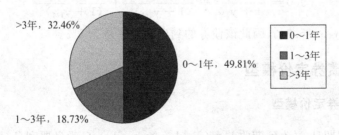

图 3.8 我国 2010 年不同期限类债券的发行比例

3.2 债券收益率与债券定价

3.2.1 贴现率与到期收益率

1. 贴现率

贴现率,又称"折现率",是一种机会成本,即投资者在相同期限、相同信用品质和相同风险程度的类似投资中应该赚取的收益。

贴现率由三部分构成：
(1) 无风险的真实回报率；
(2) 对预期通货膨胀率的补偿；
(3) 债券特定因素导致的额外溢价，包括违约风险、流动性、纳税属性、赎回风险等。

一般来说，时期不同，现金流适用的贴现率也应该不同。但是，为简化问题，我们通常假设所有期限的现金流适用同样的贴现率。

2. 到期收益率

到期收益率，指现在买进某债券并持有到期，在这段时间债券提供的平均回报率。它是在投资者以价格 P 购买债券并持有到期的情形下，使债券各个现金流的净现值等于零的贴现率。

设：FV 为债券的面值，C 为按票面利率每年支付的利息，P 为债券当前市场价格，y_{TM} 为到期收益率，T 为到期期限，则

$$P = \frac{C}{1+y_{TM}} + \frac{C}{(1+y_{TM})^2} + \cdots + \frac{C}{(1+y_{TM})^T} + \frac{FV}{(1+y_{TM})^T}$$

$$= \sum_{t=1}^{T} \frac{C}{(1+y_{TM})^t} + \frac{FV}{(1+y_{TM})^T} \tag{3.1}$$

【例 3.1】 到期收益率的计算

票面金额为 1 000 元的 2 年期债券，每年支付 60 元利息。现在的市场价格为 900 元，求该债券的到期收益率为多少？

解析：由式(3.1)可以得到

$$900 = \frac{60}{1+y_{TM}} + \frac{60}{(1+y_{TM})^2} + \frac{1\,000}{(1+y_{TM})^2}$$

计算得出，$y_{TM} = 5.3\%$，因此该债券的到期收益率是 5.3%。

3.2.2 债券定价模型

1. 息票债券定价模型

设：T 为到期日，y 为到期收益率(yield to maturity)，C 为息票利息，FV 为债券的面值，则息票债券价值 P 根据式(3.2)计算，得到

$$P = \sum_{t=1}^{T} \frac{C}{(1+y)^t} + \frac{FV}{(1+y)^T} \tag{3.2}$$

式(3.2)右端第一项是一个年金的现值，第二项是单一量的现值，是最后一期时支付的债权的面值。由式(3.2)可知，债券的现值由三个因素决定：到期日、息票利息和贴现率。

式(3.2)中的经济学含义是把支付的每一息票利率的现值相加，每个息票利率的贴现都以它将来被支付的时间为基础。

债券价值决定的现金流如图 3.9 所示。

图 3.9 债券价值决定的现金流

【例 3.2】 息票债券定价

息票利率为 8%,30 年到期,面值为 1 000 元,每半年支付一次利息,利息额为 40 元。假设年利率为 10%,求该债券价格。

解析：由式(3.2)得

$$P = \sum_{t=1}^{60} \frac{40}{(1.05)^t} + \frac{1\,000}{(1.05)^{60}} = 810.7$$

2. 零息债券的定价模型

零息票债券属于折让证券,在整个借款的年期内不支付任何利息(息票),并按到期日赎回的面值的折让价买入。买入价与到期日赎回的面值之间的价差便是资本增值。因此,

$$买入价 = 面值 - 资本增值$$

计算零息票债券价格的公式如下式所示：

$$P = \frac{\text{FV}}{(1+y)^t} \tag{3.3}$$

其中,P 为价格；FV 为面值；y 为到期收益率；t 为距离到期的时间。

【例 3.3】 零息债券定价

两种国库券分别称为 A、B。债券 A 1 年到期,在到期日,投资者获得 1 000 元；债券 B 2 年到期,在到期日,投资者获得 1 000 元,两种债券在期间均不支付利息,贴现率分别为 6% 和 9%。那么,他们的理论价格各是多少？

解析：债券 A 的理论价格：$1\,000/(1+6\%) = 943.40$

债券 B 的理论价格：$1\,000/(1+9\%)^2 = 841.68$

3. 永续债券定价

永续债券也称无期债券,指的是不规定到期期限,债权人也不能要求清偿但可按期取得利息的一种债券。永续债券的价格实际上是在一定贴现率(必要投资收益率)下的未来无数次利息流量现值之和。

永续债券的现金流量如图 3.10 所示。

根据永续债券的定义,债券价值公式可以表示为下式：

$$P = \frac{C}{1+y} + \frac{C}{(1+y)^2} + \cdots + \frac{C}{(1+y)^{100}} + \cdots + \frac{C}{(1+y)^t} + \cdots \tag{3.4}$$

式(3.4)右端是一个等比数列,且比值 $1/(1+y)$ 是一个大于 0 小于 1 的数,故等式右端的极限存在。对式(3.4)右端关于时间 t 求极限,得

$$P = \lim_{t \to \infty} \left[\frac{C}{1+y} \left(1 - \frac{1}{(1+y)^t}\right) \right] / \left(1 - \frac{1}{1+y}\right) = \frac{C}{y}$$

图3.10 永续债券的现金流量

所以,式(3.4)可以表示为

$$P = C/y \tag{3.5}$$

其中,C为票面利息;y为贴现率;t为时间。

3.2.3 影响债券定价的因素

1. 债券的发行价格与交易价格

债券的发行价格是指在发行市场(一级市场)上,投资者在购买债券时实际支付的价格。通常有三种情况:

(1) 当债券发行价格高于面值时,称为溢价发行;
(2) 当债券发行价格低于面值时,称为折价发行;
(3) 当债券发行价格等于面值时,称为平价发行。

债券的交易价格是指债券发行后在流通市场(二级市场)上形成的市场交易价格。交易价格的高低,取决于公众对该债券的评价、市场利率以及人们对通货膨胀率的预期等。

需要指出的是,债券定价是确定债券合理的交易价格的过程,而发行价格则根据市场上同类债券的价格及发行前的询价结果最终确定。

2. 债券价格决定定理

以下债券价格决定定理中的一至五由马尔凯尔(Malkiel)论证,定理六由霍默(Homer)和利伯维茨(Libowitz)证明。

定理一:债券的市场价格与到期收益率成反比关系。即到期收益率上升时,债券价格会下降;反之,到期收益率下降时,债券价格上升。

票面价值为1 000美元、息票率为10%、期限为20年的息票债券的价格与到期收益率的关系如图3.11所示。

定理二:当债券的收益率不变,即债券的息票率与收益率之间的差额固定不变时,到期时间越长,价格波动幅度越大;反之,到期时间越短,价格波动幅度越小。

当市场利率大于息票率时,债券的偿还期越长,债券的价格越低;反之,当市场利率小于息票率时,债券的偿还期越长,债券的价格越高,如图3.12所示。

定理三:随着债券到期时间的临近,债券价格的波动幅度减少,并且是以递增的速度减少;反之,到期时间越长,债券价格波动幅度增加,并且是以递减的速度增加。

图3.13列示了两个息票利率为10%的债券,在其他条件相同时,期限30年的债券

价格对利率变化的敏感强于期限 1 年的债券。

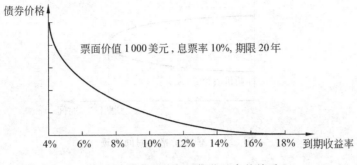

图 3.11　债券价格与到期收益率的关系

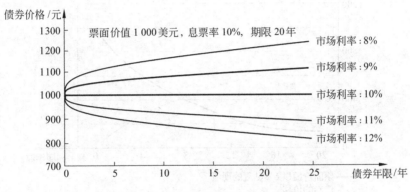

图 3.12　债券价格与偿还期的关系

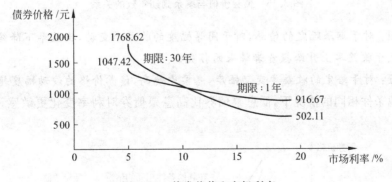

图 3.13　债券价值和市场利率

对于折价发行的债券,当到期日临近时,票面价值的现值的增长额大于息票支付现值的减少额,导致债券价格上升。

对于溢价发行的债券,随着到期日的临近,票面价值的现值的增长额小于息票支付现值的减少额,导致债券价格下降。

综上,溢价债券和折价债券的价格随时间变化的向面值回归,如图 3.14 和图 3.15 所示。

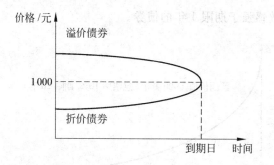

图 3.14 债券价格的时间轨迹

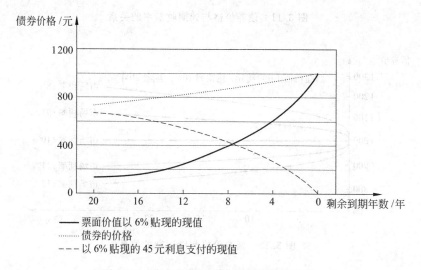

—— 票面价值以 6% 贴现的现值
……… 债券的价格
---- 以 6% 贴现的 45 元利息支付的现值

图 3.15 债券价值与剩余到期年数的关系

定理四：对于期限既定的债券，对于同等幅度的收益率变动，收益率下降给投资者带来的利润大于收益率上升给投资者带来的损失。

定理五：对于给定的收益率变动幅度，息票率越高，债券价格的波动幅度越小。

在其他条件相同的情况下，低息票债券比高息票债券对利率变化更敏感，如图 3.16 所示。

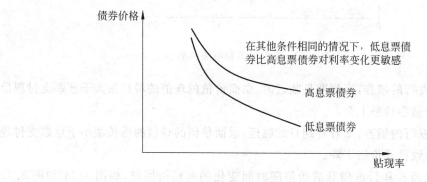

图 3.16 息票率决定债券价格对市场利率的敏感性

案例 3.1

市场利率变化对不同债券定价的影响

现在投资者面临两种可供选择的债券:债券 J 有 5% 的息票率;债券 K 有 10% 的息票率。两种债券票面价格都是 1 000 美元,都还有 8 年到期,每半年付息一次,初始到期收益率 YTM 均为 8%。

投资者根据市场信息判断利率会立即发生变动,或者上升 2%,或者下降 2%,他想知道这种利率的改变将对两个债券的价格产生怎样的影响。

解析:

根据息票债券的定价公式(3.2),债券 J 的现价

$PV_J = 25 \times [1 - 1/(1.04)^{16}]/0.04 + 1\,000/(1.04)^{16} = 825.22$;

根据息票债券的定价公式(3.2),债券 K 的现价

$PV_K = 50 \times [1 - 1/(1.04)^{16}]/0.04 + 1\,000/(1.04)^{16} = 1\,116.53$。

当到期收益率上升或下降 2% 时,根据息票债券的定价公式(3.2),两种债券的价格变化如表 3.2 所示。

表 3.2 两种债券的价格变化

	6%(下降2%)	8%	10%(上升2%)
债券 J 的价格	937.19 美元	825.22 美元	729.06 美元
债券 J 价格变化的百分比	(+13.57%)		(−11.65%)
债券 K 的价格	1 251.22 美元	1 116.53 美元	1 000 美元
债券 K 价格变化的百分比	(+12.06%)		(−10.44%)

由表 3.2 可知,如果其他条件相同,低息票债券 J 的价格比高息票债券 K 的价格对利率变化更敏感。

问题讨论:

如果两种债券息票率相同,而票面价格不同,结论又会如何?

定理六: 债券以较低的初始到期收益率出售时,债券价格对收益率变化更敏感。

图 3.17 列示了不同初始到期收益率下债券价格对收益率变化的敏感性。

定理一至定理六更多的实例说明见附录 3.A。

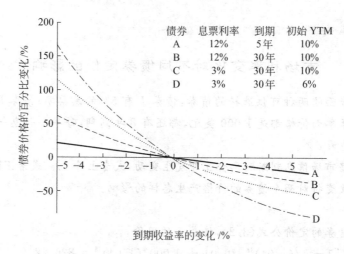

图 3.17 价格变化与初始到期收益率的关系

3.2.4 债券的当期收益率、赎回收益率与持有期收益率

1. 当期收益率

当期收益率是指债券的每年利息收入与其当前市场价格的比率。用公式表示为

$$y_c = C/P \tag{3.6}$$

其中,y_c 为当期收益率;C 为债券的每年利息收入;P 为债券的当前市场价。

2. 赎回收益率

债券的可赎回性是指债券发行人在到期之前可以提前赎回债券的特性。债券的可赎回性对债券发行人有利,对债券投资者不利。

债券发行人在赎回债券时向持有人支付的总金额,称之为赎回价格(call price)。

赎回收益率是指投资者从购买债券到债券被发行人提前赎回这段时期所获得的收益率。

赎回收益率的计算公式为

$$\begin{aligned} P &= \frac{C}{1+y_{TC}} + \frac{C}{(1+y_{TC})^2} + \cdots + \frac{C}{(1+y_{TC})^T} + \frac{P_C}{(1+y_{TC})^T} \\ &= \sum_{t=1}^{T} \frac{C}{(1+y_{TC})^t} + \frac{P_C}{(1+y_{TC})^T} \end{aligned} \tag{3.7}$$

其中,P 为债券市价;y_{TC} 为第一次赎回时的赎回年收益率;T 为直到第一次赎回时的年数;P_C 为赎回价格;C 为年息票利息。

3. 持有期收益率

持有期收益率,描述的是现在买进,持有到一个较长时间,然后以某个价格卖出债券,在整个持有期,该债券所提供的平均回报率。它是使投资者在持有债券期间获得的各个现金流的净现值等于 0 的贴现率。

$$P = \frac{C}{1+y_{HPR}} + \frac{C}{(1+y_{HPR})^2} + \cdots + \frac{C}{(1+y_{HPR})^T} + \frac{P_T}{(1+y_{HPR})^T}$$

$$= \sum_{t=1}^{T} \frac{C}{(1+y_{HPR})^T} + \frac{P_T}{(1+y_{HPR})^T} \tag{3.8}$$

其中，P 为债券市价；y_{HPR} 为持有期收益率；T 为债券持有期限，P_T 为 T 时间的债券市价；C 为持有期息票利息。

3.2.5 债券违约风险及信用评级

1. 债券的违约风险

债券的违约风险是指发行者不能履行合约，无法按期还本付息。对投资者来说，违约风险也叫信用风险。

一般而言，政府债券不存在违约风险问题，而公司债券的违约风险比政府债券高。因此，投资者需要较高的利率作为补偿。

债券违约风险的测定由信用评级机构负责，在美国主要的信用评级机构有穆迪投资服务公司、标准普尔公司、达夫与费尔普斯及菲奇投资者服务公司。

这些机构公开的财务信息对大型企业债券和市政债券按质进行信用评级。它们用字母等级表示所发行债券的安全性。最好的信用等级是 AAA 或 Aaa。穆迪公司为每种信用等级再另设定 1、2 或 3 作为后缀(如 Aaa1、Aaa2、Aaa3)，以便作出更精确的等级划分。其他评级机构则使用"＋"或"－"的符号来作进一步的划分。

2. 债券信用评级

根据标准普尔公司、达夫与费尔普斯及菲奇公司的评级标准，信用等级为 BBB 或等级更高的债券，或根据穆迪公司的标准，等级为 Baa 及等级更高的债券为投资级债券(investment-grade bonds)。

信用等级较低的则被称为投机级债券(speculative-grade)或垃圾债券(junk bonds)。

保险公司等投资机构通常不允许对投机级债券进行投资。具体评级机构及标值如表 3.3 所示。

表 3.3 国内外信用评级机构及标准

项目	美国		中国		该评级下的债券特征
	穆迪公司	标准普尔	中诚信国际	联合资信	
投资级	Aaa	AAA	AAA	AAA	很强的本息支付能力，又称金边债券
	Aa	AA	AA	AA	高质量债券，安全性略低于 AAA 或 Aaa
	A	A	A	A	质量较高，但易受经济不景气的影响
	Baa	BBB	BBB	BBB	被认为具有足够的清偿能力，但是在经济不景气时，缺乏保护性措施

续表

项 目	美 国		中 国		该评级下的债券特征
	穆迪公司	标准普尔	中诚信国际	联合资信	
投机级	Ba	BB	BB	BB	不论经济好坏,都有中等支付能力
	B	B	B	B	缺少有吸引力的投资特征,清偿没有足够保障
信誉极低 (垃圾级)	Caa	CCC	CCC	CCC	低质量或者高投机性债券,存在不履行义务的风险,或具有其他严重缺陷
	Ca	CC	CC	CC	
	C	C	C	C	

3. 债券信用评级与定价的关系

评级是为了确定债券的违约溢价,这是确定公司债券、市政债券必要收益率的一个重要步骤。

债券的级别越低,违约风险越高,因而到期收益率往往也越大,从而导致债券的价格更低。

债券的级别越低,平均收益率越高,标准差越大。

3.3 利率的期限结构

3.3.1 零息债券的收益率曲线

通常我们从市场上可以获得零息债券的价格,据此计算出零息债券的到期收益率。

例如,在市场上观察到的零息债券的价格如表3.4第2列所示,则根据到期收益率的计算公式式(3.1)可以计算零息债券的到期收益率。以2年期的零息债券为例:

由 $841.75=1\,000/(1+y_2)^2$,得 $y_2=0.089\,95$。

同理,可得其他年限的零息债券的到期收益率,如表3.4第3列所示。

表3.4 零息债券的到期收益率

到期时间	价格/元	到期收益率/%	到期时间	价格/元	到期收益率/%
1	925.93	8.000	3	758.33	9.660
2	841.75	8.995	4	683.18	9.993

如果我们把表3.4中各期收益率相连可得一条曲线,这条曲线称为收益率曲线(yield curve)。所谓收益率曲线是指在给定某个时点上,各种期限的债券的收益率与其期限之间关系的曲线,如图3.18所示。

特定的收益率曲线仅仅存在于非常短的时间里。随着时间的推移,收益率曲线的形状和位置将会发生变化。全部由即期利率组成的收益率曲线又叫纯收益率曲线。

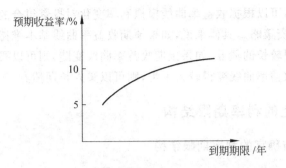

图 3.18 收益率曲线图

零息债券的到期收益率也称作即期利率(spot rate)。全部由即期利率组成的收益率曲线又叫纯收益率曲线。如果某个期限的零息债券不存在,可用附息债券替代,得到一般的收益率曲线。

3.3.2 利率期限结构与收益率曲线

1. 利率期限结构

风险相同的证券的利率或收益率与期限之间的关系,一般称为利率期限结构(term structure of interest rate)。

利率期限结构的几何表达被称为收益率曲线。

2. 收益率曲线的分类

债券收益率曲线通常表现为以下四种情况:

(1) 正向收益率曲线。在某一时点上,债券的投资期限越长,收益率越高。也就是说,社会经济正处于增长期阶段(这是收益率曲线最为常见的形态)。

(2) 反向收益率曲线。在某一时点上,债券的投资期限越长,收益率越低。也就意味着社会经济进入衰退期(如 20 世纪 90 年代的日本)。

(3) 水平收益率曲线。表明收益率的高低与投资期限的长短无关。这种情况作为一种极端情况,往往意味着社会经济的不正常。

(4) 波动收益率曲线。表明债券收益率随投资期限不同,呈现出波浪变动。也就意味着社会经济未来有可能出现波动。

3. 收益率曲线的应用

债券收益率曲线的形状反映了长短期利率水平之间的关系,是市场对当前经济状况的判断,以及对未来经济走势预期(包括经济增长、通货膨胀、资本回报率等)的结果。

收益率曲线的作用在于判断未来的利率走势。一般来说,向上倾斜的曲线显示市场预计短期利率在未来上升,向下倾斜的曲线显示市场预计短期利率在未来下降。

对债券发行人来说,在已知某一时点利率期限结构的情况下,可以推出该时点各种债券的理论价格,以此可以确定债券发行的目标价格和时机等策略。

对投资者来说,可以根据收益率曲线模拟利率变化对投资组合的影响,并据此控制风险和采取相应的投资策略。具体来说,如果预期收益率曲线基本维持不变,且目前向上倾斜,则可以买入期限较长的债券;如果预期收益率曲线变陡,则可以买入短期债券,卖出长期债券;如果预期收益率曲线变得较为平坦,则可以买入长期债券,卖出短期债券。

3.3.3 确定的利率期限结构

1. 短期利率与确定的利率期限结构

1年期利率称为短期利率(short rate),确定的利率期限结构是用未来的短期利率确定得到的。在确定的利率期限结构下,收益率曲线的未来变化是确定的,即利率变动完全可以预测。

2. 确定的利率期限结构下持有期收益的特点

在一个简单的没有不确定性因素的世界中,任何期限的债券一定会提供相同的持有期收益率,否则,提供较低收益率的债券将不再有持有者,它的价格将会下降。

实际上虽然它们有不同的到期收益率,但是每一种债券提供的未来一年的持有期收益率将等于这一年的短期利率。

在利率确定的情况下,较长期债券的较高收益率仅仅反映了这样一个事实,即未来利率高于当前利率,且较长时期的债券在较高利率时期仍在继续生利。短期债券持有者只得到较少的到期收益率,但他们可将其所得做再投资,或待今后利率上升时将其以前所得"再投入",以获得更高收益。最终,持有长期债券到期与持有短期债券并再投资两种策略的收益率在整个持有期相等。

【例3.4】 确定的利率期限结构下持有期收益率的计算

假定根据零息债券得到的利率期限结构不变,债券市场上所有参与者都相信未来3年的短期利率变动如表3.5所示。

比较1年期、2年期债券的1年期持有期收益率(假定面值为1 000元)。

表3.5 短期利率 %

时 间	年利率
0(当日)	8
1	10
2	11

解析:

(1) 对1年期零息债券:

当前价格为:$P_1 = 1000/(1+8\%) = 925.93$(元)

持有期收益率:$HPR_1 = (1\,000 - 925.93)/925.93 元 = 8\%$

(2) 对2年期零息债券:

当前价格为:$P_2 = 1\,000/(1+8\%)^2 = 841.75$(元)

1年后的价格为:$P_2' = 1\,000/(1+10\%) = 909.09$(元)

持有期收益率:$HPR_2 = (909.09 - 841.75)/841.75 = 8\%$

综上,如利率期限确定,且所有债券按公平价格销售,则债券的1年期收益率相等。

3. 影响到期收益率的因素

(1) 真实利率(the real rate of interest)。真实利率是决定到期收益率的基础,当真实利率升高时,到期收益率也升高;当真实利率降低时,到期收益率也降低。

(2) 预期通胀率(expected future inflation)。预期的通货膨胀会影响投资者对到期收益率的要求,当预期通货膨胀率升高时,投资者会要求更高的到期收益率来补偿购买力降低的风险;反之,当预期通货膨胀率下降时,到期收益率也下降。

(3) 利率风险(interest rate risk)。当利率风险增大时,投资者会要求更高的到期收益率以补偿未来利率波动的风险;反之,当利率风险降低时,到期收益率下降。

(4) 违约风险溢价(default risk premium)。面对具有较高违约风险的债券,投资者会要求较高的到期收益率以补偿可能发生的违约损失;反之,当违约风险较低时,对到期收益率的要求也会降低。

(5) 税负溢价(taxability premium)。如果债券处于较高的税负等级,则投资者得到的收益会缩水,因此需要较高的到期收益率来补偿;反之,当税负较低时,到期收益率较低。

(6) 流动性溢价(liquidity premium)。如果债券流动性差,则投资者会要求较高的到期收益率以补偿流动性风险;反之,流动性强的债券到期收益率低。

3.3.4 利率的不确定性与远期利率

1. 远期利率与即期利率

1) 远期利率

根据不同年限债券的到期收益率预测出未来的 1 年期利率,这就是远期利率(forward interest rate)。远期利率 f_n 可以表示为

$$1 + f_n = (1+y_n)^n / (1+y_{n-1})^{n-1} \tag{3.9}$$

其中,n 为期数;y_n 为 n 期零息票债券在第 n 期的到期收益率。

远期利率被定义为"收支相抵"的利率,它相当于一个 n 期零息票债券的收益率,应该等于 $n-1$ 期零息票债券在第 n 期再投资所得到的总收益率(若把公式的分母移过去,则更好理解)。

未来的实际利率并不必然等于远期利率,它只是我们今天根据已有的资料计算得出的。但在利率确定(而不是预测)的条件下,远期利率一定等于未来短期利率。

【例 3.5】 远期利率的计算

已知 3 年期零息票债券到期收益率为 9.6%,2 年期零息票债券到期收益率为 8.8%,求第三年的远期利率。

解析:由式(3.9)得到第三年的远期利率 f_3:

$$1 + f_3 = (1+y_3)^3 / (1+y_2)^2$$
$$f_3 = (1+9.6\%)^3 / (1+8.8\%)^2 - 1 = 11.2\%$$

第三年的远期利率为 11.2%。

2) 即期利率

即期利率(spot rate)是指债券票面所标明的利率或购买债券时所获得的折价收益与债券当前价格的比率。它是某一给定时点上无息债券的到期收益率。

债券有两种基本类型：有息债券和无息债券。购买政府发行的有息债券，在债券到期后，债券持有人可以从政府得到连本带利的一次性支付。这种一次性所得收益与本金的比率就是即期利率。购买政府发行的无息债券，投资者可以低于票面价值的价格获得，债券到期后，债券持有人可按票面价值获得一次性的支付。这种购入价格的折扣额相对于票面价值的比率则为即期利率。

3) 远期利率和即期利率的关系

即期利率和远期利率的区别在于计息日起点不同，即期利率的起点在当前时刻，而远期利率的起点在未来某一时刻。例如，当前时刻为 2012 年 10 月 25 日，这一天债券市场上不同剩余期限的几个债券品种的收益率就是即期利率，如表 3.6 第 2 列所示(利息为每年支付一次)。

表 3.6 即期利率和远期利率的关系

剩余期限	即期利率	远期利率(1 年期)	剩余期限	即期利率	远期利率(1 年期)
1	2.5	2.5	4	4.0	7.059
2	2.8	3.101	5	4.8	8.062
3	3.0	3.401			

在当前时刻，市场之所以会出现 2 年到期与 1 年到期的债券收益率不一样的情况，主要是因为投资者认为第二年的收益率相对于第一年会发生变化。例如，表 3.6 中的情况是市场认为第二年利率将上涨，所以 2 年到期的利率 2.8% 高于 1 年到期的利率 2.5%。

即期利率和远期利率更直观的关系可以通过图 3.19 看出。

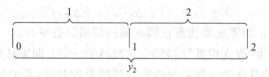

图 3.19 即期利率和远期利率的关系

由图 3.19 可以看出，

$$(1+y_2)^2 = (1+y_1)(1+f_2) \tag{3.10}$$

2. 利率的不确定性

未来的实际利率变化不可预测，因此未来实际利率并不必然等于远期利率，它只是我们今天根据已有的资料计算得出的。但在利率确定(而不是预测)的条件下，远期利率一定等于未来短期利率。

假设第一年和第二年的 1 年期利率分别为 r_1 和 r_2，在期限结构确定的情况下，$(1+r_1)(1+r_2) = (1+y_2)^2$。当 r_2 未知，即未来利率具有不确定性时，情况会有所不同。

案例 3.2

利率不确定性对投资决策的影响

假定即期利率 $r_1=6\%$,明年的短期利率预期为 $E(r_2)=8\%$,如果债券的价格仅建立在利率的预期值之上,那么,1 年期零息票债券的卖价为 $1\,000/1.06=943.40$(元),2 年期零息票债券的卖价为 $1\,000/(1.06\times1.08)=873.52$(元)。

如果投资者只准备投资一年。她将面临两种投资策略:

(1) 购买 1 年期零息票债券,把利率锁定为无风险的 6%;

(2) 购买 2 年期零息票债券,1 年后卖出,预期收益率也是 6%。

两种策略预期收益率相同,但第二种策略的收益率存在风险。

问题讨论:

当第二年利率不是 8% 时,试分析利率变化对投资决策的影响。

3. 流动溢价对利率不确定性的影响

1) 远期利率大于预期短期利率

远期利率可以大于预期短期利率。

远期利率是在第二年使长短期投资在忽略风险的情况下有相同吸引力的利率。

当存在风险而预期收益相同时,短期投资者更愿持有无风险的 1 年期债券。

长期债券为吸引投资者,必须提供一定的风险溢价,这就要求 $E(r_2)$ 低于盈亏均衡值 f_2。

如果大多数人是短期投资者,远期利率 f_2 一定大于预期利率 $E(r_2)$。远期利率将含有一个与预期未来短期利率相比较的溢价。

这一流动溢价(liquidity premium)抵消了短期投资者面临的价格的不确定性。

2) 远期利率小于预期短期利率

当多数人是长期投资者时,远期利率小于预期短期利率。

例如,有一长期投资者,愿意投资满 2 年,他可以购买面值为 1 000 元 2 年期零息票债券,价格为 841.75 元 $[841.75=1\,000/(1+y_2)^2]$,锁定到期收益率为 $y_2=9\%$;也可作两个 1 年期的投资,投资 841.75 元(假设 1 年期利率为 $r_1=8\%$),经过 2 年的增长利率变为 $841.75\times1.08(1+r_2)$,r_2 是未知的。第二年的盈亏均衡利率还是远期利率,即 10%,因为远期利率被定义为使两种选择的最终值相等的利率 $[841.75\times1.08(1+r_2)=1\,000$,解出 $r_2=10\%]$。再投资战略的预期到期收益值是 $841.75\times1.08[1+E(r_2)]$。如果 $E(r_2)$ 等于远期利率 f_2,则两种投资策略的收益相同。但是,只要一考虑风险,长期投资者就不愿意从事再投资,除非它的预期收益率超过 2 年期债券。在这种情况下,投资者要求(参照物是直接投资 2 年期债券的锁定收益率为 9%)

$$(1.08)[1+E(r_2)] > (1.09)^2 = 1.08(1+f_2)$$

这意味着，$E(r_2)$ 大于 f_2（左右的 1.08 都被约掉了），在短期债券上再投资将比持有长期债券有更高的预期收益率。例如，假定 $E(r_2)=11\%$，流动溢价因而是负的：

$$f_2 - E(r_2) = 10\% - 11\% = -1\%$$

远期利率是否等于未来短期利率的预期取决于投资者对利率风险的承受能力，同时还取决于他们持有与其投资层次无关的债券的意愿。

3.3.5 利率期限结构理论

利率的期限结构理论说明为什么各种不同的国债即期利率会有差别，而且这种差别会随期限的长短而变化。

1. 流动性偏好理论

流动性偏好理论(liquidity preference theory)认为：投资者是厌恶风险的，由于债券的期限越长，利率风险就越大。因此，在其他条件相同的情况下，投资者偏好期限更短的债券。

长期债券收益要高于短期债券收益，因为短期债券流动性高，易于变现。而长期债券流动性差，人们购买长期债券在某种程度上牺牲了流动性，因而要求得到补偿。

流动偏好理论认为投资者偏好短期债券，因为这些投资容易变更。投资较长期的债券有利率风险，债券发行者必须给投资者以风险补偿。

发行者愿意为较长期的债券付出较高的回报是因为发行长期债券比短期债券节省成本，不必为频繁的再融资付出更多的发行成本；而且长期债券风险较小，不必关注未来高融资的风险。

根据流动性偏好理论，只有在一种情形下，投资者可能持有债券一直到期，即

$$(1+S_{t,t+1})(1+S_t)^t < (1+S_{t+1})^{t+1} \tag{3.11}$$

这个不等式是流动性偏好理论解释期限结构的基础。

对式(3.11)的证明如下：

设，$S_{t,t+1}$ — 即期利率，$f_{t,t+1}$ — 远期利率。

如果即期利率小于远期利率时，人们愿意持有长期债券，因为此时持有长期债券收益率高，即 $f_{t,t+1} > S_{t,t+1}$。

由式(3.9)得到下式：

$$(1+f_n) = (1+y_n)^n / (1+y_{n-1})^{n-1} \tag{3.12}$$

将式(3.12)右端分母移到左边，得下式：

$$(1+f_n)(1+y_{n-1})^{n-1} = (1+y_n)^n \tag{3.13}$$

将式(3.13)中的 n 用 $t+1$ 代替，f_n 用 $f_{t,t+1}$ 代替，将 y 用 S 代替，则有

$$(1+f_{t,t+1})(1+S_t)^t = (1+S_{t+1})^{t+1} \tag{3.14}$$

当 $S_{t,t+1} < f_{t,t+1}$ 时，用 $(1+S_{t,t+1})$ 代替式(3.14)左端的 $(1+f_{t,t+1})$，则式(3.14)由等

式变成了不等式

$$(1+S_{t,t+1})(1+S_t)^t < (1+S_{t+1})^{t+1} \tag{3.15}$$

证毕。

流动性偏好理论对收益率曲线的解释如图 3.20 所示。

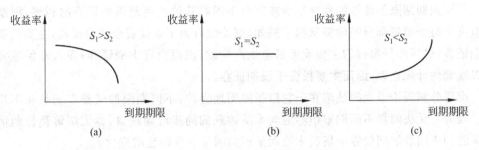

图 3.20 流动性偏好理论解释期限结构

(1) 向下倾斜的收益率曲线：市场预期未来的短期利率将会下降，下降幅度比无偏预期理论更大。

(2) 水平型收益率曲线：市场预期未来的短期利率将会下降，且下降幅度恰好等于流动性报酬。

(3) 向上倾斜的收益率曲线：市场预期未来的短期利率既可能上升也可能不变。

2. 预期理论

预期理论(expectation theory)假定，预期的即期利率等于远期利率。即

$$S_{t,t+1} = f_{t,t+1} \tag{3.16}$$

如果投资者预期利率会上升（如在经济周期的上升阶段），长期利率就会高于短期利率，收益曲线将向上倾斜；当经济周期从高涨、繁荣即将过渡到衰退时，如果人们预期利率保持不变，那么收益曲线将持平；如果投资者预期利率将下降（如在经济周期的衰退阶段），则收益率曲线将向下倾斜。

预期理论和流动偏好理论之间存在着区别：在预期理论中，预期的即期利率等于远期利率($S_{1,2} = f_{1,2}$)；在流动偏好理论中，预期的即期利率($S_{1,2} = f_{1,2} - l_{1,2}$)是远期利率减去流动补偿。因此，使用这两种理论说明收益曲线类型的理由并不一样。

3. 市场分割理论

市场分隔理论(market segmentation theory)认为，因为人们有不同的期限偏好，所以长期债券、中期债券、短期债券便有不同的供给和需求，从而形成不同的市场，它们之间不能互相替代。

根据市场分隔理论，利率的期限结构是由不同市场的均衡利率决定的：长期借贷活动决定了长期债券利率，而短期交易决定了独立于长期债券的短期利率。

不同的投资者和借款者受法律、偏好和不同到期期限的习惯限制，以及信息的高成

本等因素的影响,因此被限制在投资于到期期限与其负债的到期期限相一致的某些固定收益证券市场上。这导致不同到期期限的证券不能完全互相替代,即使在可以得到较高回报时,投资者和借款者也不能随意离开他们所在的那部分市场而进入另一部分市场。

不同到期期限的证券的利率很少或完全不影响其他到期期限的证券的利率,即期利率取决于每个市场部分的供需状况。例如,商业银行为了确保资金的流动性,主要投资于短期证券;储蓄信贷银行的主要业务是房地产贷款,因而投资中期证券;而人寿保险公司可以准确估计死亡率,因而主要投资于长期证券。

市场分割理论最大的缺陷在于它旗帜鲜明地宣称,不同期限的债券市场是互不相关的。因为它无法解释不同期限债券的利率所体现的同步波动现象,也无法解释长期债券市场的利率随着短期债券市场利率波动呈现的明显有规律性的变化。

在分隔理论下,当短期可贷资金的供需曲线交点高于长期可贷资金的供需交点时,收益曲线向下倾斜。相反,当短期资金的供需曲线交点低于长期资金的交点,收益曲线向上倾斜,如图 3.21 所示。

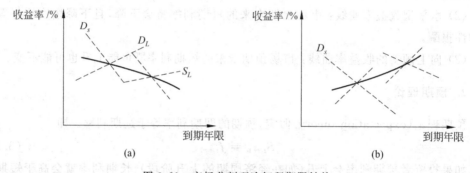

图 3.21 市场分割理论解释期限结构

4. 期限结构的三种理论的检验

期限结构的三种理论各有利弊。一般来说,期限结构的每日变动似乎与市场分隔理论一致,而长期的变动则更符合预期理论和流动偏好理论。

自 20 世纪 30 年代起,典型的收益曲线是向上倾斜的,正如流动偏好理论所作的预测一样。长期债券比短期债券对利率的变动更敏感,因而长期债券风险较大,需要的补偿也较大。

经验资料表明,流动性补偿确实存在。它的大小和 1 年期国债利率有关,而 1 年以上到期的债券的流动补偿并不会递增。因此,预期的即期利率决定期限结构,而且由于流动补偿存在,1 年以上的流动补偿不会递增。也就是说,投资 1 年或以上到期的债券大体上有相同的预期回报。

在实际的债券交易中,投资者和借款者不必拘泥于任何一种理论,而应该根据三种理论中的合理部分,运用所掌握的信息来分析收益曲线的形态。

3.4 利率风险与久期

3.4.1 久期

1. 久期的概念

久期(duration)全称为麦考利久期(macaulay duration),是1938年由 F. R. Macaulay 提出的。久期是对债券的每次息票利息或本金支付时间的加权平均,每次支付时间的权重是该支付现值在债券总价值(债券价格)中所占的比例。根据定义,久期的公式为

$$D = \frac{PV(CF_1)}{P} \times 1 + \frac{PV(CF_2)}{P} \times 2 + \cdots + \frac{PV(CF_T)}{P} \times T$$

$$= \left(\sum_{t=1}^{T} \frac{t(CF_t)}{(1+k)^t}\right) / P \tag{3.17}$$

其中,D 为麦考利久期;P 为当前支付的债券价格(包括应付利息);$PV(CF_i)$ 为第 i 期现金流 CF_i 的现值;T 为现金分配的次数;k 为到期收益率。

【例3.6】 久期的计算

设有两种债券:债券A的息票率为8%,每半年支付一次利息;债券B为零息债券,两种债券均还有2年到期,面值均为1 000元,市场利率是10%,试计算这两种债券的久期。

解析:根据式(3.17),计算两种债券的久期,如表3.7所示。其中,表3.7第4列的权重根据 $w_t = [CF_t/(1+y)^t]/P$ 计算得出。

由表3.7可知,债券A的久期为1.885 3年,债券B的久期为2年。

表3.7 久期的计算

项目	(1) 至支付的时间 t	(2) 支付现金流 CF_t	(3) 折现值 $PV(CF_t)$	(4) 权重 w_t	(5)=(1)×(4)
债券A	0.5	40	38.095	0.039 5	0.019 8
	1	40	36.281	0.037 6	0.037 6
	1.5	40	34.553	0.035 8	0.053 7
	2	1 040	855.611	0.887 1	1.774 2
	总计		964.54	1	1.885 3
债券B	0.5~1.5	0	0	0	0
	2	1 000	$1.05^{-4} \times 1\,000 = 822.7$	1	2
	总计		822.7	1	2

2. 久期的作用

久期是一种测度债券发生现金流的平均期限的方法。由于债券价格敏感性会随着到

期时间的增长而增加,久期也可用来测度债券对利率变化的敏感性。可以根据债券的每次息票利息或本金支付时间的加权平均来计算久期。

不同债券价格对市场利率变动的敏感性不一样。债券久期是衡量这种敏感性最重要和最主要的标准。久期等于利率变动一个单位所引起的价格变动。如市场利率变动1%,债券的价格变动3,则久期是3。债券价格和到期收益率曲线见图3.22。

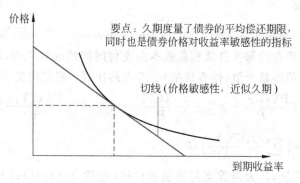

图 3.22　债券价格和到期收益率曲线

3. 久期与利率风险

久期反映了利率变动对债券价格变化的影响程度,当利率变化时,债券价格变化的比率与到期收益率的变化相关。其关系可以用下式表示:

$$\Delta P/P = -D[\Delta(1+y)/(1+y)] \tag{3.18}$$

其中,D 为麦考利久期;P 为当前支付的债券价格(包括应付利息);y 为债券的到期收益率。

式(3.18)表明,价格变化率等于 $1+y$ 的变化率乘以久期,债券价格的易变性与债券久期成比例。

式(3.18)的证明如下:

$$P = \sum_{t=1}^{T} \frac{CF_t}{(1+y)^t} = \sum_{t=1}^{T} CF_t (1+y)^{-t} \tag{3.19}$$

对式(3.19)中关于 y 求偏导:

$$\frac{\partial P}{\partial y} = \sum_{t=1}^{T} (-t) CF_t (1+y)^{-t-1} = -\frac{1}{1+y} \sum_{t=1}^{T} CF_t (1+y)^{-t} t \tag{3.20}$$

$$D = -\frac{\partial P/P}{\partial y/(1+y)} = \sum_{t=1}^{T} \frac{t(CF_t)}{(1+y)^t} \Big/ P \tag{3.21}$$

由式(3.21)得

$$\sum_{t=1}^{T} \frac{t(CF_t)}{(1+y)^t} = DP \tag{3.22}$$

将式(3.22)带入式(3.20),得

$$\frac{\partial P}{\partial y} = -\frac{1}{1+y} DP \tag{3.23}$$

式(3.23)移项,有 $\Delta P/P = -D[\Delta(1+y)/(1+y)]$,证毕。

3.4.2 修正久期

对于给定的到期收益率的微小变动,债券价格的相对变动与其 Macaulay 久期变动成正比例。当然,这种比例关系只是一种近似的比例关系,它的成立是以债券的到期收益率很小为前提的。为了更精确地描述债券价格对于到期收益率变动的灵敏性,又引入了修正久期模型(modified duration model)。

实际操作时,将 $D* = D/(1+y)$ 定义为"修正久期",即

$$D* = \frac{1}{1+y} \sum_{i=1}^{n} \frac{C_i(t_i-t)}{(1+y)^{t_i-t}} \bigg/ \sum_{i=1}^{n} \frac{C_i}{(1+y)^{t_i-t}} \qquad (3.24)$$

由式(3.24)可以看出,对于给定的到期收益率的微小变动,债券价格的相对变动与修正久期之间存在着严格的比例关系。所以说,修正久期是在考虑了收益率项 y 的基础上对 Macaulay 久期的修正,是债券价格对于利率变动灵敏性的更加精确的度量。

修正久期可以用来测度债券在利率变化时的风险暴露程度。

令 $\Delta(1+y) = \Delta y$,则 $\Delta P/P = -D* \Delta y$。由此可见,债券价格变化的百分比恰好等于修正久期与债券到期收益率的变化之积。债券价格变化的百分比与修正久期成比例。

3.4.3 久期法则

影响债券价格对市场利率变化的敏感性包括三要素:到期时间、息票利率和到期收益率。债券久期与其影响因素的关系如图 3.23 所示。

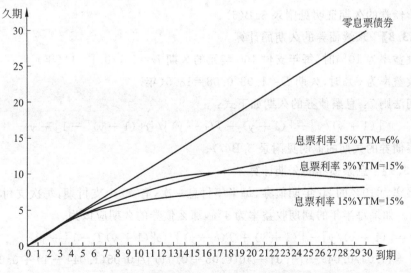

图 3.23 债券久期与影响因素的关系

图 3.23 中显示具有不同息票利率、到期收益率和到期时间的债券的久期情况。

关于久期与债券的期限之间的关系存在以下九个法则。假设:T 为支付的次数,

y 为每个支付期的年金收益率，c 为每个支付期的息票利率。

久期法则 1：零息票债券的久期等于它的到期时间。
$$D = n \tag{3.25}$$
零息债券的久期的证明见附录 3.B(1)。

久期法则 2：到期日不变时，债券的久期随着息票利率的降低而延长。
零息债券的久期的实例说明见附录 3.B(2)。

久期法则 3：当息票利率不变时，债券的久期通常随着债券到期时间的增长而增加。
零息债券的久期的实例说明见附录 3.B(3)。

久期法则 4：在其他因素都不变，债券的到期收益率较低时，息票债券的久期较长。
零息债券的久期的实例说明见附录 3.B(4)。

久期法则 5：稳定年金的久期如下式：
$$D = [(1+y)/y] - [T/(1+y)^T - 1] \tag{3.26}$$
稳定年金的久期的证明见附录 3.B(5)。

【例 3.7】 稳定年金的久期计算

收益率为 8% 的 10 年期年金久期为
$$D = [(1+y)/y] - [T/(1+y)^T - 1]$$
$$= (1.08/0.08) - [10/(1.08^{10} - 1)]$$
$$= 4.87 (年)$$

久期法则 6：永续债券的久期如下式：
$$D = (1+y)/y \tag{3.27}$$
永续债券的久期证明见附录 3.B(6)。

【例 3.8】 永续债券的久期的计算

当收益率为 10% 时，每年支付 100 美元的久期 $D = 1.1/0.1 = 11$（年）。

当收益率为 8% 时，久期 $D = 1.08/0.08 = 13.5$（年）。

久期法则 7：息票债券的久期如下式：
$$[(1+y)/y] - [(1+y) + T(c-y)]/\{c[(1+y)^T - 1] + y\} \tag{3.28}$$
息票债券的久期的证明见附录 3.B(7)。

【例 3.9】 息票债券的久期计算

息票率为 10% 的 20 年期债券，每半年付息一次，有 40 个支付期，每次支付的息票利息为 5%。如果每半年的到期收益率为 4%，那么债券的久期应该为
$$D = [(1+y)/y] - [(1+y) + T(c-y)]/\{c[(1+y)^T - 1] + y\}$$
$$= (1.04/0.04) - [1.04 + 40(0.05 - 0.04)]/[0.05(1.04^4 - 1) + 0.04]$$
$$= 19.74 (半年) = 9.87 (年)$$

久期法则 8：如果息票债券是以面值出售的，计算久期可以简化成下式形式：
$$[(1+y)/y] - [1 - 1/(1+y)^T] \tag{3.29}$$

久期法则 9：债券组合的久期如下式：

$$D = \sum w_i D_i \tag{3.30}$$

3.4.4 组合久期

组合久期是指投资组合久期,在假设投资组合中所有债券均具有相同到期收益率的情形下,组合久期即为单一债券久期的加权平均之和。每种债券的权重是该债券的价格在所有债券价格中所占的比例。根据定义,组合久期的公式为

$$D = \frac{p_1}{p}D_1 + \frac{p_2}{p}D_2 + \cdots + \frac{p_n}{p}D_n = \sum_{i=1}^{n} \frac{p_i}{p}D_i \tag{3.31}$$

其中,D 为组合久期;D_i 为单一债券久期;p 为所有债券价格;p_i 为单一债券价格。

例 3.10 组合久期的计算

某投资组合有两种债券组成,它们的价格分别为 99.52 元和 91.37 元,收益率分别为 7% 和 8.8%,久期分别为 0.483 年和 1.857 年,那么该投资的组合久期应该为

$$D = \frac{99.52}{99.52 + 91.37} \times 0.483 + \frac{91.37}{99.52 + 91.37} \times 1.857 = 1.014(年)$$

若投资组合中各个债券的收益率不同,则按照定义的组合久期依然可以作为近似值来使用。在这种情形下,我们可以选择收益率的平均值作为单一收益率。

3.4.5 久期免疫原理

久期免疫原理是指当一个投资组合的久期等于设定的投资期限时,该投资组合免疫利率风险。

McEnally 发现实际实现的复利收益率 y_c 是 YTM 和再投资收益率 RY 的加权平均:

$$y_c = (D/H)\text{YTM} + [1 - (D/H)]\text{RY} \tag{3.32}$$

其中,H 为持有期;D 为久期。

如果 $D = H$,则式(3.32)变成

$$y_c = \text{YTM} \tag{3.33}$$

则该债券免疫利率风险与再投资风险相互抵消。

利率风险可分为两部分:①如果利率下降,再投资收入减少,而债券价格上升;②如果利率上升,再投资收入增加,而债券价格下降。久期免疫的实质是免疫是用再投资收入和债券价格相反变动、互相抵消来消除利率风险。

案例 3.3

久期免疫原理的应用

(1) 不使用久期免疫策略。

如果债券管理者为投资者管理一个面值为 1 000 元、息票率为 8%、息票再投资率是 8% 的 5 年期债券,那么,1~4 年的息票再投资所得为

$$80(1.08^4 + 1.08^3 + 1.08^2 + 1.08) = 389.36(元)$$

第五年的本息为1080元,总所得为:389.36+1080=1469.36(元)。
即投资者现在每投资1元,5年后有1.469元。它的实现复利收益为

$$RCY = (1469.36/1000)^{(1/5)} - 1 = 8\%$$

如果利率在投资初期从8%突然跌到6%,那么1~4年的息票再投资所得为

$$80(1.06^4 + 1.06^3 + 1.06^2 + 1.06) = 370.96(元)$$

第五年本息为1080元,总所得为:370.96+1080=1450.96(元)
其实现复收益为

$$RCY = (1450.96/1000)^{(1/5)} - 1 = 7.73\%$$

(2) 使用久期免疫策略。

如果使用免疫策略就可以避免上述这种结果。如果另一个债券的有效期限等于这个债券的到期期限,那么那个债券是免疫的。这就是利率变化在给定的到期期限上不影响实现复收益的情形。

一个6年期面值为1000元息票率和再投资率都是8%的债券的久期 $D=4.99$ 年。在第五年出售,所得为1469.96元,这是因为1~4年的息票再投资所得为

$$80(1.06^4 + 1.06^3 + 1.06^2 + 1.06) = 370.96(元)$$

第五年息票所得为80元。债券还有1年到期,则
现价为 1080/1.06=1019(元)
总所得为 370.96+80+1019=1469.96(元)
实现复收益:

$$RCY = (1469.96/1000)^{(1/5)} - 1 = 8\%$$

综上,由于利率下降,再投资收入减少约19元,而资本盈余19元补偿了损失。

3.4.6 利率风险与凸性

1. 凸性的定义与计算

凸性(convexity)是指在某一到期收益率下,到期收益率发生变动而引起的价格变动幅度的变动程度。它是对式(3.17)一阶导数的再次求导。久期反映了债券价格对收益率的一阶导数的数量关系,债券价格对收益率的二阶导数就是凸性,即

$$C = \frac{1}{p} \cdot \frac{d^2 p}{dy^2} \tag{3.34}$$

其中,C 为凸性。

凸性可以通过下式计算:

$$C = \frac{\sum_{t=1}^{n}(t^2+t)\times \text{CF}_t/(1+y)^t}{(1+y)^2 \sum_{t=1}^{n} \text{CF}_t/(1+y)^t} \tag{3.35}$$

其中，CF_t 为债券第 t 期的现金流；n 为债券期限；y 为到期收益率。

特别地，零息票债券的凸性可以表示为

$$C = (n^2+n)/(1+y)^2 \tag{3.36}$$

2. 为什么引入凸性

利用久期估计收益率变化导致价格变化时，只有在收益率变化不大时，利用久期估计价格变化才会比较准确，而在收益率变化较大时，用久期估计价格变化会产生较大误差。而引入凸性，可以更精确地估计债券价格的变化。

凸性是指在某一到期收益率下，到期收益率发生变动而引起的价格变动幅度的变动程度。凸性是对债券价格曲线弯曲程度的一种度量。凸性的出现是为了弥补久期本身也会随着利率的变化而变化的不足。因为在利率变化比较大的情况下久期就不能完全描述债券价格对利率变动的敏感性。凸性越大，债券价格曲线弯曲程度越大，用修正久期度量债券的利率风险所产生的误差就越大。

引入凸性之后，债券价格与利率变化关系变为

$$\Delta P/P = -D^* \Delta y + 1/2 C(\Delta y)^2 \tag{3.37}$$

其中，P 为债券价格；D^* 为修正久期；C 为凸性；Δy 为到期利率的变化。

式(3.37)可以变形为

$$\Delta P = -D^* \Delta y P + 1/2 C(\Delta y)^2 P \tag{3.38}$$

式(3.38)的经济学含义是当利率上升时($\Delta y > 0$)，债券的价值受久期 D 的影响会下降，受凸性 C 的影响会上升；当利率下降时($\Delta y < 0$)，债券的价值受久期 D 的影响会上升，受凸性 C 的影响会上升。

3. 凸性的特征

凸性有以下性质：

(1) 凸性随久期的增加而增加。若收益率、久期不变，票面利率越大，凸性就越大。利率下降时，凸性增加。

(2) 对于没有隐含期权的债券来说，凸性总大于0，即利率下降，债券价格将以加速度上升；当利率上升时，债券价格将以减速度下降。

(3) 含有隐含期权的债券的凸性一般为负，即价格随着利率的下降以减速度上升，或债券的有效持续期随利率的下降而缩短、随利率的上升而延长。因为利率下降时买入期权的可能性增加了。这个特征也被称为"凸性被定价"。

当两种债券的收益率和久期相同时，它们的风险不一定相同，因为它们的凸性可能是相同的，具有更大凸性的债券有更高的价格，如图3.24所示。

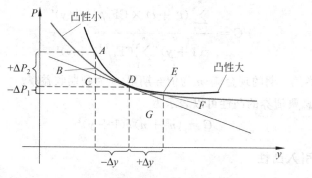

图 3.24 债券的凸性

比较 A、B 两种债券,债券 A 的凸性比债券 B 的凸性大,当利率上升幅度都是 Δy 时,债券 A 价格的下降幅度 ΔP_1 小于债券 B 价格的上升幅度 ΔP_2。因此,债券 A 应比债券 B 具有更高的市场价格。

3.5 债券的投资管理

3.5.1 债券投资管理的含义与种类

投资人在进行债券组合投资时,首先应当决定投资的基本策略,即如何选取构成组合的股票,而基本策略主要建立在基金管理人对债券市场有效性的认识上。

投资人按照自身对债券市场有效性的看法采取不同的债券投资策略:消极策略和积极策略。

消极策略:通常为构造一个债券组合,以与投资者的投资时间期限、税负地位、风险容忍度相匹配,认为债券市场相对有效,通过市场时机选择或错误定价的债券不能获得超额收益,运用免疫和梯形组合,可以减少组合风险。

积极策略:认为债券市场有效性较差,通过市场时机选择或券种选择可以获得超额收益,包括持续进行利率预测、寻找被错误定价的债券。

3.5.2 消极的债券管理

1. 免疫

免疫是指选择一只债券或构造一个债券组合,使其价格风险与再投资风险相互抵消。

免疫的原理已在 3.4.4 的"久期免疫原理"中详细介绍,即当利率变化时,债券面临价格风险与再投资风险,并且这两种风险变动的方向不相同,通过将债券久期与拟投资期限匹配,投资者可以将债券的价格风险与再投资风险相互抵消。

免疫所选择的投资组合的久期等于它们负债(现金流出)的到期期限。因此,可以利用价格风险和再投资率风险相互抵消的特点,保证投资者不受损失。

许多债券的投资组合在到期时都希望达到目标值。比如,养老基金的管理者要安排以使每年得到的现金流能满足养老金的支付。

由于零息债券的久期与其到期限期相同,因此可运用零息债券进行免疫。由于无利息支付,零息债券没有再投资风险。

2. 现金流搭配策略

现金流搭配策略(cash-flow matching),是指用所构造的债券投资组合的收入现金流支付每一个到期的负债现金流,这样的现金流搭配的债券投资组合叫做专用投资组合(dedicated portfolio)。

这种策略没有任何再投资现金流,即没有再投资率风险;而且由于债券仅在到期时出售,所以也没有利率风险。

由于用长期的大额的负债构建专用投资组合很困难,且要选择大量的债券,因而在实际应用中受到限制。

为了更好地选择专用投资组合,可以使用线性规划方法找出最小成本的投资组合,以使得每一时期的现金流满足所有负债的付款。

3. 指数化

如果债券市场是半强型有效市场,债券指数可认为是有效的投资组合。常用的债券指数有 Salomon Brothers(所罗门)债券指数或 Lehman Brothers(雷曼兄弟)债券指数。

经验证明,要想超过债券指数(或战胜债券市场)是非常困难的。因此,一般的方法是模仿债券指数把债券组合指数化。

采用指数化策略,首先要选定一个债券指数做依据,然后追踪这个指数构建一个证券组合。指数化的证券组合和债券指数的业绩差别叫做追踪误差(tracking error),如保险基金入市,跟踪特定指数。

4. 梯形组合策略

梯形组合策略通过构建一个包含不同到期期限债券的组合,对长期债券进行免疫操作。此策略的出发点是确保一定的流动性,并使各年的收益基本稳定。

在同一个利率环境下,组合中债券不会全部到期。如果利率提高,债券组合市场价值下跌,但投资者不必售出尚未到期的债券。如果需要资金,可将到期债券(短期)售出。

梯形组合策略可以降低利率风险。对于长期债券投资者来说,这相当于一个投资成本平均化策略。债券陆续到期可缓冲利率风险,这是因为在给定的某一时期内,只有少部分债券到期,这样就减少了再投资风险,能够使投资者为一个既定的支出计划提供匹配的现金流。

构建一个债券组合,组合中 10% 的债券其到期期限为 1 年,则梯形组合策略如表 3.8 所示。

表 3.8 梯形组合策略

到期时间	收益率/%	投资金额/美元	目的
3个月	1.0	10 000	紧急准备金
2年	1.8	10 000	利率上升保值
3年	2.3	10 000	高收益保值
5年	3.3	10 000	获取收益
10年	4.4	10 000	获取收益
15年	4.5	20 000	计划年金支付
16年	4.6	22 000	计划年金支付
17年	4.6	24 000	计划年金支付
18年	4.7	26 000	计划年金支付
20年	4.8	10 000	获取收益
25年	5.0	20 000	获取收益,利率下降保值
30年	5.2	30 000	获取收益,利率下降保值

5. 杠铃形组合策略

杠铃形组合策略是指构建的组合只包括到期期限较长和较短的债券,弱化中期债券,形状像一个杠铃。杠铃形组合策略为流动性而投资于短期债券,为收益而持有长期债券,这样便降低了交易成本,减少了选券难度。

运用杠铃形组合策略,投资者可以用较小的成本,有效地防范利率风险和再投资风险。但当投资者需要资金时,不能有效地与债券到期时间匹配。

投资者可根据自己的流动性需求来确定长短期债券的持有比例。对流动性需求高,可提高短期债券的比例;对流动性需求低,则降低短期债券的持有比例。

表 3.9 列示了杠铃形组合策略的一个例子。

表 3.9 杠铃形组合策略

到期时间	收益率/%	投资金额/美元	目的
3个月	1.0	50 000	紧急准备金和利率上升保值
30年	5.2	50 000	长期资金需求,从利率下降中获利

6. 子弹形组合策略

子弹形组合策略是指集中投资某类债券。与梯形组合策略、杠铃形组合策略相比,久期相同时子弹形组合策略具有相对较大的凸性。

子弹形组合策略的依据是,在收益率曲线不平行变化时,凸性大的债券组合具有相对高的价值。基于当前的收益率曲线形状及对未来利率的预测,可以使用子弹形组合策略。

3.5.3 积极的债券管理

1. 或有免疫

或有免疫(contingent immunization)是投资经理通过积极投资策略免疫证券组合以确保得到可接受的最小目标利率。

最小目标利率叫做安全净回报(safety net return)。当证券组合的回报达到安全净回报点时,投资经理要免疫这个证券组合并锁定安全净回报。

免疫回报和安全净回报之差叫做安全缓冲(safety cushion)。

案例 3.4

或有免疫策略的应用

(1) 当前市场情况。

假设投资经理有 1 亿元的投资,愿意接受在 4 年持有期为 10% 的回报,这时免疫回报为 12%,安全净回报为 10%,安全缓冲为 200 基点(12%－10%)。

因为最初的证券组合的价值是 1 亿元,假定半年付息,那么 4 年底最小目标值是

$$1 \times 1.05^8 = 1.4775(亿元)$$

投资经理将所有资金投资于 20 年期、息票率为 12%、收益率为 12% 的以面值出售的债券。

(2) 假定 6 个月后市场利率下跌。

如果 6 个月底收益率下跌到 9%,这个证券组合的价值在 6 个月后将是 19.5 年到期、12% 息票、9% 的市场收益的债券价格与 6 个月的息票利息之和。

这时债券价格为 1.2734 亿元(剩下 19.5 年,是 39 个半年。每半年的利息＝1 亿元×(12%/2)＝0.06 亿元。期末收回本金 1 亿元。用这个年金和期末值求现值为 1.2734 亿元)和息票 600 万元。因此,6 个月后证券组合的价值为 1.3334 亿元(1.2734＋0.06)——请注意,组合价值是 19.5 年本息之和用 9% 往第 0.5 年折现的。

因为持有期为 4 年,那么需要求 3.5 年的最小目标的现值,即应得的现值(4 年末的最小目标 1.4775 被 9%/2 贴现,剩下 7 个半年)是未来 3.5 年的目标值用 9% 往前的第 0.5 年折现的。

$$1.4775/1.045^7 = 1.0857(亿元)$$

证券组合的价值与应得现值之差叫做现金安全边际(dollar safety margin)。现在是 0.2477 亿元(1.3334－1.0857)。

安全边际是正值,这个证券是被积极管理的。

(3) 假定 6 个月后的市场利率上升。

假设 6 个月后利率不是下跌而是上涨到 14.26%,证券组合的市值下跌到 0.8523 亿元(剩下 19.5 年,是 39 个半年。每半年的利息＝1 亿元×(12%/2)＝0.06 亿元。期末收回本金 1 亿元。14.26%/2＝0.0713,用这个年金和期末值求现值为 0.8523 亿元),息票

600万元的证券组合价值为 0.912 3 亿元。

以现时利率 14.26% 达到最小目标值 1.477 5 亿元的应得现值为
$$1.477\,5/1.071\,3^7 = 0.912\,3(亿元)$$
证券组合的价值应等于应得现值,即现金安全边际几乎是零。

因此,投资经理为保证最小目标值需要免疫这个证券组合。

2. 横向水平分析

横向水平分析(horizon analysis)是利率预测的形式,具体是指使用实现复利收益率来估计在某个投资横向水平上的业绩,即债券投资的回报由息票收入、利息的再投资收益和资本盈亏提供。

复利收益的资本盈余与债券的市值增量有关,这就需要估计债券的期末价格。如果已知估计的债券期末价格,而现时价格相对低,那么债券有相对高的预期收益。相反地,现时价格相对高,那么债券有相对低的预期收益。

3. 债券互换

债券互换(bond swap)是购买和出售同等数量的类似债券以增加债券组合回报的方法。首先需要辨别市场中的债券是否被暂时错误定价,然后购买和出售债券以改进债券组合的回报。债券互换通常有替代互换、市场间价差互换、获取纯收益互换和利率预期互换。

1) 替代互换

替代互换(substitution swap),是指两种债券在等级、到期期限、息票利息付款、收兑条款以及其他方面都相同,仅有的差别在于特定时间,由于市场的不均衡,两种债券的价格不同,因此到期收益不同,这时出售较低收益债券,同时购买较高收益债券。当两种债券的收益趋于相同时,将得到资本盈余和较高的现时收益。

两种换值的债券价格已经调整的时期叫做有预期结果的时期(workout time)。短的有预期结果的时期可能仅为几个星期,如果交换者发现市场是非有效的,就可以进行套利活动,其结果是市场很快趋于平衡。当然,有预期结果的时期也可能长到到期日。

2) 市场间价差互换

市场间价差互换(intermarket spread swap),是指当投资者相信债券市场两个部门间的收益率差只是暂时出轨时出现的行为。

例如,如果公司债券与政府债券的现有价差被认为过大,并认为将来会缩小,投资者就会从投资政府债券转向投资公司债券。如果收益率差确实缩小了,公司债券将优于政府债券。例如,如果 20 年期国债与 20 年期 Baa 等级的公司债券的收益率之差现在为 3%,而历史上的差值仅为 2%,投资者就会考虑卖掉手中所持的国债,而换成公司债券。如果收益率差确实缩小了,Baa 等级的公司债券将优于国债。

当然,投资者必须仔细考虑收益率差出轨的原因是否存在。例如,由于市场预期会有严重的衰退,公司债券的违约溢价可能会增加。在这种情况下,公司债券与国债间更大的价差也不能算是有吸引力的价格,而只是简单地被看做是对风险增加的一个调整。

3) 获得纯收益互换

获得纯收益互换(pure yield pickup swap),是出售较低息票率或较低到期收益或两者皆是的债券而购买相对高的债券,其目的是获得较高的回报。但投资者也会因此而暴露在较高的利率风险之中。

这种类型的债券互换不需要有预期结果的时期,因为假定持有新债券到期,不需要预测利率的变化,也不用分析债券价格被高估或被低估。

债券互换仅是寻求较高的收益。除了息票率和到期收益外,债券等级和到期期限都相同。其主要风险是未来再投资率可能不如预期那么高,因此,投资的最终值没有预期高。这就需要债券互换可接受的最小再投资率。

4) 利率预测互换

利率预测互换(rate anticipation swap),是根据利率预测进行互换。

当预测利率上升时,出售长期债券,购买短期债券或保存现金,以避免资本损失;当预测利率下降时,出售短期债券,购买长期债券,以获取更多的回报。

案例 3.5

债券互换的应用

美国威尔斯法戈银行控股公司是20世纪70年代末期美国经营业绩最佳的银行之一。但是到1980年,威尔斯法戈银行经营效益指标开始下降。由于资金紧缺,1981年威尔斯法戈银行控股公司不得不出售了49%的小企业公司股票来获得880万资金,用以支持固定利率的长期房地产贷款。资产的增长给银行带来的负面影响是:该银行普通股与资产比率下降,财务杠杆比率提高。到1981年下半年,普通股与资产的比率下降到3.86%,财务杠杆比率的大幅提高,引起了金融管理当局的密切关注。该银行管理者认识到高财务杠杆率对银行业务的扩张极为不利的影响,决定增加资本金,降低财务杠杆比率。于1981年4月发行了3 500万美元优先股,但是销售结果很不理想。而在1980—1981年上半年,美国资本市场出现了利率上升趋势。1981年6月,6年期美国国债利率从1980年12月的11%,上升到14.25%,高利率导致债券价格下降。

鉴于上述情况,威尔斯法戈银行控股公司总裁兼总经理福兰克·纽曼向摩根斯坦利公司投资银行副总裁唐纳德·莫尔咨询银行增加资本金的途径。唐纳德·莫尔向福兰克·纽曼推荐了一种新的增加资本金的方法,即股票债券互换:首先,摩根斯坦利公司组织一个固定收入证券的投资销售部,决定以怎样的价格购买多少银行已发行的债券,如果购买的数量能够影响到市场行为,双方便能达成股票债券互换协议;其次,根据协议,威尔斯法戈银行控股公司可以在市场上发行等额新股票,由摩根斯坦利公司购买,并在市场上销售。但是摩根斯坦利公司要向威尔斯法戈银行收取相当于股票市价4%的承销费用。

1981年第二季度,同业拆借市场利率上升到历史最高点;威尔斯法戈银行控股公司第二季度的收入比上年同期下降了11%。为了使银行能够应付利率的变化,威尔斯法戈

投资风险管理

银行决定重新组合长期信贷投资计划，调整贷款的利率敏感度，并决定采纳摩根斯坦利公司投资银行副总裁唐纳德·莫尔德建议，进行股票债券互换。

经过市场调研，摩根斯坦利公司投资银行决定以平均640元的价格购买威尔斯法戈银行已发行的面值1000元、2002年4月到期的偿债基金债券，总金额1190万美元，这一数量相当于威尔斯法戈银行此类债券的8.6%。并用此债券与银行新发行的1190万元新股票交换。

福兰克·纽曼充分考虑了出售8.6%的偿债基金债券损失的现金收入、发行新股票对每股收益的影响、金融界及管理当局对此行为的反应后，决定向银行董事会推荐这一增资方案。

问题讨论：

1. 威尔斯法戈银行控股公司总裁兼总经理福兰克·纽曼为什么同意采纳股票债券互换方案？
2. 摩根斯坦利公司投资银行有无风险？
3. 这一案例对我国银行有何启示？

习题

1. 假定有一种债券，息票率为8%，到期收益率为10%，如果债券的到期收益率不变，则一年以后债券的价格会如何变化？为什么？

2. 某投资者想在三种债券间进行选择。三种债券有相同的违约风险，都是10年到期。第一种是零息债券，到期支付1000美元；第二种是息票率为8%、面值1000美元的债券，每年付息1次；第三种债券息票率为10%，每年付息1次，面值1000美元。

   如果这三种债券都有8%的到期收益率，那么它们的价格各应是多少？

3. 一种债券，面值1000美元，年息票率为10%，半年付息。即期市场利率为每半年4%，债券离到期还有三年。

   (1) 计算当期的债券价格及六个月后付息后的价格（假定市场利率保持4%/半年不变）。

   (2) 此债券（六个月中）的持有期收益率是多少？

4. 现有A和B两种债券。面值均为1000美元，息票率均为10%。A种债券5年到期，B种债券6年到期。如果两种债券的到期收益率从12%变为10%，那它们的价格是怎样变化的？哪种债券变化的幅度比较大？

5. 一种债券的当期收益为11%，到期收益率为10%。问此债券的售价是高于还是低于票面额？并说明理由。

6. 一种30年期的债券，面值1000美元，息票率8%，半年付息一次，五年后可按1100美元提前赎回。此债券现在以到期收益率7%售出（每半年3.5%）。求赎回时的收益率是多少？

7. 对于零息债券来说,既定的到期收益率和实际的复利收益率总相等。为什么?

8. 以下是期限不同的几种零息债券的价格表,面值均为 1 000 美元。计算每种债券的到期收益率并由此推导其远期利率。

期限/年	债券价格/美元	期限/年	债券价格/美元
1	934.58	3	827.85
2	890.00	4	792.16

9. 一年期零息债券的到期收益率为 5%,两年期零息债券的收益率为 6%。息票率为 12%(每年付息)的两年期债券的到期收益率为 5.8%,债券的面值均为 1 000 美元。问:投资银行是否有套利机会?该套利行为的利润是多少?

10. 根据预期理论,如果收益率曲线是向下倾斜的,市场必定会预期短期利率的下降。这种说法是对、是错,还是不确定?为什么?

11. 根据流动性偏好理论,如果通货膨胀在以后几年内预计会下跌,长期利率会高于短期利率。这种说法是对、是错,还是不确定?为什么?

12. 一种收益率为 10% 的 9 年期债券,久期为 8 年。如果市场收益率改变 50 个基点,则债券价格改变的百分比是多少?

13. 已知一种息票率为 6% 的债券每年付息,如果它离债券到期还有三年且到期收益率为 6%,求该债券的久期。

14. 一张票面利率为 8%、30 年期的公司债券最近被标价到收益率为 10%。债券的久期是 10.2 年。通过以上信息,债券的修正久期将会是多少?

15. 你管理着一价值 100 万美元的资产组合,目标久期为 10 年。可以从两种债券中选择:五年期零息债券和永久债券,当期收益率均为 5%。

(1) 你愿意持有两种债券的份额各为多少?

(2) 如果现在的目标久期为 9 年,则明年的持有比例会如何变化?

16. 期限为 12.75 年的零息债券按到期收益率 8%(实际年收益率)出售,凸性为 125,调整后的久期(修正久期)为 11.81 年。假定债券准确的到期收益率上升为 9%,根据久期—凸性法则估计的资本损失百分比是多少?

17. 考虑由两个债券组成的免疫证券组合:一种是 5 年期债券,面值 1 000 元,息票率和再投资率为 8%,它的久期为 4.312 年;另一种债券仅期限不同,为 8 年期,久期为 6.202 年。如果在投资初期利率从 8% 降到 6%,试用这两个债券构造免疫证券组合,使组合的效期限为投资者 5 年的计划持有期。

附录 3.A 债券价格对利率敏感性的实例

(1) 由债券定价公式式(3.2)可知:当收益率增加时,债券价格下降;当收益率下降时,债券价格上升。

图 3.A.1 中的所有曲线都有这个规律。

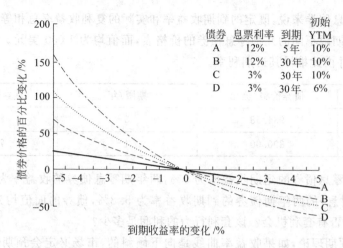

图 3.A.1　债券价格与到期收益率存在反向关系

(2) 债券到期收益率的上升所导致的价格下降的幅度低于到期收益率的同比例下降所导致的债券价格上升的幅度,即收益增加比收益减少所引起的价格变化要小。

由图 3.A.2 可以看出,横轴等比例正负变化时,左边纵向值变化大,右边纵向值变化小。图 3.A.3 和图 3.A.4 也表明:曲线的形状显示了利率的上升所引起的价格的下降小于因利率相同程度的下降而引起的价格的上升。因此,价格曲线在较高利率时变得比较平缓。这种特性为凸性。

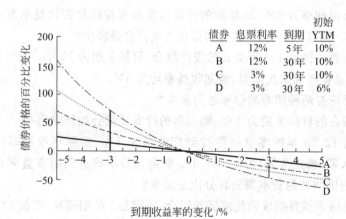

图 3.A.2　到期收益率不同方向的变化对债券价格变动幅度的影响

(3) 长期债券价格比短期债券价格对利率更敏感,即长期债券价格的利率风险更大。

如图 3.A.1 所示,5 年期和 30 年期比较,横轴利率有一个变化,30 年期债券 B 比 5 年期债券 A 变化大。另外,长期债券现金流多,利率变化每期现金流的现值都会受到影响。

(4) 随着到期期限的增大,价格对到期收益率变化的敏感性是以一个递减的比率增长。

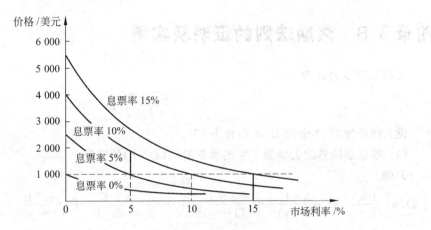

图 3.A.3 不同息票率债券价格对利率的敏感性

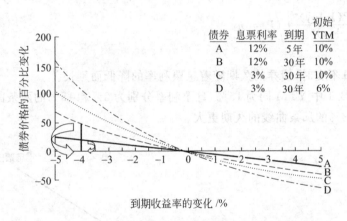

图 3.A.4 到期收益率的变化对不同债券价格变动幅度的影响

这是由于期限越长,其后期现金流折现的现值的数值就越小,对价格的影响也就越小。由图 3.A.3 可知,5 年期债券 A 到期收益率变化的敏感性大于 30 年期债券 B 到期收益率变化的敏感性。

换句话说,价格对收益率增加的敏感性要低于期限增加的敏感性,即 $\Delta P/\Delta r < \Delta P/\Delta t$。

(5) 利率风险与债券的息票率呈反向关系,高息票率的债券价格与低息票率的债券价格相比,前者对利率变化的敏感性较低。

根据图 3.A.3,债券 B 是高息票利率 12%,C 是低息票利率 3%,其他条件都相同。横轴从 −3% 到 −4% 时,C 是 3% 低息票利率的纵轴变化量最大。

(6) 债券以较低的初始到期收益率出售时,债券价格对收益变化更敏感。

由图 3.A.1 可知,初始到期收益率为 10% 的债券 C 比初始到期收益率为 6% 的债券 D 的曲线更平坦,说明债券 D 对利率变化比债券 C 更敏感,即 $\Delta P/\Delta r_{10\%} < \Delta P/\Delta r_{6\%}$。

第 3 章 债券市场和债券投资

附录 3.B 久期法则的证明及实例

久期的基本公式为

$$D = \left(\sum_{t=1}^{T} \frac{t(\mathrm{CF}_t)}{(1+k)^t}\right)\bigg/ P \qquad (3.\mathrm{B}.1)$$

设：利息为 C，本金为 B，本利和为 FV。

(1) 零息票债券的久期等于它的到期时间 ($D=n$) 的证明。

证明：

$$\begin{aligned}
D &= \left[\frac{1\times C}{1+y} + \frac{2\times C}{(1+y)^2} + \frac{3\times C}{(1+y)^3} + \cdots + \frac{n\times C}{(1+y)^n} + \frac{n\times B}{(1+y)^n}\right]\bigg/ P \\
&= \left\{\frac{1\times 0}{1+y} + \frac{2\times 0}{(1+y)^2} + \frac{3\times 0}{(1+y)^3} + \cdots + \frac{n\times 0}{(1+y)^n} + \frac{n\times [P(1+y)^n]}{(1+y)^n}\right\}\bigg/ P \\
&= \frac{n\times [P(1+y)^n]}{(1+y)^n}\bigg/ P = n
\end{aligned}$$

证毕。

(2) 到期日不变时，债券的久期随着息票利率的降低而延长。

比较图 3.B.1 中 YTM 同为 15%、息票利率分别为 3% 和 15% 的两条曲线，可以看出息票利率小的 3% 的那条曲线的久期更大。

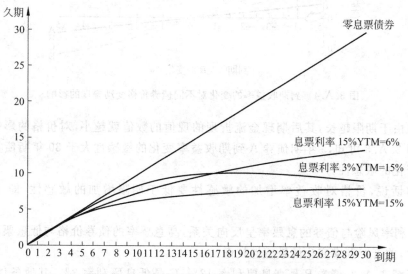

图 3.B.1 不同债券久期与到期期限间的关系

(3) 当息票利率不变时，债券的久期通常随着债券到期时间的增加而增加。

由基本公式 $D = \left(\sum_{t=1}^{T} \frac{t(\mathrm{CF}_t)}{(1+k)^t}\right)\bigg/ P$ 可以看出，当息票利率不变时，T 增加，现金流量增加，现金流量的现值增加，D 的分子增加。故债券的久期通常随着债券到期时间的增加而增加。

(4) 在其他因素都不变,债券的到期收益率较低时,息票债券的久期较长。

根据图 3.B.1,比较息票利率都是 15%、YTM 分别是 6% 和 15% 的两条线,可以看出到期收益率小的 6% 的那条线的久期大。

(5) 稳定年金债券的久期证明。

稳定年金的久期如下式所示:

$$D = (1+y)/y - T/[(1+y)^T - 1] \tag{3.B.2}$$

证明:

用 A 表示年金,根据年金现值系数 $= \dfrac{1}{y}\left[1 - \dfrac{1}{(1+y)^n}\right] = \dfrac{(1+y)^n - 1}{y(1+y)^n}$ 得到

$$P = A \frac{(1+y)^n - 1}{y(1+y)^n} \tag{3.B.3}$$

得到年金的表达式为

$$A = P \frac{y(1+y)^n}{(1+y)^n - 1} \tag{3.B.4}$$

久期可以表示为

$$D = \left[\frac{1A}{1+y} + \frac{2A}{(1+y)^2} + \frac{3A}{(1+y)^3} + \cdots + \frac{nA}{(1+y)^n}\right]\Big/P$$

$$= A\left[\frac{1}{1+y} + \frac{2}{(1+y)^2} + \frac{3}{(1+y)^3} + \cdots + \frac{n}{(1+y)^n}\right]\Big/P \tag{3.B.5}$$

将式(3.B.4)带入式(3.B.5),得

$$D = P\frac{y(1+y)^n}{(1+y)^n - 1}\left[\frac{1}{1+y} + \frac{2}{(1+y)^2} + \frac{3}{(1+y)^3} + \cdots + \frac{n}{(1+y)^n}\right]\Big/P$$

$$= \frac{y(1+y)^n}{(1+y)^n - 1}\left[\frac{1}{1+y} + \frac{2}{(1+y)^2} + \frac{3}{(1+y)^3} + \cdots + \frac{n}{(1+y)^n}\right]$$

$$= \frac{y(1+y)^n}{(1+y)^n - 1} S \tag{3.B.6}$$

其中

$$S = \frac{1}{1+y} + \frac{2}{(1+y)^2} + \frac{3}{(1+y)^3} + \cdots + \frac{n}{(1+y)^n} \tag{3.B.7}$$

由式(3.B.7),可得

$$(1+y)S = 1 + \frac{2}{1+y} + \frac{3}{(1+y)^2} + \cdots + \frac{n}{(1+y)^{n-1}} \tag{3.B.8}$$

式(3.B.8)-式(3.B.7),得

$$yS = \left[1 + \frac{1}{1+y} + \frac{1}{(1+y)^2} + \frac{1}{(1+y)^3} + \cdots + \frac{1}{(1+y)^{n-1}}\right] - \frac{n}{(1+y)^n} \tag{3.B.9}$$

由等比级数求和公式:$a_1 = 1$,$q = \dfrac{1}{1+y}$,则式(3.B.9)变为

$$yS = a_1 \cdot \frac{1 - q^n}{1 - q} = 1 \cdot \frac{1 - \dfrac{1}{(1+y)^n}}{1 - \dfrac{1}{1+y}}$$

$$= \frac{1+y}{y}\left[1 - \frac{1}{(1+y)^n}\right] - \frac{n}{(1+y)^n} \quad (3.B.10)$$

由式(3.B.10),可得

$$S = \frac{1+y}{y^2}\left[1 - \frac{1}{(1+y)^n}\right] - \frac{n}{(1+y)^n}$$

$$= \frac{1+y}{y^2}\left[\frac{(1+y)^n - 1}{(1+y)^n}\right] - \frac{n}{y(1+y)^n} \quad (3.B.11)$$

如前所述

$$D = \frac{y(1+y)^n}{(1+y)^n - 1} S \quad (3.B.12)$$

将式(3.B.12)带入式(3.B.6),得

$$D = \frac{y(1+y)^n}{(1+y)^n - 1}\left\{\frac{1+y}{y^2}\left[\frac{(1+y)^n - 1}{(1+y)^n}\right] - \frac{n}{y(1+y)^n}\right\}$$

$$= \frac{1+y}{y} - \frac{n}{(1+y)^n - 1} \quad (3.B.13)$$

证毕。

(6) 永续年金债券的久期证明。

永续债券的久期公式如下所示：

$$D = (1+y)/y \quad (3.B.14)$$

证明：

由(5)年金债券的久期证明可知：

$$D_A = \frac{1+y}{y} - \frac{n}{(1+y)^n - 1} \quad (3.B.15)$$

对于永续年金债券,由式(3.B.15)得：

$$D = \lim_{n\to\infty}\left[\frac{1+y}{y} - \frac{n}{(1+y)^n - 1}\right] = \frac{1+y}{y} - \lim_{n\to\infty}\frac{n}{(1+y)^n - 1}$$

$$= \frac{1+y}{y} - \lim_{n\to\infty}\frac{\frac{n}{(1+y)^n}}{1 - \frac{1}{(1+y)^n}} = \frac{1+y}{y} - \lim_{n\to\infty}\frac{\frac{n}{(1+y)^n} \to 0}{\left[1 - \frac{1}{(1+y)^n}\right] \to 1}$$

$$= \frac{1+y}{y} - 0 = \frac{1+y}{y}$$

证毕。

(7) 普通债券的久期证明。

息票债券的久期如下式所示：

$$D = [(1+y)/y] - [(1+y) + T(c-y)]/\{c[(1+y)^T - 1] + y\} \quad (3.B.16)$$

如果息票债券是以面值出售的,久期计算公式可以简化成下列形式：

$$D = [(1+y)/y][1 - 1/(1+y)^T] \quad (3.B.17)$$

在此只证明式(3.B.17),而式(3.B.16)的证明类推。

证明：根据久期的定义公式[见正文3.4.1中的公式(3.17)]。式(3.17)的分子是等差数列,分母是等比数列。乘公比倒数,错位相减。

$$D = \left\{\left[\frac{1\times yP}{(1+y)^1} + \frac{2\times yP}{(1+y)^2} + \frac{3\times yP}{(1+y)^3} + \cdots + \frac{n\times yP}{(1+y)^n}\right] + \frac{n\times P}{(1+y)^n}\right\}\Big/P$$

$$= y\left[\frac{1}{(1+y)^1} + \frac{2}{(1+y)^2} + \frac{3}{(1+y)^3} + \cdots + \frac{n}{(1+y)^n}\right] + \frac{n}{(1+y)^n}$$

$$= yS + \frac{n}{(1+y)^n} \tag{3.B.18}$$

其中,S 表示为

$$S = \frac{1}{(1+y)^1} + \frac{2}{(1+y)^2} + \frac{3}{(1+y)^3} + \cdots + \frac{n}{(1+y)^n} \tag{3.B.19}$$

将式(3.B.19)左右两端同时乘以$(1+y)$,得

$$(1+y)S = 1 + \frac{2}{(1+y)^1} + \frac{3}{(1+y)^2} + \cdots + \frac{n}{(1+y)^{n-1}} \tag{3.B.20}$$

式(3.B.20)—式(3.A.19),得

$$yS = \left[1 + \frac{1}{(1+y)^1} + \frac{1}{(1+y)^2} + \cdots + \frac{1}{(1+y)^{n-1}}\right] - \frac{n}{(1+y)^n} \tag{3.B.21}$$

式(3.B.21)括号内的是等比级数,首项$a_1 = 1$,公比$q = \frac{1}{(1+y)}$。式(3.B.21)括号内的求和,即前 n 项和 S_n

$$S_n = a_1\frac{(1-q^n)}{1-q} = 1\times \frac{\left[1 - \frac{1}{(1+y)^n}\right]}{1 - \frac{1}{1+y}} = \frac{1+y}{y}\left[1 - \frac{1}{(1+y)^n}\right]$$

$$\tag{3.B.22}$$

将式(3.B.22)带回式(3.B.21),得

$$yS = \frac{1+y}{y}\left[1 - \frac{1}{(1+y)^n}\right] - \frac{n}{(1+y)^n} \tag{3.B.23}$$

将式(3.B.23)中的 yS 表达式带入式(3.B.18),得

$$D = \frac{1+y}{y}\left[1 - \frac{1}{(1+y)^n}\right] - \frac{n}{(1+y)^n} + \frac{n}{(1+y)^n}$$

$$= \frac{1+y}{y}\left[1 - \frac{1}{(1+y)^n}\right] \tag{3.B.24}$$

即

$$D = \frac{1+y}{y}\left[1 - \frac{1}{(1+y)^n}\right]$$

证毕。

第4章 股票与基金

学习目标

1. 了解股票与基金的基本特征;
2. 理解股票和基金的定价原理与模型;
3. 了解公司的基本面分析与技术分析;
4. 掌握公司财务比率分析的方法;
5. 了解几种重要的基金类型。

本章导读

王刚是一位小有成就的业主,近年来积攒了一笔富余资金。由于银行的利息率太低,他决定将钱投入收益率较高的股票市场。在查阅股票市场行情时,他发现股市行情瞬息万变,有的股票价格一路飙升,而有的股票价格则一路下挫。王刚早就听说过股票投资具有"高风险、高收益"的特点,此时他不禁产生了一些疑问:为什么股票之间的价格差别这么大?股票的价格是怎么制定的呢?应该怎么对一只股票的价值进行分析呢?

如果你有类似王刚的疑问也不用担心,本章将为你介绍股票定价的一些基本原理,教你怎么对股票进行基本面分析和技术分析,特别是怎么分析上市公司的财务报表。另外,本章还会介绍什么是基金,怎么对基金业绩进行评价,以及一些常见的基金类型。相信你认真学习完本章后,就会对股票和基金有较为理性的认识,从而在股票市场上明明白白地进行投资。

4.1 股票定价

4.1.1 公司估值的基础

要评估股票的价值,可以首先评估公司的价值。公司价值减去负债价值就是股票价值。我们根据公司是否为持续经营可以将公司估值的基础可分为两类,即持续经营假设和非持续经营假设。本章所介绍的现金流贴现模型和相对估值模型,都是以持续经营假设为基础来讨论的,即假定企业将无限期地经营下去。

公司估值的主要方法（如表 4.1 所示）为现金流贴现模型和相对估值模型。现金流贴现模型是将公司的未来现金流量贴现到特定时点上以确定公司的内在价值。常见的现金流贴现模型有自由现金流模型和红利贴现模型。相对估值模型是利用同类公司的各种估值倍数对公司的价值进行推断。常见的相对估值模型有市盈率模型、市净率模型和市售率模型。

表 4.1　公司估值的主要方法

名　　称	描　　述
现金流贴现模型	将公司的未来现金流量贴现到特定时点上以确定公司的内在价值。常见的有自由现金流模型和红利贴现模型
相对估值模型	利用同类公司的各种估值倍数对公司的价值进行推断。常见市盈率模型、市净率模型和市售率模型等
	比较分析法：根据同行业相关公司的特点来判断估值对象的价值，比较的内容包括市场估值、经营业绩、信用情况和业务增长等

4.1.2　现金流贴现模型

现金流贴现模型（discounted cash flow model，DCF）是将公司的未来现金流量贴现到特定时点上以确定公司的内在价值。在使用现金流贴现模型进行估值的时候，大概需要以下三个步骤：

(1) 预测未来来源于公司或股票的期望现金流。
(2) 选择合适贴现率，并进行估计。
(3) 计算股票的内在价值。

所以，如何选择适当的现金流和贴现率是使用现金流贴现模型的重点所在。下面我们将介绍几种常见的现金流贴现模型中现金流和贴现率的选择方法：

首先，使用自由现金流模型时，应该选择自由现金流作为贴现现金流。根据现金流量主体的不同，自由现金流又分为公司自由现金流和股东自由现金流。

如果使用公司自由现金流，就采用加权平均资金成本做贴现率；如果使用股东自由现金流，就以股票投资者要求的必要回报率作为贴现率。

其次，使用红利贴现模型时，应该选择公司未来红利作为贴现现金流，以股票投资者要求的必要回报率作为贴现率。

1. 自由现金流贴现模型（free cash flow model）

1) 公司自由现金流量贴现模型（free cash flow to firm discount model，FCFF）

如果获取现金流量的主体是整个公司，则称为公司自由现金流量。公司自由现金流，指的是公司经营活动中产生的现金流量扣除公司业务发展的投资需求后，可以分给资本提供者（股东和债权人）的现金流。

公司的自由现金定义如下：

$$FCFF = EBIT \times (1-T) + D\&A - \Delta NWC - CapEx + Other \quad (4.1)$$

其中，EBIT 为息税前利润（即扣除所得税和利息前的利润）；T 为公司所得税税率；D&A 为折旧和摊销；ΔNWC 为净营运资本量；CapEx 为资本性投资；Other 为其他资金来源。

公司自由现金流贴现模型的贴现率为加权平均资金成本（weighted average cost of capital，WACC）：

$$\text{WACC} = \frac{E}{E+D} \times K_E + \frac{D}{E+D} \times K_D \times (1-T) \tag{4.2}$$

其中，E 为股票市值；D 为负债市值（通常采用账面值）；T 为公司所得税税率；K_E 为公司股本成本；K_D 为公司债务成本。

在采用公司自由现金流贴现模型进行股票内在价值评估时，大致分为以下三步：

(1) 预测未来各期期望公司自由现金流量；

(2) 计算公司的加权平均资金成本；

(3) 计算公司的整体内在价值(V_A)，减去公司负债的市场价值(V_D)后得出公司的权益价值(V_E)，进而计算出股票的内在价值。

【例 4.1】 公司自由现金流贴现模型估值

2009 年 1 月 1 日，某客户准备购鹏城公司的股票，了解到鹏城公司情况如下：2008 年该公司自由现金流为 600 万元，公司目标资本结构为负债：权益＝0.25:1，现有公司负债市场价值 1 200 万元，公司现有 200 万股普通股发行在外，股票投资者必要收益率为 16%，负债的税前成本为 8%，税率为 25%，预计鹏城公司长期自由现金流增长率为 5%，公司现在股票价格为 31 元。请采用自由现金流贴现模型计算鹏城公司价值，并判断公司股价是否合理。

解析：步骤一，确定现金流。

鹏城公司的长期自由现金增长率 $g_{\text{FCFF}} = 5\%$，则

$$\text{FCFF}_1 = \text{FCFF}_0 \times (1 + g_{\text{FCFF}}) = 600 \times (1 + 5\%) = 630(万元)$$

步骤二，确定贴现率。

应采用加权资金成本作为贴现率，由于本例中给定目标资本结构，$D:E = 0.25:1$（即 $D = 0.25E$），所以，

$$\frac{E}{D+E} = 0.8, \quad \frac{D}{D+E} = 0.2$$

则贴现率为

$$\text{WACC} = \frac{E}{E+D} \times K_E + \frac{D}{E+D} \times K_D \times (1-T)$$
$$= 0.8 \times 16\% + 0.2 \times 8\%(1-25\%) = 14\%$$

步骤三，贴现计算出股票价值。

公司价值：$V_A = \text{FCFF}_1/(\text{WACC} - g_{\text{FCFF}}) = 630/(14\% - 5\%) = 7\,000$(万元)

股权价值：$V_E = V_A - V_D = 7\,000 - 1\,200 = 5\,800$(万元)

每股内在价值＝58 000 000/2 000 000＝29(元)

因为现在公司的股票价格为 31 元，大于 29 元，所以公司的股票价格被高估。

2) 股东自由现金流贴现模型（free cash flow to equity discount model，FCFE）

如果现金流量属于普通股权益，则称为股东自由现金流量。股东自由现金流，指公司

经营活动中产生的现金流量,在扣除公司业务发展的投资需求和对其他资本提供者的分配后,可分配给股东的现金流量。

分配给股东的自由现金定义如下:

FCFE = FCFF − 用现金支付的利息费用 + 利息税收抵减 − 优先股股利

股东要求的必要回报率适用于股东自由现金流贴现模型,通常采用资本资产定价模型(CAPM)模型计算。即

$$E(R_i) = R_f + \beta_i \times (E(R_M) - R_f) \tag{4.3}$$

其中,$E(R_i)$为必要回报率;R_f为无风险回报率;β_i为公司的系统性风险;$E(R_M)$为预期市场回报率。

在采用股东自由现金流贴现模型进行股票内在价值评估时,大致分为以下三步:

(1) 预测未来各期期望股东自由现金流。

(2) 确定股东要求的必要回报率,作为贴现率。

(3) 计算企业的权益价值V_E,进而计算出股票的内在价值。

【例4.2】 股东自由现金流贴现模型估值

2009年1月1日,某客户准备购鹏城公司的股票,了解到鹏城公司情况如下:2008年股东自由现金流为140万元,公司现有200万股普通股发行在外,预计鹏城公司长期自由现金流增长率为5%。该公司的$\beta=2$,无风险收益率为4%,完全分散的投资组合的预期收益率为6%,公司现在股票价格为27元。请采用股东自由现金流贴现模型计算鹏城公司的价值,并判断公司股价是否合理。

解析:步骤一,确定现金流。

鹏城公司的长期自由现金增长率$g_{FCFE}=5\%$,则

$$FCFE_1 = FCFE_0 \times (1 + g_{FCFE}) = 140 \times (1 + 5\%) = 147(万元)$$

步骤二,确定贴现率。

根据资本资产定价模型计算出股权投资的必要报酬率(k)作为贴现率,则

$$k = R_f + \beta_i \times (E(R_M) - R_f) = 4\% + 2 \times (6\% - 4\%)$$
$$= 8\%$$

步骤三,贴现计算出股票价值。

公司的股权价值:$V_E = FCFE_1/(k - g_{FCFE}) = 147/(8\% - 5\%) = 4\,900(万元)$

股票的内在价值 = 49 000 000/2 000 000 = 24.5(元)

因为现在公司的股票价格为27元,大于24.5元,所以公司的股票价格被高估。

2. 红利贴现模型

红利贴现模型(dividend discount model,DDM)是对股票预期的现金流进行贴现。股票预期的现金流指支付给股东的红利或公司经营所获得的净现金流。红利贴现模型指计算股票的未来预期现金流的现值,并将其作为股票的价值。比较常见的红利贴现模型有单阶段红利贴现模型、戈登增长模型、两阶段增长模型和三阶段增长模型等,见表4.2。

表 4.2 常见的红利贴现模型

名　称	描　述
单阶段红利贴现模型	最简单的红利贴现模型,是将未来一期的红利和期末预计的股票价格贴现的模型
戈登增长模型	红利以一个固定的比例 g 增长时,股票的内在价值计算模型
两阶段增长模型	公司的发展分成了高成长和稳定成长两个阶段时,股票内在价值的计算模型
三阶段增长模型	公司的发展明显地分为性质完全不同的三个阶段时,股票内在价值的计算模型

1) 单阶段红利贴现模型

单阶段红利贴现模型是最简单的红利贴现模型,这对于理解后面复杂的贴现模型是至关重要的。当已知一期后将要收到的红利数和预期一期后股票的价格时,我们可以直接使用这种方法。它的表达式为

$$V_0 = \frac{D_1 + P_1}{1+k} \tag{4.4}$$

其中,D_1 为预期一期后收到的红利;P_1 为预期一期后的股票价格;k 为本期股票投资者要求的回报率。

【例 4.3】 单阶段红利贴现模型

某股票预计一年后付股利 1.5 元,一年后股价为 22 元,股票投资者必要回报率为 8%,而此股票现在股价为 17 元。请用单阶段红利贴现模型为该股票估值,并判断该股票现在的股价是否合理。

解析:根据单阶段红利贴现模型:

$$V_0 = \frac{D_1 + P_1}{1+k} = \frac{1.5 + 22}{1 + 8\%} = 21.76(元)$$

经计算,该股票的内在价值为 21.76 元,与现在的价格 17 元比较后可以发现,该股票的价值被市场低估。

2) 戈登(Gordon)增长模型

戈登增长模型,又称为固定增长红利贴现模型,是以每期红利永远都是以同一比率增长作为假设的红利贴现模型。由于引入了红利不断增长的概念,戈登增长模型大大接近了上市公司的实际。后面所介绍的两阶段增长模型、三阶段增长模型都是由戈登增长模型衍生出来的,具体到采用几阶段模型则取决于预计的上市公司以后的发展轨迹。

假定公司的红利预计在很长的一段时间内以一个固定的比例增长,则股票的内在价值可以表示为

$$V_0 = \frac{D_0 \times (1+g)}{k-g} = \frac{D_1}{k-g} \tag{4.5}$$

其中,k 为投资者要求的股票收益率;D_t 为每期股息;g 为红利增长率。

式(4.5)证明过程详见附录 4.A。

红利增长率 g 的计算公式为

$$g = \text{ROE} \times b \tag{4.6}$$

$$b = (3-1.2)/3 \times 100\% = 60\%$$
$$D_1 = E_1 \times (1-b) = 4 \times (1-60\%) = 1.6(元)$$

股利增长率：
$$g = \text{ROE} \times b = (3/15) \times [(3-1.2)/3] = 20\% \times 60\% = 12\%$$

股票的内在价值：
$$V_0 = \frac{D_1}{k-g} = \frac{1.6}{16\%-12\%} = 40(元)$$

非增长部分的现值：
$$\text{NGV}_0 = \frac{E_1}{k} = \frac{4}{16\%} = 25(元)$$

增长机会现值：
$$\text{PVGO} = \frac{D_1}{k-g} - \frac{E_1}{k} = 40 - 25 = 15(元)$$

即在股票 40 元的价格中，包含了 15 元增长机会的部分。

问题讨论：

试分析戈登增长模型中增长部分和非增长部分的经济学含义，并讨论两部分不同比例对公司的不同影响。

4) 两阶段增长模型

戈登增长模型建立在假设公司各期红利都按固定比例增长的基础上。但事实上，很少有公司能做到这一点，从而衍生出两阶段增长模型和三阶段增长模型。

两阶段增长模型是将公司的发展分成两个阶段：第一个阶段是高成长阶段；第二个阶段是稳定成长阶段。例如，一家公司拥有一项专利，保护期为 5 年，因此 5 年内增长率会较高（如 15%）；保护期过后，增长率会下降到平均水平（如 5%），如图 4.1 所示。

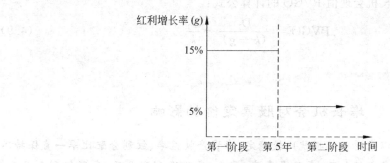

图 4.1 两阶段增长示意图

当我们使用两阶段增长模型时，关键是利用戈登增长模型将第二阶段期初的股票价值计算出来，再将其连同第一阶段的各期现金流一起贴现，然后加总计算股票的内在价值。两阶段增长模型的具体公式如下：

其中，ROE 为股权收益率（也叫净资产收益率，它等于净利润与净资产的比值）；b 为净利润留成比例，即用于再投资的红利部分。

式(4.6)证明过程详见附录 4.B。

当红利增长率为零时，式(4.5)就变为

$$V_0 = \frac{D_1}{k} \tag{4.7}$$

此模型称为零增长红利贴现模型，是戈登增长模型的特殊形式。

【例 4.4】 戈登增长模型的算例

假设某股票刚刚派发股利 0.97 元，今后平均红利增长率为 5%，该公司的 $\beta=2$，无风险收益率为 2%，完全分散的投资组合的预期收益率为 5%。试用戈登增长模型对该股票进行估值，并同 29 元的市场价进行比较，判断该股票现在的股价是否合理。

解析：首先，用资本资产定价模型（CAPM）来估计该公司股票要求的必要收益率。

$$k = R_f + \beta_i \times (E(R_M) - R_f) = 2\% + 2 \times (5\% - 2\%) = 8\%$$

其次，使用戈登增长模型估值。

$$V_0 = \frac{D_1}{k-g} = \frac{0.97 \times (1+5\%)}{8\% - 5\%} = 33.95（元）$$

经计算，该股票的内在价值为 33.95 元，与现在的价格 29 元比较后可以发现，该股票的价值被市场低估。

3）基于戈登增长模型的价值分解

为了便于分析，我们可将戈登增长模型进行价值分解，即将股票的内在价值分解为增长和非增长两部分。本书用 PVGO（present value growth opportunity）表示股票价值的增长部分，也称作增长机会的现值；用 NGV_0（no growth component value）表示股票价值的非增长（零增长）部分，它等于 E_1/k，其中，E_1 为每股收益。则戈登增长模型的股票价格 V_0 可分解为如下形式：

$$V_0 = NGV_0 + PVGO = \frac{E_1}{k} + PVGO \tag{4.8}$$

根据式(4.8)，可得增长机会现值 PVGO 的计算公式：

$$PVGO = \frac{D_1}{(k-g)} - \frac{E_1}{k} \tag{4.9}$$

> **案例 4.1**
>
> ### 增长机会对股票定价的影响
>
> 君瑶公司从成立以来财务数据就比较稳定，净资产收益率、红利分配比率一直保持不变。已知过去某年财务数据如下：每股净资产 15 元，每股净利润 3 元，每股红利 1.2 元。现在预期未来一年每股盈利 4 元，股票投资者的必要回报率为 16%，计算该公司增长机会的现值（PVGO）和非增长部分的现值（NGV_0）各为多少元？
>
> **解析**：
>
> $$ROE = 3/15 \times 100\% = 20\%$$

$$V_0 = \sum_{t=1}^{N} \frac{D_0(1+g_1)^t}{(1+k)^t} + \frac{D_0(1+g_1)^N(1+g_2)}{(1+k)^N(k-g_2)} \qquad (4.10)$$

【例 4.5】 两阶段增长模型的算例

假设鹏城公司刚刚付完红利每股 2 元,经过评估,预期未来的发展模式是两阶段,第一阶段 3 年,增长率较高,为 10%,第二阶段增长率为 5%,投资者要求的必要回报率为 9%。请利用两阶段增长模型对该公司股票进行估值。

解析:根据两阶段增长模型,可得

$$\begin{aligned}
V_0 &= \sum_{t=1}^{N} \frac{D_0(1+g_1)^t}{(1+k)^t} + \frac{D_0(1+g_1)^N(1+g_2)}{(1+k)^N(k-g_2)} = \frac{D_0(1+g_1)}{1+k} \\
&\quad + \frac{D_0(1+g_1)^2}{(1+k)^2} + \frac{D_0(1+g_1)^3}{(1+k)^3} + \frac{D_0(1+g_1)^3(1+g_2)}{(1+k)^3(k-g_2)} \\
&= \frac{2\times(1+10\%)}{1+9\%} + \frac{2\times(1+10\%)^2}{(1+9\%)^2} + \frac{2\times(1+10\%)^3}{(1+9\%)^3} \\
&\quad + \frac{2\times(1+10\%)^3(1+5\%)}{(1+9\%)^3(9\%-5\%)} = 60.70(元)
\end{aligned}$$

5) 三阶段增长模型

三阶段增长模型适用于发展明显地分为性质完全不同的三个阶段的公司。如一个公司,第一个阶段是增长率为 25% 的 3 年;第二个阶段是增长率为 15% 的 5 年;第三个阶段是平稳增长期,增长率为 4%,如图 4.2 所示。

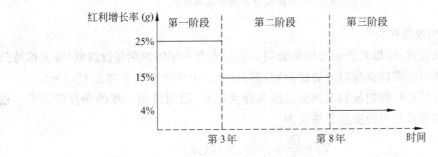

图 4.2 三阶段增长示意图

【例 4.6】 三阶段增长模型的算例

鹏城公司当前支付的红利为 1 元/股,第一年和第二年的增长率为 20%,第三年增长率下降到 15%,从第四年开始,增长率下降到 6%,并一直维持这个水平。客户期望从该股票获得的必要回报率为 10%,请利用三阶段增长模型对该公司股票进行估值。

解析:步骤一,计算各期红利:

$D_0 = 1(元)$

$D_1 = D_0 \times (1+g_1) = 1 \times (1+20\%) = 1.2(元)$

$D_2 = D_1 \times (1+g_1) = 1.20 \times (1+20\%) = 1.44(元)$

$D_3 = D_2 \times (1+g_2) = 1.44 \times (1+15\%) = 1.66(元)$

$D_4 = D_3 \times (1+g_3) = 1.656 \times (1+6\%) = 1.76(元)$

步骤二,确定贴现率。

本例中以客户预期必要回报率为贴现率,即
$$k = 10\%$$
步骤三,根据戈登增长模型,贴现出第三阶段初期股票内在价值:
$$P_3 = \frac{D_4}{k - g_3} = \frac{1.76}{0.1 - 0.06} = 44(元)$$
步骤四,将各期现金流贴现,得到初始时刻(0时点)的股票的内在价值:
$$P_0 = \frac{D_1}{(1+k)} + \frac{D_2}{(1+k)^2} + \frac{D_3 + P_3}{(1+k)^3}$$
$$= \frac{1.2}{(1+10\%)} + \frac{1.44}{(1+10\%)^2} + \frac{1.66 + 44}{(1+10\%)^3}$$
$$= 36.59(元)$$
即该股票的内在价值为 36.59 元。

需要说明的是,我们在对第三阶段进行贴现时为两步:首先用戈登增长模型将第三阶段以后的现金流贴现至第三阶段初期;然后将其与第三阶段初期红利一起贴现至现在,如图 4.3 所示。

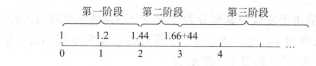

图 4.3 三阶段增长模型贴现步骤

6)股价与投资机会

考虑两家公司:零增长公司与增长公司。它们未来一年的预期每股盈利(除去维持公司资本生产率所必需的资金以外的净盈利)都是 5 元,市场资本率 k 均为 12.5%。

零增长公司每年都把盈利全部分给股东作为红利,因而公司每年的净投资为零。根据式(4.7),零增长公司的股票价格应为
$$V_0 = \frac{D_1}{k} = \frac{5}{0.125} = 40(元)$$

但增长公司每年把 60% 的盈利用于新的投资项目,这些投资项目的收益率为每年 15%(比每年 12.5% 的市场资本率高 2.5%)。这样,在开始的时候增长公司的红利会低于零增长公司,因为增长公司每年分配的红利不是 5 元,而是 5 元的 40%,每股只有 2 元。另外的每股 3 元则用于公司的再投资,以获得每年 15% 的盈利。但是随着时间的推移,增长公司的红利会慢慢增加,然后逐渐超过零增长公司。

下面我们通过计算来证明这一点。

根据式(4.6),增长公司的红利增长率为:
$$g = b \times \text{ROE} = 0.6 \times 0.15 = 0.09$$

按照戈登增长模型式(4.5),我们可以推算出增长公司的股票价格:
$$V_0 = \frac{D_1}{k - g} = \frac{2}{0.125 - 0.09} = 57.14(元)$$

根据式(4.9),增长公司增长机会的贴现值就是该公司与零增长公司每股的差价:

4.1.3 相对估值模型

1. 相对估值模型的估值步骤

相对估值模型是通过拟估值公司的某一变量乘以估值倍数来进行估值的一种方法,所以又称倍数估值模型。

用相对估值模型进行估值的主要步骤如下:

(1) 确定拟估值公司的比较变量,并进行计算或预测,如公司的每股收益。

(2) 选择合适的估值倍数,这一步也是相对估值模型的关键。估值倍数的选择受公司的市场地位、经营情况以及财务状况等因素的影响,如市盈率(股价/每股收益)。

(3) 估算股票价值,用第一步得出的比较变量乘以对应的基准估值倍数得出估算的股票价值。采用相对估值模型估值的时候,通常会采用市盈率、市净率和市售率作为估值倍数。

表 4.3 为常用估值倍数比较。

表 4.3 常用估值倍数比较

项 目	优 点	缺 点
市盈率模型	(1) 每股收益是衡量公司赢利能力的最重要指标,是股票内在价值决定的首要因素 (2) 股票投资行业最为流行的指标,可比性强	(1) 公司赢利可能为负,此时市盈率将没有意义 (2) 公司处于动荡和过渡时期时,每股赢利往往代表不了上市公司真实赢利能力和水平 (3) 会计政策的使用容易被操纵,影响每股赢利的数值
市净率模型	(1) 即使公司出现会计亏损,每股净资产一般仍为正数 (2) 相比每股收益,每股净资产更加稳定,当每股收益波动较大时,该指标优势更加明显	(1) 当比较公司规模差别较大时,市净率指标本身可能会出现误导 (2) 同市盈率指标一样,会计政策的使用容易被操纵,从而影响每股净资产的数值 (3) 通货膨胀以及技术进步等因素会使账面价值失真
市售率模型	(1) 营业收入不容易被操纵 (2) 同市净率一样,市售率比率变动幅度往往不大	(1) 营业收入的高增长并不说明现金流量和净利润也同样增长 (2) 虽然营业收入数据很难操纵,但是收入确认时点仍然存在差异,仍有可能出现扭曲

2. 市盈率(P/E 模型)

市盈率(price/earning ratio,P/E ratio),是指股票的当前价格与公司每股收益的比率。市盈率通常用来作为比较不同价格的股票是否被高估或者低估的指标。它的经济学含义是:按照公司当前的财务和经营状况,通过公司赢利,投资者要用多少年才能收回自

$$PVGO = 57.14 - 40 = 17.14(元)$$

增长公司的股票价格高于零增长公司的原因并不在于增长本身,而在于新投资项目的收益率高于市场资本率。明白这个原理,对于掌握评估股票价值的方法具有非常重要的意义。为了把问题说明的更透彻,我们来看看再投资的收益率为每年 12.5% 时结果会怎么样。为了与上例中的增长公司相区别,我们称低收益率的公司为正常利润公司。

正常利润公司每年将盈利的 60% 用于再投资,再投资的收益率是 12.5%。因此,它的红利增长率为

$$g = b \times \text{ROE} = 0.125 \times 0.6 = 7.5\%$$

按照戈登增长模型,我们可以推算出正常利润公司的股票价格:

$$V_0 = \frac{D_1}{k-g} = \frac{2}{0.125 - 0.075} = 40(元)$$

即使正常利润公司每股的红利预计每年可以增长 7.5%,但是其股票当前的价格与零增长公司相同。这是因为,正常利润公司后来增长的红利与开始减少的红利正好相抵消。

零增长公司和正常利润公司当前股票价格相同,这说明它们来年每股预期盈利的现值相同:

$$V_0 = \frac{E_1}{k} = \frac{5}{0.125} = 40(元)$$

所以,即使正常利润公司的每股盈利、每股红利以及股票价格预计每年能增长 7.5%,这也没有增加公司股票现在的价值。也就是说,如果公司把所有盈利作为红利支付给股东,股票的当前价格也不会变化,因为正常利润公司的再投资收益率与市场资本率相等。

综上所述,增长本身不会增加公司的价值。要想增加价值,未来新投资项目的收益率就必须高于市场资本率。当公司未来投资机会的收益率与市场资本率相同时,股票的价值可通过公式 $P_0 = \frac{E_1}{k}$ 计算。

一个公司的可持续成长率,是指公司用股本能够维持的成长率,它应该满足以下条件:在市场条件允许时,公司要尽快成长;公司不能或者不愿意进行新的股本融资;公司要维持既定的资本结构以及股利政策。

由于股权收益率(ROE)等于净利润与净资产的比值,即销售净利率、资产周转率和财务杠杆三者的乘积。故可持续成长率 g 等于:

$$g = \text{ROE} \times b = 销售净利率 \times 资产周转率 \times 财务杠杆 \times b$$

所以,上述因素限制了公司的成长性。但是,股利政策是股份公司向外界传递有关公司财务状况以及未来前景的重要信息,股利政策的调整一方面会给投资者带来企业经营不稳定的印象,从而导致股票价格下跌;另一方面股利收入是一部分股东生产和消费资金的来源,他们一般不愿持有股利大幅波动的股票。

己的投资。

按照每股收益的时间来源,可以把市盈率分为静态市盈率(trailing P/E)和动态市盈率(forward P/E)。

静态市盈率是根据过去一年公司每股收益计算得出的。其计算公式如下:

$$静态市盈率 = 现在股票价格 / 过去12个月每股收益$$

动态市盈率则是按照分析师对公司未来一年内的每股收益的估计计算得出的。其计算公式如下:

$$动态市盈率 = 现在股票价格 / 未来12个月每股收益$$

【例4.7】 市盈率的计算

上市房地产公司鹏城公司2008年底财务数据如下:年度净利润为20亿元,总股本40亿股。预测鹏城公司未来12个月的每股收益为0.6元,目前股价为27元。试计算鹏城公司的静态市盈率和动态市盈率。

解析:

$$每股收益 = 20/40 = 0.5(元/股)$$
$$静态市盈率 = 27/0.5 = 54(倍)$$
$$动态市盈率 = 27/0.6 = 45(倍)$$

【例4.8】 市盈率模型估值

仍以鹏城公司为例,2008年底财务数据如下:年度净利润为20亿元,总股本40亿股。预计鹏城公司未来12个月的每股收益为0.7元,目前股价为22元。某机构研究报告显示,像鹏城公司这样规模和赢利能力企业,其静态市盈率和动态市盈率的合理值分别为40和35。根据以上信息,请判断鹏城公司的股票价格是否合理。

解析:

$$每股收益 = 20/40 = 0.5(元/股)$$

(1) 选用静态市盈率指标:

股票的内在价值 = 静态市盈率×过去12个月的每股收益 = 40×0.5 = 20(元)

现在鹏城公司的股价为22元,所以鹏城公司的股价被市场高估。

(2) 选用动态市盈率指标:

股票的内在价值 = 动态市盈率×未来12个月的每股收益 = 35×0.7 = 24.5(元)

现在鹏城公司的股价为22元,所以鹏城公司的股价被市场低估。

比较上面两个结果可以看到,当选用不同比较标准时,得到的结论可能不同。因此,需要根据其他信息进行分析,进而得出结论。

3. 市净率(P/B)模型

对那些赢利为负、无法用市盈率来进行估价的公司可以使用市净率来进行估价。

市净率(price/book value ratio,P/B ratio),是指股票的当前市价与公司权益的每股账面价值的比率,使用的是资产负债表里的有关数据。

市净率计算公式为

$$P/B = \frac{\text{MVPS}}{\text{BVPS}} \tag{4.11}$$

其中,MVPS 为每股市场价格;BVPS 为每股账面价值。

【例 4.9】 市净率(P/B)的计算

国内有两家上市公司 A 和 B,其 2007 年年报和 2008 年 7 月 1 日的市场数据如表 4.4 所示。

表 4.4 A 公司和 B 公司年报与股价简表

公司	2007 年年报			2008 年 7 月 1 日股票市场价格/元
	股票账面价值/亿元	公司营业收入/亿元	总股本/亿股	
A	90	29	30	27
B	28	3.9	14	16

(1) 计算两家公司的 P/B 值。

(2) 如果以某研究机构给出的 8.5 倍作为基准市净率进行比较,判断两家公司股票的投资价值。

解析:

(1) A 公司:$\text{BVPS}_A = 90/30 = 3$(元/股)

$P/B_A = \text{MVPS}_A / \text{BVPS}_A = 27/3 = 9$

B 公司:$\text{BVPS}_B = 28/14 = 2$(元/股)

$P/B_B = \text{MVPS}_B / \text{BVPS}_B = 16/2 = 8$

(2) 若以 8.5 作为基准市净率,那么

对于 A 公司而言,其投资价值为 $P_A = \text{BVPS}_A \times$ 基准市净率 $= 3 \times 8.5 = 25.5$(元)。由于投资价值 25.5 元小于市价 27 元,因而价值被高估。

对于 B 公司而言,其投资价值为 $P_B = \text{BVPS}_B \times$ 基准市净率 $= 2 \times 8.5 = 17$(元)。由于投资价值 17 元大于市价 16 元,因而价值被低估。

4. 市售率(P/S)模型

价格与销售收入比率(price/sales ratio,P/S ratio)即市售率,是指股票价格与每股销售收入的比率,使用的是损益表的有关数据。

P/S(市售率)的计算公式为

$$P/S = \frac{\text{MVPS}}{\text{SPS}} \tag{4.12}$$

其中,MVPS 为每股市场价格;SPS 为每股销售收入。

在运用 P/S 模型进行估值时,要计算被估值公司营业收入,得出每股营业收入;然后选择合适的 P/S 估值倍数作为基准,通常为行业均值或者可比公司值;最后估算股票价值,用第一步得出每股营业收入乘以基准 P/S,得出估算的股票价值。

【例 4.10】 市售率(P/S)的计算

续 P/B 模型中的例 4.9。

(1) 计算 A、B 两家公司的 P/B 值;

(2) 如果以某研究机构给出的 35 倍作为基准市售率进行比较,判断两家公司股票的投资价值。

解析:

(1) A 公司的每股销售收入 $SPS_A = 29/30 = 0.97$(元/股)

$$MVPS_A/SPS_A = 27/0.97 = 27.84(元)$$

B 公司的每股营业收入 $SPS_B = 3.9/14 = 0.28$(元/股)

$$MVPS_B/SPS_B = 16/0.28 = 57.14(元)$$

(2) 若以 35 倍作为基准市售率,那么:

对于 A 公司而言,其股票投资价值 = 基准市售率 × SPS_A = 35 × 0.97 = 33.95(元)。由于投资价值 33.95 元大于市价 27 元,因而价值被低估。

对于 B 公司而言,其股票投资价值 = 基准市售率 × SPS_B = 35 × 0.28 = 9.8(元)。由于投资价值 9.8 元小于市价 16 元,因而价值被高估。

5. 比较估值法

比较估值法(comparable valuation),是指参照基准公司的一些指标对公司价值进行估计的一种方法。

比较估值法常用的指标包括市场估值、经营业绩、信用情况和业务增长等,但是在实际操作过程中需要具体分析。

选择基准公司时要注意公司是否具有可比性,在行业和业务、所有权结构、销售渠道、规模、所在地、预期增长率、资本结构、监管环境等方面公司之间是否具有很大的差异。

比较估值法应用范围包括:确定股票市场对估值对象相当于其他公司的估值;确立公司进行 IPO 的估值基准;确立收购非公众公司的估值基准;确定多元化公司分拆后的价值。

比较估值法可以基于公开信息并且选择透明度较高的公司,但是难以找到大量真正可比的公司,市场估值易受到公司行为的影响,会计政策的差异也可能扭曲比较基础。

案例 4.2

用比较估值法确定公司价值

鼎新生物科技公司是一家新成立的生物科技公司,目前有大量资金投入产品研发,但是却没有利润。此时,以研发费用、雇员人数、总收入作为比较指标较为合理,表 4.5 是基准公司和鼎新公司的基本数据。请运用比较估值法计算该公司的价值。

表 4.5 基准公司和鼎新公司的基本数据

数据	基准公司	鼎新公司	数据	基准公司	鼎新公司
过去 12 个月的收入/亿元	4	5	雇员人数/人	18	20
过去 12 个月的研发费用/亿元	6	8	公司价值/亿元	12	?

解析：

根据表 4.5 中的数据，我们可以计算比率并用以估计鼎新公司的价值。

(1) 参照基准公司的价值与收入比，估计的鼎新公司的价值为 12/4×5＝15（亿元）；

(2) 参照基准公司的价值与雇员人数比，估计的鼎新公司的价值为 12/18×20＝13.33（亿元）；

(3) 参照基准公司的价值与研发费用比，估计的鼎新公司的价值为 12/6×8＝16（亿元）。

所以，我们可以估计鼎新公司的价值介于 13.33 亿元和 16 亿元之间。

问题讨论：

通过本案例，试讨论比较估值法的适用性与局限性。

4.2 股票分析方法

4.2.1 基本面分析

基本面分析着重对一般经济情况以及各个公司的经营管理状况、行业动态等因素进行分析，以此来研究股票的价值及其长远的发展空间，具体内容如图 4.4 所示。

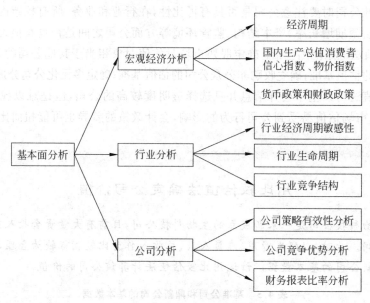

图 4.4 基本分析的研究内容

基本面分析包括两种方法：自上而下法和自下而上法。

(1) 自上而下法。自上而下法，又称三步分析法，首先预测整体宏观经济的变动趋势；然后基于宏观经济预测，分析市场内表现突出的行业；最后在表现突出的行业中，筛选出表现最好的公司。

（2）自下而上法。自下而上法，就是努力去寻找最好的股票，确定最佳的购买价格，而不管公司处于什么行业。

1. 宏观经济分析

上市公司股票的价格随宏观经济运行状况的变动而变动，宏观经济的变动是股票市场系统风险的主要来源。宏观经济是否景气及其波动对所有的行业都有同向的影响，具体影响的大小因行业性质而异。

宏观经济分析必须结合经济周期、国内生产总值、消费者信心指数、物价指数、财政政策和货币政策等指标，预测行业未来的发展前景。

1）经济周期

按照 GDP 增长速度的快慢，经济周期（business cycles）分为复苏、繁荣、衰退和萧条四个阶段，如图 4.5 所示。

一些经济指标可以用来预测经济周期，这些指标包括领先指标和滞后指标。

（1）领先指标（leading indicators），即比经济先行上升或下降的指标，如平均周薪、耐用品的新订单、住宅建设、股价。

（2）滞后指标（lagging indicators），即滞后于经济表现而上升或下降的指标，如零售价格指数、铁路货运量、城镇居民储蓄存款余额。

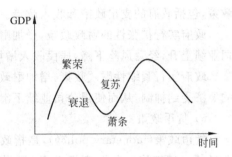

图 4.5　GDP 与经济周期四阶段示意图

股票市场的价格变动和经济周期的变动大体一致。在复苏阶段，经济逐渐走出谷底，公司利润将会增加，而此时物价和利率仍处于较低水平，股价会小幅上升；在繁荣阶段，市场需求旺盛，企业利润明显增加，推动股价的大幅上扬；在衰退阶段，经济增长减速，公司成本上升，公司业绩开始出现停滞甚至下滑的趋势，股价呈不断向下的趋势；在萧条阶段，经济下滑至谷底，市场需求不足，公司经营情况不佳，大部分投资者都已离场观望，股价跌至低谷。

2）国内生产总值

国内生产总值（gross domestic product，GDP），是指一个经济体内在一定时期内所生产的最终产品和劳务的市场价值总和。

国内生产总值是反映经济周期变化的主要指标，因而与经济周期一样对股票市场产生影响。

国内生产总值持续上升是股市稳步上升的重要基础。但是在分析时，要剔除通货膨胀的影响，使用实际的增长率。

3）消费者信心指数

消费者信心指数（consumer confidence index）反映了消费者对当前经济的满意程度和对经济走势的预期情况。

在宏观经济趋好、物价稳定时，消费者信心指数会上升，人们会积极购买股票，而股市的上扬也会强化消费者对经济走势的良好预期。

在通货膨胀加剧、宏观经济条件恶化时,消费者的信心遭受打击,股票的价格节节下挫,这又会导致消费者信心指数的进一步下降。

4) 物价指数

物价指数(price index),是反映各个时期商品价格水准变动情况的指数,能够反映经济中通货膨胀的程度。

适度通货膨胀可以造成有效需求增加,从而刺激生产的发展和证券投资的活跃,此时股票具有一定的保值功能。

然而,通货膨胀达到一定限度就会打击股票市场。严重的通货膨胀会加速货币贬值,政府会提高利率,许多投资者可能选择退出股票市场;企业赢利水平下降,破产企业增多,社会恐慌心理加重,股市萧条。

5) 财政政策

财政政策(fiscal policy),是指政府通过改变财政收入和支出来影响宏观经济的经济政策,包括政府的支出政策和收入政策。

政府实行扩张性的财政政策,增加财政支出并减少财政收入可增加社会总需求,使公司业绩上升,经营风险下降,居民收入增加,股价上涨。

政府实行紧缩性财政政策,增加财政收入并减少财政支出可减少社会总需求,使过热的经济受到抑制,从而使得公司业绩下滑,居民收入减少,股价下跌。

6) 货币政策

货币政策(monetary policy),是指政府、中央银行和其他有关部门采取的影响金融变量的一切措施。公开市场业务、再贴现和法定存款准备金是政府货币政策的三大工具。

(1) 公开市场业务(open market operations),是指中央银行在金融市场上买卖政府债券来控制货币供给和利率的政策行为,是中央银行控制货币供给量的重要和常用的工具。

中央银行卖出政府债券回笼货币,会使货币流通量减少;中央银行买进政府债券,将货币投放市场,使货币流通量增加。

(2) 再贴现(rediscount policy),是指中央银行通过买进商业银行持有的已贴现但尚未到期的商业汇票,向商业银行提供融资支持的行为。

再贴现率的高低直接决定商业银行再贴现额的高低,进而影响市场上的货币流通量。再贴现率提高,再贴现额下降,货币量流通减少;再贴现率降低,再贴现额增加,货币量流通增加。

(3) 法定存款准备金(legal deposit reserve),是指法律规定金融机构必须存在中央银行里的资金。

法定存款准备金率的高低会影响货币流通量。法定存款准备金率提高,会增加商业银行在央行的存款,减少货币流通量;法定存款准备金率降低,会减少商业银行在央行的存款,增加货币流通量。

对股市而言,宽松的货币政策为企业发展提供了充足的资金,扩大了社会总需求,提高了上市公司的业绩,增加了居民的收入,提高了投资者在股票市场参与度,股价上升;紧缩的货币政策使社会总需求不足,上市公司业绩下降,居民收入下降,消费者信心下降,股价也随之下跌。

2. 行业分析

行业分析是指对公司运营环境的分析,通常包括行业基本情况、行业发展的外部环境因素、行业所属分类、行业规模、行业增长和变动趋势、行业利润的现状和预期。

行业分析的主要作用有:为投资者提供详尽的行业投资背景;帮助投资者确定行业投资重点;帮助投资者选择投资企业和确定持股时间。

1) 行业生命周期

行业生命周期(industry life cycles)指行业从出现到完全退出社会经济活动所经历的时间。行业的生命周期主要包括四个发展阶段:初始阶段、增长阶段、成熟阶段和衰退阶段,如图4.6所示。

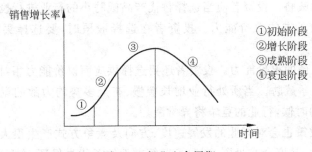

图4.6 行业生命周期

行业生命周期可根据产品的销售增长率来判断。销售增长率小于10%为初始阶段,增长率大于10%为增长阶段,增长率在0~10%为成熟阶段,增长率小于0则是衰退阶段。

在行业发展的不同阶段,投资的风险、收益和策略都有所不同。行业生命周期分析就是从纵向的角度,对一个行业现在所处的发展阶段和今后的发展趋向作出分析和判断。

(1) 初始阶段(pioneer):市场前景不明朗,需要投入较大的研究发展费用,公司失败的可能性较高,投资者往往要冒很大的风险。

(2) 增长阶段(growth):行业的增长大于整个经济的增长,且利润率大于平均利润率,投资者往往可以得到相当丰厚的回报。

(3) 成熟阶段(mature):整个行业发展的各项指标都处于行业的平均水平,风险厌恶的投资者可以选择处于此阶段公司的股票。

(4) 衰退阶段(decline):对该行业产品的需求逐渐减少,利润率下降,行业不景气,企业面临重组和破产的威胁。投资这类行业需要密切注意股票价格的变动,调整相应的投资策略。

2) 行业经济周期敏感性

不同行业受经济周期影响的程度会有差异,根据行业对经济周期敏感性的不同,可将其分为周期性行业和防御性(非周期性)行业。

(1) 周期性行业受经济周期影响比较明显,如钢铁、能源、耐用消费品等,当整体经济上升时,这些股票的价格也迅速上升;当整体经济走下坡路时,这些股票的价格也下跌。

(2) 防御性行业如公用事业、生活必需品行业等,受经济周期影响较小,股价波动较小。

影响行业对经济周期敏感度的因素有:①销售额对经济周期的敏感性;②经营杠杆比率;③融资杠杆度。

3) 行业竞争结构

行业竞争结构是决定公司赢利能力的首要和根本的环境因素。迈克尔·波特的《竞争战略》提出五种竞争作用力共同决定了行业的竞争强度以及赢利能力,投资者在选股时需要注意。

(1) 潜在加入者的进入威胁。投资者在选择股票时必须要考虑到新进入企业可能带来的威胁。

(2) 替代产品威胁。投资者应当选择替代产品威胁小的行业进行投资。

(3) 公司产品买方的议价能力。投资者在选择股票时,要选择买方议价能力小的行业。

(4) 公司供应商的议价能力。投资者还要选择供应商议价能力相对较小的行业。

(5) 现有的竞争威胁。当所处行业增长缓慢、有众多势均力敌的竞争对手或者行业的退出壁垒较高的时候,行业的竞争将异常激烈。

国家的产业政策也会对行业的发展速度、方向及竞争方式产生很大的影响。对于社会经济的支柱行业,政府会在投资、资源配置等方面给予优先保证,在税收、财政补贴方面给予倾斜。从长远看,选择这些行业的股票风险较小、收益较稳定。

3. 公司分析

公司分析可以确定公司在行业中的具体位置,公司的定位决定了其能否能取得高于行业平均水平的利润率。公司分析的具体内容见表4.6所示。

1) 公司策略有效性分析

有效的策略可以弱化波特的五种竞争力对公司的不利影响,能促进业内竞争规则朝有利方向演进并促进竞争优势的发展。对公司策略的有效性进行评价,需要注意:销售毛利、净利润和股权报酬率(ROE)的变动;市场份额和营业收入的变动;资信评级和股票价格的变动;公司和产品的形象以及声誉的变动;技术水平、产品质量等的领先程度;竞争地位和竞争优势的变动。

表4.6 公司分析的内容

分析项目	作用
公司描述	确定主要产品、客户及其类型、生产要素的供给、生产的组织、技术水平、营销体系和竞争策略
竞争策略	确定公司策略的类型,并依据行业分析和业绩回顾评价其有效性

续表

分析项目	作　用
竞争优势	确定公司的优势、劣势、机会、威胁,是否形成可持续的竞争优势以及竞争优势的计划和实施情况
策略支持	了解公司在经营管理、投资管理、融资政策和分配政策上的计划和实现情况
财务状况	分析企业的资产状况、流动性、经营效率和赢利能力等,分析公司过往业绩及其变动趋势

2) 公司竞争优势分析

公司的竞争优势是公司取得高于行业平均利润水平的能力,包括三个相互联系的方面:

(1) 资源,即公司拥有的专利、商标、品牌、声誉、客户基础、组织结构、企业文化、技术专长等。

(2) 能力(核心竞争力),即公司相对于其竞争者开展的较为突出的某种或某些活动。

(3) 定位,即公司进行的与竞争对手不同的某种或某些不同的活动。

3) 公司财务报表分析

财务报表是全面概括地反映一个企业的财务状况和经营成果的单位原始数据。对财务报表进行分析的目的在于:评价公司的短期偿债能力、长期偿债能力、资产管理能力和获利能力。公司财务报表中最重要的是资产负债表、利润表和现金流量表,见表4.7。

表4.7　企业基本财务报表一览

项　目	定　义	特　点
资产负债表	反映在某一特定时点企业所拥有的资产及其来源的会计报表	(1) 资产＝负债＋所有者权益 (2) 时点指标,截至资产负债表日为止根据公认会计原则确定的价值,是存量指标
利润表	反映企业在某一特定时期经营业绩的会计报表	(1) 利润＝收入－费用 (2) 时期或流量指标,利润表上的所有账户必须以一段时间来计量才有意义
现金流量表	反映企业在一定会计期间的现金和现金等价物流入与流出的会计报表	(1) 现金流量表按照收付实现制原则编制 (2) 现金流量表提供了公司现金来源和如何运用现金的详细图画 (3) 分成三个组成部分:经营活动、投资活动和融资活动

分析财务报表的方法主要有比较分析法、趋势分析法、因素分析法、比率分析法。在实际工作当中,比率分析法应用最广,这里将会重点介绍。

比率分析是财务报表历史分析的基本方法,它不仅可以说明公司的历史运行状况,而且可以为预测公司未来走向提供重要的指引。基本的财务比率主要有以下几种。

A. 短期偿债能力比率

在反映企业短期偿债能力的比率中,最重要的四个指标是流动比率、速动比率、现金比率和经营活动现金流比率,具体计算方法见表4.8。

投资风险管理

表 4.8 短期偿债能力比率的计算公式

项 目	计 算 公 式
流动比率	流动资产/流动负债
速动比率	(现金＋短期投资＋应收账款)/流动负债
现金比率	(现金＋短期投资)/流动负债
经营活动现金流比率	经营活动现金流量/流动负债

以上指标中比较重要的有：

流动比率是流动资产与流动负债间的比率，反映企业运用其流动资产偿还流动负债的能力。一般认为，流动比率为 2 比较合适。

速动比率是企业速动资产（流动资产减去存货）与流动负债的比率。速动比率比流动比率更能确切地反映企业的短期偿债能力。一般认为速动比率为 1 比较合适，但要取决于行业特点和企业奉行的竞争策略。

现金比率是指公司在会计期末拥有的现金余额和同期各项流动负债的比率。现金比率一般认为 20% 以上为好。但比率过高意味着企业流动负债未能得到合理运用，导致企业机会成本增加。

B. 长期偿债能力比率

能够反映企业长期偿债能力比率的指标主要有负债比率、负债/净资产、长期负债/净资产、利息倍数、经营现金流长期负债比率和权益乘数，具体计算方法见表 4.9。

表 4.9 长期偿债能力比率的计算公式

项 目	计 算 公 式
负债比率	负债总额/(负债总额＋净资产)
负债/净资产	负债总额/净资产
长期负债/净资产	长期负债/净资产
利息保障倍数	(净利润＋所得税＋利息费用)/利息费用
经营现金流长期负债比率	经营现金流/(长期负债＋租赁现值)
权益乘数	资产总额/净资产

以上指标中重要的指标有三个：

负债比率也称资产负债率，是企业负债总额与资产总额的比率，反映的是企业偿还债务的保障程度。从债权人角度看，这一比率越高，债务偿还能力越差。

利息保障倍数反映了企业偿还利息的能力，比率越大则企业的还息能力越强。在我国，用财务费用来代替利息费用。

权益乘数是指资产总额相当于股东权益的倍数，权益乘数越大，企业负债程度越高。

C. 资产管理比率

资产管理比率是用来衡量公司在资产管理方面效率的财务比率。相关指标及其具体计算方法见表 4.10。

表 4.10 资产管理比率的计算公式

项　目	计　算　公　式
存货周转率	营业成本/平均存货
存货周转天数	365/存货周转率
应收账款周转率	营业收入/平均应收账款
应收账款周转天数	365/应收账款周转率
营运资金周转率	营业收入/平均营运资金
总资产周转率	营业收入/平均总资产
固定资产周转率	营业收入/平均固定资产
净资产周转率	营业收入/平均净资产

在这些指标中,比较重要的有:

存货周转率是分析公司销售能力强弱的重要指标,用时间表示就是存货周转天数。一般而言,存货周转率高,公司销售能力强,公司的存货管理效率显著。

应收账款周转率反映了公司应收账款转为现金的平均次数,用时间表示应收账款周转天数。应收账款周转率越高,表明公司的资金使用效率越高。

总资产周转率反映了总资产周转速度,周转速度越快,表明总资产利用效果越好,进而反映出企业的偿债能力和赢利能力令人满意。

D. 赢利能力比率

反映公司赢利能力的比率主要有总资产回报率(ROA)、净资产回报率(ROE)、销售毛利率和销售净利率,具体计算方法见表 4.11。

表 4.11 赢利能力比率计算公式

项　目	计　算　公　式
总资产回报率(ROA)	净利润/平均总资产
净资产回报率(ROE)	净利润/平均净资产
销售毛利率	销售毛利/营业收入
销售净利率	净利润/营业收入

在表 4.11 中的指标中,比较重要的有:

总资产回报率(ROA)是评估公司相对其总资产值赢利能力的有用指标,用来衡量企业利用资产实现利润的情况。

净资产收益率(ROE)是反映股东权益的收益水平的指标,指标值越高,说明投资带来的收益越高。

E. 成长能力比率

反映企业成长能力的比率有利润留存比率和可持续增长率,具体计算方法见

第 4 章　股票与基金

表4.12。

表4.12 成长能力比率计算公式

项　　目	计　算　公　式
利润留存比率	1－红利/净利润
可持续增长率	净资产收益率×留存比率

利润留存比率是指公司净利润减去应发股利的差额和净利润的比率。利润留存率越高，表明公司越重视发展的后劲；利润留存率太低，表明公司生产经营不顺利或者分红太多，发展潜力有限。

可持续增长率是指不增发新股并保持目前经营效率和财务政策条件下公司销售所能增长的最大比率，这个指标代表企业一个适宜的发展速度。

案例4.3

公司财务指标的计算与评价

A公司2012年的财务报表如表4.13至表4.14所示。

（1）请计算该公司相关财务比率2012年值，填入表4.15第2列；

（2）该公司各财务比率的2012年行业平均数如表4.15第3列所示，请据此对该公司2012年财务指标进行评价。

表4.13 A公司资产负债简表　　　　　　　　　　　　　单位：万元

资　产	金　额		负债及所有者权益	金　额
	年　初	年　末		
现金	764	310	应付账款	320
应收账款	1 156	1 344	应付票据	120
存货	700	966	其他流动负债	150
固定资产净值	1 170	1 170	长期负债	50
			实收资本	720
资产总计	3 790	3 790	负债及股东权益总计	3 790

表4.14 A公司的利润简表　　　　　　　　　　　　　单位：千元

项　目	金　额	项　目	金　额
销售收入	8 430	利息费用	498
销售成本	6 570	税前利润	382
毛利	1 860	所得税	152.8
管理费用	980	净利	229.2

表 4.15 A 公司 2012 年财务比率和行业平均数

财务比率	2012 年值	行业平均数
流动比率	1.98	2
速动比率	1.25	1
资产负债率	61.9%	50%
存货周转率	7.89 次	6 次
应收账款周转率	6.744 次	9 次
销售净利率	2.72%	8%
销售毛利率	22.06%	20%
权益净利率	15.87%	10%
已获利息倍数	1.77	4 倍

解析：

(1) 计算结果如表 4.15 第 2 列所示。

(2) 根据表 4.15 中的数据，对 A 公司 2012 年财务指标进行评价如下：

- 流动比率接近行业平均水平，速动比率高于行业平均水平，表明公司短期偿债能力较强，但应收账款占用资金额度大（年末 1 344/2 620＝51.29%，年初 1 156/2 620＝44.12%），而且利用效果不好，周转速度慢。影响短期偿债能力；
- 资产负债率、已获利息倍数均未达到行业平均水平，说明利息支付的保障程度不高，原因仍然是利息费用本身过高，且销售利润又被管理费和利息费吃掉的缘故；
- 存货周转率高于行业平均水平，管理较好；应收账款周转率低于行业平均水平，应检查信用政策制定的是否合理，并加强对应收账款的管理；
- 销售毛利率高于行业平均水平，但净利率低于行业平均水平，由此可见公司的管理费和利息支出过大，公司应加强管理费各项目的管理，分析利息费的形成是否合理，如有可能应尽量偿还债务，减轻利息包袱。权益净利率高于行业平均水平，说明公司在获利良好的情况下，充分利用了财务杠杆的作用，使得投资者收益有较大提高。但由于负债水平高导致利息多，公司负担重，应注意过度负债问题。

问题讨论：

根据财务指标评价结果，你能为 A 公司今后的发展做出规划吗？

F. 杜邦分析

杜邦分析(DuPont analysis)法是一种用来评价公司赢利能力和股东权益回报水平的方法。该方法利用几种主要的财务比率之间的关系来综合分析企业的财务状况。因这种分析方法最早由美国杜邦公司使用,故名杜邦分析法。

杜邦分析的具体表示方法为

$$\text{ROE} = \frac{\text{NI}}{\text{NA}} = \frac{\text{NI}}{\text{S}} \times \frac{\text{S}}{\text{TA}} \times \frac{\text{TA}}{\text{NA}} = \text{PM} \times \text{TAT} \times \text{EM} \quad (4.13)$$

其中,ROE 为净资产回报率;PM 为销售利润率;TAT 为资产周转率;EM 为权益乘数;NI 为净利润;S 为销售收入;TA 为总资产;NA 为净资产。

杜邦分析法将企业净资产收益率逐级分解为多项财务比率乘积,即用基本的代数知识将净资产收益率变形,从而可以清晰地看到销售净利率、总资产周转率和权益乘数对股东回报的影响。

案例 4.4

运用杜邦分析法分析公司财务状况

现在有上市公司 A,其 2011 年和 2012 年的基本财务数据如表 4.16 所示。请采用杜邦分析法对该公司进行分析。

表 4.16　2011 年和 2012 年 A 公司财务简表

项 目	2011 年	2012 年	项 目	2011 年	2012 年
总资产(万元)	577 490	646 352	净资产收益率(%)	10.34	4.40
负债(万元)	356 051	396 742	资产负债率(%)	61.65	61.38
净利润(万元)	22 903	10 976	权益乘数	2.61	2.59
净资产(万元)	221 439	249 610	总资产净利率(%)	3.96	1.70
营业收入(万元)	322 456	259 296	营业利润率(%)	7.10	4.23
成本费用(万元)	299 552	248 320	总资产周转率(%)	0.56	0.40

解析:

通过比较 A 公司 2011 年和 2012 年的财务数据,可以得出如下结论:

1. 从净资产收益率角度看,A 公司的净资产收益率由 2011 年的 10.34% 下降至 2012 年的 4.40%,下降了 57.45%,其主要原因是资产利用率低、成本费用上升以及资本结构的变动(权益乘数下降);

2. 从总资产周转率角度看,2012 年比 2011 年周转速度要慢,主要原因是营业收入大幅下降和总资产的大幅上涨造成的,反映了该公司资产营运能力较差,资产利用效率低下;

3. 从营业利润率角度看,2012 年 A 公司营业收入和净利润比 2011 年都要不同程度的下降。其中:净利润下降了 52.08%,营业收入下降了 19.59%,但净利润下降幅度比营业收入的下降幅度要大,成本费用从 2011 年的 299 552 万元下降至 2012 年的 248 302 万元,下降幅度为 17.10%,与营业收入的下降不同步,这说明 2012 年的成本费用从绝对值来说,虽然比 2011 年有了一定数额的下降,但从相对比例来说,2012 年的成本费用比

2011年要有一定比例的上升。

问题讨论：

在对 A 公司的财务数据进行杜邦分析后，你能对今后 A 公司的发展提出建议吗？

G. 经济附加值

经济附加值(economic value added, EVA)，是指公司为股东创造的高于资本成本的价值。经济附加值考虑了资本的运营成本，所以只有在税后净运营利润大于资本的总成本时，公司才为股东增加价值。

经济附加值的基本公式为

$$EVA = NOPAT - C \times K \qquad (4.14)$$

其中，NOPAT(net operating profit after tax)为税后净运营利润；C 为平均资本成本；K 为运营总资本。NOPAT 的计算公式为

$$NOPAT = EBIT - T \qquad (4.15)$$

其中，EBIT 为息税前利润，等于销售净额减去运营成本；T 为所得税。

从经济学角度讲，公司每年创造的经济附加值等于税后净营业利润与全部资本成本之间的差额，因而经济附加值是对公司真正利润的评价，是表示净营运利润与投资者用同样资本投资其他风险相近的有价证券的最低回报相比，超出或低于后者的量值。

经济附加值可以为正值或负值，正的经济附加值表明该公司为股东创造了价值。经济附加值指标考虑了全部投入资本成本后的收益，比权益报酬率(ROE)更能准确地反映投入资本的回报，从而更能激励经营管理者为股东创造更多的财富。

但是，经济附加值多在大公司使用，对小企业而言太复杂(因为税后净运营利润项有许多调整，而小企业变化较频繁)，也不能反映公司的策略性活动，如开发新产品和新业务。

【例 4.11】 经济附加值(EVA)的计算

假设鹏城公司的运营利润为 3 250 万元，税收为 1 500 万元，运营总资本为 9 000 万元，平均资本成本为 0.12，请计算该公司的经济附加值为多少？

解析：

$$EVA = NOPAT - C \times K = 3\,250 - 1\,500 - 9\,000 \times 0.12 = 670(万元)$$

所以，鹏城公司所创造的经济利润为 670 万元。

4.2.2 技术分析

技术分析研究的是市场信息如价格和交易量，以预测市场趋势、发现机会。技术分析透过图表或技术指标的记录，研究市场过去及现在的行为反应，以推测股票在短期内价格的变动趋势，把握具体购买的时机。

1. 技术分析的假设

技术分析包括三大假设：

(1) 市场行为包含一切信息,这是技术分析的基础。但是,市场行为反映的信息只体现在股价的变动之中,与原始的信息毕竟有差异,损失信息是必然的,因而市场行为无法包含一切信息。

(2) 证券价格沿趋势变动,这是技术分析的核心。但是,在高效率的市场中,股价的变动是随机的且无规律可循(随机漫步),实证中也没有充分的证据表明股票价格沿一定趋势变动。

(3) 历史会重演,这考虑了人们的心理因素。但是,在实际中市场行为千变万化,不可能有完全相同的情况重复出现,差异总是或多或少的存在。

2. 技术分析的内容

技术分析的内容有很多,主要包括以下五大理论。

1) K线理论

K线图其实是将买卖双方一段时间以来实际"战斗"的结果用图形表示的方法之一,从中可以看到买卖双方在争斗中力量的增减、风向的转变,以及买卖双方对结果的认同。

(1) 对单一K线的研判,主要看其实体和影线的长短。

(2) 对两根及两根以上K线的研判,主要看最后一根K线相对于前面K线的位置以及其实体的阴阳和影线的长短。

(3) K线形态的研判,必须与股价波段循环周期相结合。

2) 切线理论

切线分析法是按一定方法和原则,在依据证券价格数据所绘制的图表中画出一些直线,然后根据这些直线的情况推测证券价格的未来趋势。

(1) 切线理论是一种帮助投资者识别大势变动方向的较为实用的方法。

(2) 在切线理论中,核心是画出支撑线和压力线,而画法却有不同,可以运用趋势线、通道线、黄金分割线、甘氏线及角度线等。

3) 形态理论

形态理论通过研究股价曲线的各种形态,以发现股价正在进行的行动方向。

形态理论中,股价移动的两种形态为持续整理形态和反转突破形态。

(1) 持续整理形态:三角形、矩形、旗形和楔形等。

(2) 反转突破形态:头肩形态、双重顶(底)、圆弧等。

4) 波浪理论

波浪理论是以周期为基础,一个大的周期中存在小周期,而小的周期又细分为更小的周期,相比道氏理论,其更具有操作性。

(1) 波浪理论认为,一个周期由8浪结构组成,5浪上升,3浪下降。

(2) 波浪理论一直以来争议较多,主要集中在:浪的层次的确定和浪的起始点的确认是两大难点;面对不同形态,不同人的数法又会不同,因而不容易达成一致。

5) 量价关系理论

量价关系理论通常要求根据交易价格和交易量的各种情况来判断证券价格的走势。

在证券投资过程中,从交易量与交易价格的相互变化中判断证券变化的趋势,据此进行投资,获得收益。例如,逆时钟曲线法,通过简单的价量关系进行诠释,分成八个步骤;葛兰碧法则,通过研究九种量价情况,得出九大法则,从而判断出未来的股价走势,等等。

4.3 基金

4.3.1 基金概述

1. 基金的分类

(1) 根据组织形式的不同,基金可分为公司型基金和契约型基金。

公司型基金本身为一家股份有限公司,投资者购买了该家公司的股票,就成为该公司的股东,凭股票领取股息或红利、分享投资所获得的收益。契约型基金本身不成立公司,由基金管理公司、基金托管人和投资者三方当事人通过基金契约的形式设立并运作。公司型基金和契约型基金的区别见表4.17。

表 4.17 公司型基金和契约型基金的区别

项 目	公司型基金	契约型基金
资金的性质	资金成为公司法人的资本	资金是信托资产
投资者地位	投资者是投资公司的股东	投资者是信托契约中规定的受益人
资本结构	可发行普通股、公司债券和优先股	只能面向投资者发行受益凭证
融资渠道	在基金运作状况良好时可以向银行借款	一般不向银行举债

(2) 根据是否可以增加或赎回,基金可分为开放式基金和封闭式基金。

开放式基金是指基金规模不是固定不变的,而是可以随时根据市场供求情况发行新份额或被投资人赎回的投资基金。封闭式基金是指基金规模在发行前已确定,在发行完毕后和规定的期限内,基金规模固定不变的投资基金。

开放式基金和封闭式基金的具体区别见表4.18。

表 4.18 开放式基金和封闭式基金的区别

项 目	开放式基金	封闭式基金
买卖价格	单位价格等于资产净值	单位价格可能高于或低于其资产净值
买卖费用	申购费、赎回费、转换费、红利再投资费等	需要缴纳一定比例的手续费及证券交易税
对基金经理的约束	有赎回的压力,对基金经理的经营业绩有很强的约束	没有赎回的压力,基金收取固定的管理费,对基金经理的约束不强

(3) 根据不同的分类标准,基金还可以分为多种类型,具体见表4.19。

投资风险管理

表 4.19 基金的分类

分类标准		简　介
投资风格	收入型基金	追求为投资者带来高水平的回报,投资于各种可带来收入的有价证券
	平衡型基金	以支付当期收入和追求资本的长期成长作为共同目的
	成长型基金	追求资本的长期成长为投资目的,主要投资于成长型公司的股票
投资对象	股票基金	以股票为投资对象,投资目标以追求资本成长为主,投资收益较高但风险也较大
	债券基金	以债券为投资对象,能保证投资者获得稳定的投资收益,风险较小,适合长期投资
	货币市场基金	投资各类货币市场工具的基金,收益相对较为稳定
	混合型基金	同时以股票、债券等为投资对象,实现收益与风险之间的平衡的基金

2. 基金评价指标

1) 夏普比率

夏普比率(Sharpe ratio,SR),是基金的预期收益超过无风险收益率的风险溢价,与由标准差表示的收益变动性之间的比值。

夏普比率的计算公式为

$$\text{SR} = \frac{E_{Rp} - R_f}{\sigma_p} \tag{4.16}$$

其中,SR 为夏普比率;E_{Rp} 为基金的预期回报率;R_f 为无风险利率;σ_p 为基金的预期标准差。

为确定绩效的质量,可以把基金的夏普比率和市场夏普比率相比较。高的夏普比率说明基金管理者经营得比市场好,低的夏普比率则说明其经营得比市场差。

2) 特雷诺比率

特雷诺指数(Treynor ratio,TR),是每单位风险获得的风险溢价。特雷诺指数越大,表明单位风险溢价越高,基金的绩效越好。

特雷诺比率的计算公式为

$$\text{TR} = \frac{E_{Rp} - R_f}{\beta_p} \tag{4.17}$$

其中,TR 为夏普比率;E_{Rp} 为基金的预期回报率;R_f 为无风险利率;β_p 为基金的系统风险。

特雷诺比率以证券市场线作为评价基准对基金绩效作出评估。特雷诺比率大于证券市场线的斜率时,说明该资产处于证券市场线的上方,该资产的预期收益会高于市场平均水平;反之,则处于证券市场线的下方,预期收益小于市场平均收益。

3) 詹森比率

詹森比率(Jensen ratio,JR),是指基金的实际收益超过它所承受风险对应的预期收益的差额。

詹森比率的计算公式为

$$\alpha_p = E_{Rp} - [R_f + \beta_p(E_{RM} - R_f)] \qquad (4.18)$$

其中，α_p 为詹森比率；E_{Rp} 为基金的预期回报率；R_f 为无风险利率；E_{RM} 为市场预期回报率；β_p 为基金的系统风险。

根据 α_p 值的方向，可以判断投资绩效的优劣。α_p 值大于零，说明基金收益率高于市场平均水平，可以认为其绩效很好；α_p 值小于零，表明该基金的绩效不好。

【例 4.12】 夏普比率、特雷诺比率和詹森比率的计算。

已知某种基金的预期回报率为 10%，市场的无风险利率为 5%，基金的预期收益标准差为 25%，基金的系统风险为 0.95，市场平均预期回报率为 7%，请分别计算夏普比率、特雷诺比率和詹森比率。

解析：

(1) SR=(10%−5%)/25%=20%

(2) TR=(10%−5%)/0.95=5.26%

(3) α_p=10%−[5%+0.95×(7%−5%)]=3.1%

4.3.2 货币市场基金

货币市场基金以追求流动性为主，主要投资于如国库券、商业票据、银行定期存单、政府短期债券、企业债券等短期有价证券。

衡量货币市场基金收益率的指标有：

(1) 7 日年化收益率，就是货币基金过去 7 天每万份基金份额净收益折合成的年收益率。作为短期指标，7 日年化收益率仅是基金过去 7 天的赢利水平信息，并不意味着未来的收益水平。

(2) 每万份基金单位收益，反映的是投资人每天获得的真实收益。这个指标越高，投资人获得的真实收益就越高，而 7 日年化收益率与投资人的真正收益仍有一定的距离。

4.3.3 LOF 投资

上市型开放式基金(listed open-ended fund，LOF)，是一种既可以在交易所上市交易的，又可以通过基金管理人或其他委托的基金销售机构以基金净值进行申购、赎回的证券投资基金。

在我国，LOF 的基金总额不固定，基金投资者既可以在代销机构按当日收市的基金份额净值申购、赎回，也可以在深交所各会员证券营业部按撮合成交价进行买卖。

4.3.4 ETF 投资

1. ETF 的含义

交易型开放式指数基金，又称交易所交易基金(exchange traded funds，ETF)，是一种在交易所上市交易的、基金份额可变的一种开放式基金。

交易型开放式指数基金可以像股票一样在证券交易所交易,其交易价格、基金份额净值走势与所跟踪的指数基本一致。

2. 一级市场和二级市场

ETF 可以在一级市场交易,也可以在二级市场交易,具体交易过程见图 4.7。

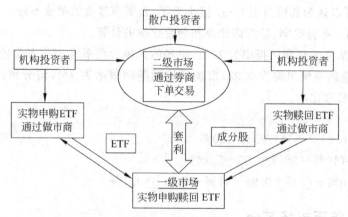

图 4.7　ETF 一级市场和二级市场交易示意图

(1) ETF 一级市场,是指投资者以股票组合通过 ETF 做市商申购赎回 ETF 份额的市场。一级市场交易的主要参与者是资金实力较强的机构投资者,成交价格为基金份额净值,即当前市场的价值。

(2) ETF 二级市场,是指 ETF 在证券交易所内进行交易的市场。二级市场交易的最小单位是一手,资金门槛低,适合中小投资者介入。

3. ETF 投资优势

与一般基金产品相比,ETF 有明显的投资优势。
(1) ETF 可以连续交易和做空。
(2) ETF 费用低廉,基金赎回与交易不触及资本所得税,手续费更加便宜。
(3) 指数表现。证券指数攀升,ETF 就会获得与指数相对应的资本收益率。
表 4.20 列示了与股票和一般的基金相比,EIF 的特点与优势。

表 4.20　ETF、基金与股票的比较

特　点	ETF	基　金	股　票
分散投资	√	√	×
上市交易	√	×(封闭式基金除外)	√
保证金交易	√	×	√
限价、止损等交易	√	×(封闭式基金除外)	√
追踪指数或行业	√	×(指数基金除外)	×

续表

特　点	ETF	基　金	股　票
较低费率	√	有时适用	不适用
税收优惠	√	×	×
套利	√	×	×

ETF 与 LOF 二者的不同之处在于：

(1) ETF 本质上是指数型的开放式基金,是被动管理型基金,而 LOF 则是普通的开放式基金,它可能是指数型基金,也可能是主动管理型基金。

(2) 在一级市场上,ETF 的投资者一般是较大型的投资者,而 LOF 则没有限定。

(3) 在二级市场上,ETF 每 15 秒钟提供一个基金净值报价,而 LOF 则是一天提供一个基金净值报价。

(4) ETF 可以做到 $T+0$ 交易,但 LOF 通常要 $T+4$。

4.3.5　私募基金

私募基金,是指通过非公开方式,面向少数机构投资者募集资金而设立的基金。

私募基金在国际金融市场上发展十分快速,并已占据十分重要的位置。"量子基金"、"老虎基金"等在国际金融市场上频频兴风作浪的对冲基金,就是国外最典型的私募基金。

与公募基金相比,私募基金具有以下特点:

(1) 非公开方式募集资金。

(2) 集资对象只是少数特定的投资者,门槛高。

(3) 信息披露要求较低,投资具有隐蔽性,运作灵活,获得高收益回报的机会大。

(4) 对冲基金通常不收管理费,但管理人按照一定的比例分享基金的赢利。

私募基金的经营管理有很大的自由度,不必像公募基金那样定期披露,投资更具隐蔽性,如果运作得好,投资收益会很高。从全球私募基金的历史表现来看,其平均收益高于共同基金,平均风险低于共同基金。

4.3.6　风险投资基金

1. 风险投资概述

风险投资(venture capital investment),是指具备资金实力的投资家对具有专门技术并具备良好市场发展前景,但缺乏启动资金的创业家进行资助,并承担创业阶段投资失败的风险的投资。

投资人要进行风险投资,必须把握好投资对象的选择与投资时机。一般而言,风险投资要经历以下四个阶段:

(1) 种子期。是指技术的酝酿与发明阶段。这一时期的资金需要量很少,但却承担着很大的风险,需要有很高的回报。

(2) 导入期。是指技术创新和产品试销阶段,如果风险投资公司认为投资对象具有相当的存活率,同时在经营管理与市场开发上也可提供有效帮助,则会进行投资。

(3) 成长期。是指技术发展和生产扩大阶段,风险比前两个阶段大为减少,但利润率也在降低,风险投资家在帮助增加企业价值的同时,应着手准备退出。

(4) 成熟期。是指技术成熟和产品进入大工业生产阶段,该阶段资金需要量很大,但风险投资已很少再增加投资,以退出为主。

风险投资虽然投入的是权益资本,但其目的不在于获得企业所有权,而是在得到丰厚利润后从风险企业退出。

风险投资从风险企业退出有三种方式:

(1) 首次公开发行(initial public offering,IPO)。

(2) 被其他企业兼并收购或股本回购。

(3) 破产清算。

在作出投资决策之前,风险投资家就会制定具体的退出策略以使风险投资收益最大化。通过风险企业的首次公开发行退出是风险投资家的奋斗目标,破产清算则意味着风险投资导致损失。

2. 风险投资基金含义

风险投资基金,是指以一定的方式吸收机构和个人的资金,专门投资那些不具备上市资格,但是具有极大增值潜力的中小企业和新兴企业的基金。

风险投资基金多以股份的形式参与投资,其目的就是为了帮助所投资的企业尽快成熟,取得上市资格,从而使资本增值。一旦公司股票上市后,风险投资基金就可以通过证券市场转让股权而收回资金,继续投向其他风险企业。

风险投资基金的经营方针是在高风险中追求高收益,不需风险企业的资产抵押担保,手续也相对简单。

3. 风险投资基金的发行

在风险投资较为发达的国家,风险投资基金的发行方式主要有两种:

(1) 私募的风险投资基金。通常由风险投资公司发起,出资1%左右,称为普通合伙人;其余99%由机构投资人出资,称为有限合伙人,同股份有限公司股东一样,只承担有限责任。

(2) 向社会投资人公开募集并上市流通的风险投资基金。这类基金相当于产业投资基金,是封闭型的,上市时可以自由转让。这种方式能吸收社会公众关注和支持高科技产业业的风险投资,既能满足他们高风险投资的渴望,又给予他们高收益的回报。

案例4.5

风险投资经典案例——软银投资阿里巴巴

1999年初,马云筹资50万元,在杭州创办了阿里巴巴。公司成立不久便面临资金的瓶颈,马云开始去见一些投资者,但即使囊中羞涩,他还是拒绝了38家投资商。马云后来表示,他希望阿里巴巴的第一笔风险投资除了带来钱以外,还能带来更多的非资金要素,例如,进一步的风险投资和其他的海外资源,而被拒绝的那些投资者并不能给他带来这些。

此时,以高盛为主的一批投资银行向阿里巴巴投资了500万美元,这一笔"天使基金"让马云喘了口气。更让他意料不到的是,更大的投资者也注意到了他和阿里巴巴。1999年秋,日本软银总裁孙正义约见马云。经过洽谈,最终马云接受了软银2 000万美元的投资。不幸的是,从2000年4月起,纳斯达克指数开始暴跌,长达两年的熊市寒冬开始,很多互联网公司陷入困境,甚至关门大吉。但是阿里巴巴却安然无恙,很重要的一个原因是阿里巴巴获得了2 500万美元的融资。

很快,互联网发展的春天再一次来临。2004年2月阿里巴巴又获得了8 200万美元的巨额战略投资。这笔投资是当时国内互联网金额最大的一笔私募投资。2005年8月,雅虎、软银再向阿里巴巴投资数亿美元。之后阿里巴巴的业绩扶摇直上,公司规模迅速扩大,直到上市。

2007年11月6日,阿里巴巴公司在香港联交所正式挂牌上市。当天10时,港交所开盘,阿里巴巴以30港元,较发行价13.5港元涨122%的高价拉开上市序幕。小幅震荡企稳后,一路单边上冲。最后以39.5港元收盘,较发行价涨了192.59%,成为香港上市公司上市首日涨幅最高的"新股王",创下香港7年以来科技网络股神话。当日,阿里巴巴交易笔数达到14.4万多宗,输入交易系统的买卖盘为24.7万宗,两项数据都打破了中国工商银行2006年10月上市创造的纪录。按收盘价估算,阿里巴巴市值约280亿美元,超过百度、腾讯,成为中国市值最大的互联网公司。

阿里巴巴的上市,成为全球互联网业第二大规模的融资。在此次全球发售过程中,阿里巴巴共发行了8.59亿股,占已发行50.5亿总股数的17%。按每股13.5港元计算,共计融资116亿港元(约15亿美元)。加上当天1.13亿股超额配股权获全部行使,融资额将达131亿港元(约16.95亿美元),接近谷歌纪录(2003年8月,谷歌上市融资19亿美元)。

作为阿里巴巴集团的两个大股东,雅虎和软银在阿里巴巴上市当天账面上获得了巨额的回报。阿里巴巴招股说明书显示,软银持有阿里巴巴集团29.3%股份,而在行使完超额配售权之后,阿里巴巴集团还拥有阿里巴巴公司72.8%的控股权。由此推算,软银间接持有阿里巴巴21.33%的股份。到收盘时,阿里巴巴股价达到39.5港元。市值飙升至1 980亿港元(约260亿美元),软银间接持有的阿里巴巴股权价值55.45亿美元。若再加上2005年雅虎入股时曾套现1.8亿美元,软银当初投资阿里巴巴集团的8 000万美元如今回报率已高达71倍。

习题

1. 与其他投资者相同,你确信美联储会放松货币政策,你对以下行业投资有什么建议?
   (1) 金矿开采
   (2) 建筑业

2. 考虑两家生产录像机的企业,一家使用高度自动化的自动程序,而另一家使用公认的生产流水线,并在需求增加工作时支付工人加班费。
   (1) 哪家企业在衰退经济中有更高的利润?在繁荣的经济中呢?
   (2) 哪家企业的贝塔值更高?

3. 从每组企业中,选出你认为对经济周期较敏感的企业,并简单说明原因。
   (1) 大众汽车和大众制药
   (2) 欢乐影院和欢乐食品

4. 考虑一个计算机上市企业——MBI 公司股价的问题。
   (1) 近日,计算机类股票的期望收益率是 15%,MBI 这一大型计算机公司即将支付年末每股 2 美元的分红。如果 MBI 公司的股票每股售价为 40 美元,计算其红利的市场期望增长率。
   (2) 如果预计 MBI 公司的红利年增长率下降到 7%,其股价是否符合变化?定性分析该公司的市盈率。

5. 已知无风险收益率为 10%,市场要求的收益率为 15%,HF 股票的 β 值为 1.5。如果预计 HF 公司明年的每股红利 $D_1=2.50$ 美元,$g=5\%$,求该公司的股票售价。

6. 考虑一个股权稀释的问题,如果你不懂什么是股权稀释,相关可以查阅一些相关资料。
   已知 A 公司股价为 20 美元,其中流通股 500 万股。当其宣布公开发行 100 万股普通股股票时,股价跌至 19 美元。
   (1) 计算由于宣布股票发行导致股东财富减少的数量。
   (2) 若公司以每股 19 美元的价格出售股票,请将股东财富的减少数量表达成发行总收入百分比的形式。

7. 已知某种基金的预期回报率为 10%,市场的无风险利率为 6%,基金的预期收益标准差为 25%,基金的系统风险为 0.90,市场平均预期回报率为 8%,请分别计算夏普比率、特雷诺比率和詹森比率。

8. 通用除草剂公司通过它的专利产品 Weedex 垄断了化学除草剂产品市场。但是,专利马上就到期了。你对该行业有何预期?尤其是,通用除草剂公司的产品价格、销售量和利润前景及其竞争对手的利润前景有何变化?你认为该市场处于行业生命周期的哪个阶段?

9. 请利用互联网查阅一家上市公司的财务报表,并对该企业的财务比率进行分析。

10. LCC 化学公司的一位董事认为,投资者使用红利贴现模型这一事实证明了红利越高,股价越高。请参照固定增长的红利贴现模型,应用它分析这位董事的观点。

11. 已知无风险收益率为 8%,市场资产组合的期望收益率为 15%,对于 XY 公司的股票:β 系数为 1.2,红利分配率为 40%,所宣布的最近一次的收益是每股 10 元。红利刚刚发放,预计每年都会分红。预计 XY 公司所有再投资的股权收益率都是 20%。

(1) 计算该公司股票的内在价值。

(2) 如果当前股票市价是 100 元,预计一年后市价等于内在价值,计算持有 XY 公司股票一年的收益。

12. 环球汽车公司(Universal Auto)是一家大型的跨国公司,总部设在美国。为了分开报表,公司进行两类业务:汽车生产与信息处理服务。

汽车行业在环球公司的两大业务中占大部分,它主要包括美国国内客运小汽车的生产,同时还包括美国的小型货车的制造及其他国家的客运小汽车的生产。环球公司这一分部的业绩在过去几年中表现很差,1996 年更是损失惨重。尽管公司并未公布其国内客运小汽车生产的营运情况,但该公司这一分部已被普遍认为是环球公司汽车部门不良业绩的主要原因。

Idata,环球公司的信息处理服务部门,已经营了 15 年。该行业的强劲而稳定的增长势头完全来自内部,没有发生任何兼并。

保罗·亚当斯(Paul Adams)是一注册金融师的候选人,在对环球公司所作的研究报告中指出:"假定环球公司可以在 1997 年大幅度提高美国客运小汽车的价格,那么,我们就可以预计公司将会增加上亿元的利润。"

(1) 试确定环球公司的两项主要业务——客运小汽车和信息处理,哪一个正处于行业周期的哪一阶段。

(2) 试述为何环球公司的两项主要业务间的产品定价应视其在行业生命周期中的定位而不同。

13. 亚当斯的研究报告(见 12 题)又接着说:"随着经济的逐渐复苏,预期的利润增长将会导致环球公司股价的上涨,我们强力推荐您购买该股票。"

(1) 试述经济周期方法怎样应用于投资的时机预测(要求说明在一典型的经济周期的不同时点应对股票和债券采取什么措施)。

(2) 假定亚当斯的说法是正确的(即经济正逐渐复苏),根据经济周期法预测投资时机,评价他购买环球汽车这一周期性股票的建议的时限。

附录 4.A 固定增长红利贴现模型的公式证明

$$V_0 = \sum_{t=1}^{\infty} \frac{D_1(1+g)^{t-1}}{(1+k)^t} = D_1 \times \sum_{t=1}^{\infty} \frac{(1+g)^{t-1}}{(1+k)^t} = \frac{D_1}{k-g}$$

证明:

$$V_0 = \frac{D_1}{1+k} + \frac{D_1(1+g)}{(1+k)^2} + \frac{D_1(1+g)^2}{(1+k)^3} + \cdots$$

$$+ \frac{D_1(1+g)^{n-2}}{(1+k)^{n-1}} + \frac{D_1(1+g)^{n-1}}{(1+k)^n} \tag{4.A.1}$$

投资风险管理

式(4.A.1)两边同乘以$(1+k)/(1+g)$，有

$$\frac{(1+k)}{(1+g)}V_0 = \frac{D_1}{1+g} + \frac{D_1}{(1+k)} + \frac{D_1(1+g)}{(1+k)^2} + \cdots$$
$$+ \frac{D_1(1+g)^{n-3}}{(1+k)^{n-2}} + \frac{D_1(1+g)^{n-2}}{(1+k)^{n-1}} \tag{4.A.2}$$

式(4.A.2)-式(4.A.1)，有

$$\frac{(1+k)}{(1+g)}V_0 - V_0 = \frac{D_1}{1+g} - \frac{D_1(1+g)^{n-1}}{(1+k)^n} \tag{4.A.3}$$

整理左端，有

$$\frac{(k-g)}{(1+g)}V_0 = \frac{D_1}{1+g} - \frac{D_1(1+g)^{n-1}}{(1+k)^n} \tag{4.A.4}$$

式(4.A.3)、式(4.A.4)两端同时乘以$(1+g)/(k-g)$，有

$$V_0 = \frac{D_1}{k-g} - \frac{D_1(1+g)^{n-1}}{(1+k)^n} \times \frac{(1+g)}{(k-g)} \tag{4.A.5}$$

由于$k>g$，有

$$\lim_{n\to\infty} \frac{D_1(1+g)^{n-1}}{(1+k)^n} = \lim_{n\to\infty} D_1 \left(\frac{1+g}{1+k}\right)^{n-1} \times \frac{1}{(1+k)}$$
$$= 0 \times \frac{1}{(1+k)} = 0 \tag{4.A.6}$$

故式(4.A.5)的第二项变成0，即

$$V_0 = \frac{D_1}{k-g} \tag{4.A.7}$$

证毕。

附录 4.B 公式 $g = \text{ROE} \times b$ 的证明

由红利增长率的定义

$$D_t = D_{t-1} \times (1+g) \tag{4.B.1}$$

$$\begin{aligned} D_t &= D_{t-1} + I \times \text{ROE} = D_{t-1} + (b \times D_{t-1}) \times \text{ROE} \\ &= D_{t-1} + (b \times D_{t-1}) \times \text{ROE} \\ &= D_{t-1}(1 + b \times \text{ROE}) \end{aligned} \tag{4.B.2}$$

其中，I为投资额；b为新投资比率。

式(4.B.1)=式(4.B.2)，有

$$D_{t-1} \times (1+g) = D_{t-1}(1 + b \times \text{ROE}) \tag{4.B.3}$$

即

$$1 + g = 1 + b \times \text{ROE} \tag{4.B.4}$$

整理式(4.B.4)，即

$$g = b \times \text{ROE} \tag{4.B.5}$$

证毕。

第 5 章　远期与期货

> **学习目标**
>
> 1. 了解远期合约和期货合约的含义和基本特征；
> 2. 掌握套期保值、套利、投机等期货交易的策略；
> 3. 理解期货定价原理；
> 4. 掌握商品期货、外汇期货、利率期货、股指期货等主要期货品种的交易策略。

> **本章导读**
>
> 有一家位于大连的合资公司，产品主要出口日本。2001年年初，公司向日本出口了一批价值1 000万元的货物，按照即期汇率折合日元6 300万元，合同约定年末按照日元付款。但不幸的是，年末人民币兑换日元的即期汇率变为1∶6.80，公司仅收回926.5万元。由于日元的贬值，公司货款被"吞噬"了73.5万元！作为一次教训，公司的财务主管深刻地感受到了对外汇进行套期保值的重要性。那么，如何利用期货来规避诸如汇率波动这样的远期风险呢？期货的价格是如何确定的？具体怎样利用期货进行保值操作呢？
>
> 在本章，我们将向你介绍远期与期货合约的基本知识，讲述常见的期货交易策略，教你如何对期货进行定价，最后将会介绍利率期货、外汇期货、股指期货等常见的期货产品。相信学完本章后，你能轻松地回答以上问题。

5.1　远期与期货概述

5.1.1　远期合约

远期合约（forward contract），是交易双方约定在未来某一特定时间，以某一特定价格，买卖一定数量和质量的金融资产或实物商品的安排。

远期合约的交易在柜台市场（OTC）上进行，通常是在两家金融机构之间或金融机构与其某一客户之间。

订立远期合约时不论持有多头还是空头，都不需要向对方支付费用。

远期合约满足了交易方规避价格风险的要求，因而通常用来对冲价格波动带来的风险。

5.1.2 期货合约

期货合约(futures contract),是由期货交易所统一制定的、规定在将来某一特定时间和地点交割某一特定数量和质量的实物商品或金融资产的标准化合约。

与远期合约不同,期货合约通常在交易所进行交易。为了便于交易,期货交易所将期货合约的某些特征标准化,对合约到期日及其买卖的资产的种类、数量、质量作出了统一规定,使其成为标准化的合约。

期货合约的标准化条款主要有:①交易数量和单位条款;②质量和等级条款;③交割地点条款;④交割期条款;⑤最小变动价位条款;⑥每日价格最大波动幅度限制条款;⑦最后交易日条款。

现以在上海期货交易所上市交易的铜期货合约为例,介绍期货合约的标准化条款,如表 5.1 所示。

表 5.1 上海期货交易所阴极铜标准合约

交易品种	阴极铜
交易单位	5 吨/手
报价单位	元(人民币)/吨
最小变动价位	10 元/吨
每日价格最大波动限制	不超过上一交易日结算价±3%
合约交割月份	1~12 月
交易时间	上午 9:00~11:30;下午 1:30~3:00
最后交易日	合约交割月份的 15 日(遇法定假日顺延)
交割日期	合约交割月份的 16 日至 20 日(遇法定假日顺延)
交割品级	标准品:标准阴极铜;替代品:高级阴极铜、LME 注册阴极铜
交割地点	交易所指定交割仓库
最低交易保证金	合约价值的 5%
交易手续费	不高于成交金额的万分之二(含风险准备金)
交割方式	实物交割
交易代码	CU
上市交易所	上海期货交易所

1. 商品期货与金融期货

根据期货交易品种即期货合约交易的标的物或基础资产(underlying asset)的不同,期货分为商品期货和金融期货两大类。

(1) 商品期货,即以实物商品,如玉米、小麦、铜、铝等为标的物的期货合约。

(2) 金融期货,即以金融产品,如汇率、利率、股票指数等为标的物的期货合约。

一般而言,商品期货品种多样,品质存在着差别,交割方式也各有不同。而金融期货品种一般不存在质量问题,交割大都采用差价结算的现金交割方式。

目前,我国期货市场交易种类只有商品期货,还没有开展金融期货交易。商品期货的上市品种主要有铜、铝、大豆、小麦和天然橡胶等。

2. 期货风险管理制度

(1) 保证金制度(margin system),是指清算所规定的达成期货交易的买方或卖方,应缴纳履约保证金的制度。

(2) 涨跌停板制度(price limit system),是指期货合约在一个交易日中的成交价格不能高于或低于以该合约上一交易日结算价为基准的某一涨跌幅度,超过该范围的报价将视为无效,不能成交。

(3) 限仓制度(position limit system),是指期货交易所对会员及投资者的持仓数量进行限制的制度,以防止期货市场价格被操纵以及风险过度集中于少数投资者。

(4) 大户报告制度(major reporting system),是指当会员或者投资者某种持仓合约达到交易所规定的持仓限额(我国为80%)时,会员或者投资者应向交易所报告其资金、头寸等情况。

(5) 强行平仓制度(system of forced liquidation),是指当会员、投资者违规时,交易所强制对其有关持仓实行平仓的制度。

(6) 风险警示制度(risk warning system),是指交易所认为必要的,可以分别或同时采取要求报告情况、谈话提醒、书面警示、公开谴责、发布风险警示公告等措施中的一种或多种,以警示和化解风险。

3. 期货交易的风险

(1) 经纪委托风险,要求客户在选择期货经纪公司时,应对期货经纪公司的规模、资信、经营状况等对比选择,确立最佳选择后与该公司签订《期货经纪委托合同》。

(2) 流动性风险,即由于市场流动性差,期货交易难以迅速、及时、方便地成交所产生的风险。

(3) 强行平仓风险。在每日结算制度下,如果期货价格波动较大,保证金不能在规定时间内补足,或者经纪公司被强行平仓,交易者将面临强行平仓的风险。

(4) 交割风险。由于期货合约到期时所有未平仓合约都必须进行实物交割,因此不准备进行交割的客户应在合约到期之前将持有的未平仓合约及时平仓,以免于承担交割责任。

(5) 市场风险。期货交易最大的风险来源于市场价格的波动,这种波动会给客户带来交易赢利或损失。因为杠杆作用,这个风险是放大了的,投资者应时刻注意防范。

4. 期货多头与空头的损益

期货市场上,根据投资者买卖地位的不同,分为多头方和空头方。建仓时,买入期货合约后持有的头寸叫多头;卖出期货合约后持有的头寸叫空头。

随着期货标的物市场价值的波动,多头方和空头方损益也随着变化。对于多头方而言,若市场价值大于期货价格 F_0,投资者将有赢利;若市场价值小于期货价格 F_0,投资者将遭受损失。空头方与多头方的情况正好相反,若市场价值大于期货价格 F_0,投资者将遭受损失;若市场价值小于期货价格 F_0,投资者将有赢利。若市场价值等于期货价格,即市场价值为 F_0 时,多头方和空头方盈亏平衡,如图 5.1 所示。

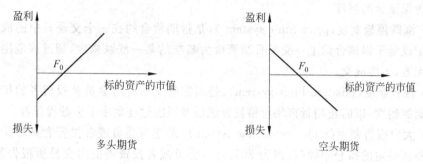

图 5.1　期货多头与空头的损益示意图

5.2 期货交易的策略

5.2.1 套期保值

套期保值(hedging)是指买入(或卖出)与现货市场数量相当但交易方向相反的期货合约,以期在未来某一时间通过卖出(或买入)期货合约(即平仓)来补偿现货市场价格变动所带来的实际价格风险,从而达到降低乃至对冲风险的目的。

套期保值的经济学原理:某一特定商品,其期货价格与现货价格都受相同的经济因素的影响和制约,这样两者的价格走势就会具有一致性。随着期货合约交割期的临近,现货价格与期货价格逐渐接近,在交割期现货与期货差价趋于零。

套期保值分多头套期保值与空头套期保值。多头套期保值是指买入期货合约以防止因现货价格上涨而遭受损失的交易策略。空头套期保值是卖出期货合约以防止因现货价格下跌而造成损失的策略。

期货合约是在到期日以当日价格结算,但期货交易仍然具有"固定价格"和套期保值功能。因为期货合同每日均发生现金流量(或称市场行情),把这些每日的现金流量因素一并考虑,则期货的价格还是固定的。

例如,你以每英镑 1.50 美元购买了一份 9 月的英镑期货。若你决定对此合同进行交割,于是 9 月的第三个星期三你将收到 62 500 英镑,而你所需付出美元价格则取决于合同到期日(即交割日前两个营业日)结算价下的美元汇率。这期间,美元与英镑的比价可能升,也可能降,但无论是哪种情况,你的正负现金流动均将抵消英镑汇率围绕1.50美元的变化。

若英镑汇价涨到1.60美元,则交割时你购买每英镑需比开立合同时的1.50美元多支付0.10美元。然而,由于你对期货合同做多头,你会在期货合同中每英镑净赚0.10美元,这就抵消了交割时汇价由1.50美元涨到1.60美元的损失。

同样,若汇价下跌至1.40美元,交割时你可以较便宜地以1.40美元的价格买进英镑,但你所做期货多头却因汇价下跌而每英镑净赔0.10美元。所以净成本仍为每英镑1.50美元。

套期保值操作有三种类型:消费需求方所面临的市场风险是商品价格上涨,因此会买入套期保值回避风险;贸易商的市场风险来自买和卖两个方面,对于购进商品会买入套期保值,对于售出商品会卖出套期保值,因此会通过综合套期保值回避风险;生产供应方的市场风险是出售时商品价格下跌,所以会卖出套期保值回避风险,如图5.2所示。

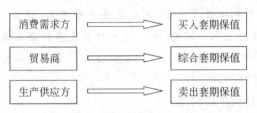

图 5.2 套期保值的操作类型

案例 5.1

套期保值的盈亏计算

某铜业公司在某年年初根据资料分析,担心铜价会有较大幅度的下跌。于是该公司决定按每月8 000吨的计划销售量,对其产品——电铜进行套期保值交易。

该公司分别以1.76万元/吨,1.78万元/吨,1.80万元/吨,1.82万元/吨,1.84万元/吨的价格卖出8~12月份期货合约各8 000吨。该公司将现货价格为1.73万元/吨作为其当时目标销售价。

在进入三季度后,现货铜价果然跌至1.66万元/吨,该公司按预定的交易策略,从7月1日起,对应其每周的实际销售量对8月份期货合约进行买入平仓。到8月末的套期保值交易结果如表5.2所示。

表 5.2 期货的套期保值交易过程及结果

	现货市场	期货市场
市场数据	目标销售价:1.73(万元/吨) 计划销售量:6 000(吨)	8月份期货合约卖出价1.76(万元/吨),合约数量8 000(吨)
第一周	实际销售量:2 000吨 平均销售价1.66万元/吨 销售亏损140万元	8月合约买入平仓量2 000吨 平仓价1.67万元/吨 平仓盈利180万元

续表

	现货市场	期货市场
第二周	实际销售量 2 000 吨 平均销售价 1.655 万元/吨 销售亏损 150 万元	8月合约买入平仓量 2 000 吨 平仓价 1.66 万元/吨 平仓盈利 200 万元
第三周	实际销售量 2 000 吨 平均销售价 1.65 万元/吨 销售亏损 160 万元	8月合约买入平仓量 2 000 吨 平仓价 1.66 万元/吨 平仓盈利 200 万元
第四周	实际销售量 2 000 吨 平均销售价 1.645 万元/吨 销售亏损 170 万元	8月合约买入平仓量 2 000 吨 平仓价 1.65 万元/吨 平仓盈利 220 万元
累计	累计销售 8 000 吨 累计销售亏损 620 万元	累计平仓 8 000 吨 累计平仓盈利 800 万元

根据上述结果，盈亏相抵并减去10万元交易手续费后，还盈利170万元。因此该公司实际实现的销售价格为1.751万元/吨。这一结果表明该公司通过套期保值交易，有效地规避了铜价下跌所产生的经营风险，实现了该公司所希望的目标销售价。

以后各月的交易过程同此。

根据以上情况，请讨论下述问题：

在以上案例中，该铜业公司成功地利用套期保值交易，有效地规避了市场风险，锁定了利润，从中我们可以得出什么启示？

案例 5.2

株洲冶炼厂期货锌事件

株洲冶炼厂于1956年成立，曾在中国大型国有企业五百强中排列132名，年利润过亿元。该厂为中国三家在伦敦金属期货交易所挂牌上市企业之一、全球五大铅锌冶炼生产厂家之一。

1995年，株洲冶炼厂利用进出口权利便利，开始在境外从事锌期货投资业务，最初以套期保值名义操作，获得一定收益，株洲冶炼厂进口公司经理、锌期货操盘手权利逐渐膨胀，而且株洲冶炼厂对其从事的外盘期货交易采取了放任态度。

1997年3月世界金属期货市场价格上扬，锌市走俏，株洲冶炼厂进口公司见有利可图，开始在每吨1 250美元的价位上向外抛售合同，此时株洲冶炼厂每吨锌的成本仅1 100美元，如果做套期保值，每吨在以后按期交割现货可获利150美元，也可避免市场价格下跌造成的损失。但是后来锌价上扬到1 300美元，株洲冶炼厂进口公司开始做空（卖空），即抛出了远远大于株洲冶炼厂年产量的供货合同，目的是通过抛出大量供货合同打压市场价格，等锌价跌至价格较低的抛出价格以下时大量买入合同平仓，保留高价位的卖出合同如期交割获利。但由于对锌价走势判断的错误以及交易对家逼仓，锌价并没有如预期下跌，而是一路攀升到1 674点。

按伦敦金属期货交易所规定,买卖双方须缴纳合同金额一定比例的保证金,株洲冶炼厂进口公司支付保证金的资金大部分来源于银行贷款,在1997年3~7月间,株洲冶炼厂进口公司因无法支付保证金,多次被逼平仓。面对巨大的空头头寸和过亿美元的损失,株洲冶炼厂进口公司不得不向株洲冶炼厂报告,当时已在伦敦卖出了45万吨锌,相当于株洲冶炼厂全年总产量的1.5倍。虽然国家出面从其他锌厂调集了部分锌进行交割试图减少损失,但仍有巨额的空头头寸。

根据以上情况,请讨论下述问题:

1. 如果锌期货的价格进一步下跌,这些巨额的空头头寸意味着什么?
2. 你认为株洲冶炼厂期货锌交易失败的原因是什么?
3. 如果你是株洲冶炼厂的厂长,你认为该期货交易是否还应该继续下去?解释你的观点。

5.2.2 套利

1. 套利的含义与作用

1) 套利的含义

套利(arbitrage)指同时买进和卖出两张不同种类的期货合约。交易者买进自认为价格被市场低估的合约,同时卖出自认为价格被市场高估的合约。如果价格的变动方向与当初的预测相一致,那么交易者可从两合约价格间的关系变动中获利;反之,交易者就有损失。

目前套利已经成为国际金融市场中一种主要的交易手段,其收益稳定,风险相对较小。

2) 套利的作用

套利在期货市场起到两方面的作用:

(1) 套利有助于将扭曲的市场价格重新拉回至正常水平。当相关期货合约差价的波动超过正常的范围,套利交易者就会大量卖出相对价格高的期货合约,并买进相对价格低的期货合约,大量套利行为就会将期货价格拉回到正常水平。

(2) 套利可增强市场的流动性。由于套利交易一般量较大,所以套利交易行为可以有效地增强市场的流动性。

2. 套利的分类

套利一般可分为三类:跨期套利、跨商品套利和跨市套利。

(1) 跨期套利是指利用同一商品在同一市场的不同交割月份之间价格差距出现的异常变化进行对冲而获利的一种交易方式。

跨期套利又可分为两种形式:一种是上涨行市套利,又称牛市套利,即交易者买进近期合约同时卖出远期合约,在近期合约价格上涨幅度大于远期合约价格上涨幅度时获利;另一种是下跌行市套利,又称熊市套利,即卖出近期合约同时买进远期合约,当近期合约价格下跌幅度大于远期合约价格下跌幅度时获利。

(2) 跨商品套利指的是利用两种不同但又相关联商品之间的价差而进行套利交易。这两种商品之间必须具有相互替代性或受同一供求因素制约,如金属之间、农产品之间、金属与能源之间等都可以进行套利交易。

(3) 跨市套利是指在不同期货交易所同时买进和卖出同一种期货商品合约。跨市套利是利用不同区域间价格的差异来获取利润的一种套利方式。

例如,伦敦金属交易所(LME)与上海期货交易所(SHFE)都进行阴极铜的期货交易,每年两个市场间就会出现几次价差超出正常范围的情况,这为交易者的跨市套利提供了机会。当LME铜价低于SHFE时,交易者可以在买入LME铜合约的同时,卖出SHFE的铜合约,待两个市场价格关系恢复正常时再将买卖合约对冲平仓并从中获利;反之亦然。

【例 5.1】 跨市套利的盈亏计算

上海某一代理铜产品进出口的专业贸易公司通过跨市套利来获取国内外市场价差收益。例如,2000年4月17日在LME以1 700美元的价格买入1 000吨6月合约,次日在SHFE以17 550元的价格卖出1 000吨7月合约;到5月11日在LME以1 835美元的价格卖出平仓,5月12日在SHFE以18 250元的价格买入平仓。该过程历时1个月(假设人民币兑美元的外汇汇率为8.28保持不变,即1美元兑换8.28单位的人民币),盈亏如下:

每吨电铜盈亏 = (1 835 − 1 700) × 8.28 + (17 550 − 18 250) = 417.8(元)

总盈亏 = 417.8 × 1 000 = 417 800(元)

5.2.3 投机

投机(speculation)是指根据对市场动向的判断,利用市场价格的波动进行买卖,从中获得利润的交易行为。投机的目的就是获得价差利润,但是有风险。

根据持有期货合约时间的长短,可以把投机分为三类:

(1) 长线投机者。此类交易者在买入或卖出期货合约后,通常将合约持有几天、几周甚至几个月,待价格对其有利时才将合约对冲。

(2) 短线交易者。一般进行当日或某一交易节的期货合约买卖。

(3) 逐小利者。他们的技巧是利用价格的微小变动进行交易来获取微利,一天之内他们可以做多个回合的买卖交易。

投机者是期货市场的重要组成部分。投机交易是期货市场上一种不可或缺的经济行为,在期货市场中发挥着至关重要的作用。投机交易增强了市场的流动性,承担了套期保值交易转移的风险,是套期保值功能和价格发现功能得以发挥的重要条件之一。

【例 5.2】 投机的盈亏计算

投机者认为在未来的一段时间内,股票市场将会下跌,决定在股票市场还没有下跌之前,在高价位先卖出一定数量的期货合约。于是,该投机者 6 月在堪萨斯期货交易所卖出了 1 张 8 月到期的价值线股票指数期货合约,价格为 286.50 点。到了 8 月,股票市场的价格果真下跌了,价值线期货合约的价格下降到了 277.40 点,这时投机者买入了 1 张 8 月到期的期货合约进行平仓。

对上述例子进行分析:

(1) 在 6 月:投机者卖出 1 张 8 月到期的价值线股票指数期货合约,价格为 286.50 点,总价值为 $100 \times 286.50 \times 1 = 28\,650$(美元)。

(2) 在 8 月:投机者买入 1 张 8 月到期的价值线股票指数期货合约,价格为 277.40 点,总价值为 $100 \times 277.40 \times 1 = 27\,740$(美元)。

(3) 投机者总的赢利为:$28\,650 - 27\,740 = 910$(美元)。

投机交易的损益情况如表 5.3 所示。

表 5.3 投机交易结果

6 月	卖出 1 张 8 月到期的期货合约,总价值为 28 650 美元
8 月	买入 1 张 8 月到期的期货合约,总价值为 27 740 美元
赢利:28 650－27 740＝910(美元)	

5.3 基差

1. 基差的概念

现货价格是在现货市场上买卖商品的成交价格。期货价格是交易者对未来现货市场上商品价格的预期值。现货价格与期货价格之间的关系可以用基差(basis)来描述。

基差是指某一特定商品或资产在某一特定地点的现货价格与其期货价格之间的差额,即基差＝现货价格－期货价格。差价主要取决于运费和储藏费。由于生产和消费在时间上和空间上的特点不同,运费和储藏费对不同种类的商品或资产基差的影响存在很大差异。在计算基差时,期货价格通常使用离交割期最近月份的期货合约价格。

基差的变化,反映了现货价格和期货价格之间的变动幅度。现货价格低于期货价格时,基差为负值;现货价格高于期货价格时,基差为正;当两者相等时,基差为零。基差的绝对值越大(即负值越小或者正值越大),表示基差越强;反之,绝对值越小,表示基差越弱。

一般来说,在正常的商品供求情况下,近期的期货价格大于目前的现货价格,基差为负;供不应求时,现货价格会高于期货价格,基差为正。但是,随着交割期的临近现货价格和期货价格会越来越接近,基差趋于零。基差与期货-现货价格的关系如图 5.3 所示。

2. 基差风险与套期保值

假设一个空头套期保值者,他现在持有资产(国库券),并且持有此资产的期货空头。

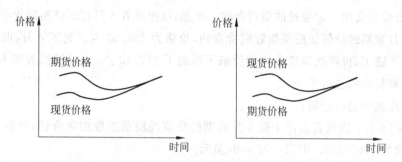

图 5.3 基差与期货-现货价格的关系

假如他将该资产与期货合约都持有到期,则没有任何风险,因为资产组合在交割日的价值已由现在的期货价格锁定了。到期时期货与现货的价格一致,资产与期货的损益正好抵消,所以风险被消除了。如果在合约到期前清算合约与资产,则套期保值者承担基差风险,因为期货价格与现货价格在到期前不完全同步变化。在此例中,合约与资产的损益就不一定会完全抵消。

有些投机者会利用基差的变动获利。他们赌的不是期货价格或现货价格的变动方向,赌的是两者价差的变化。当基差变小时,现货多头加期货空头的组合会赢利。

例如,某投资者有 100 盎司黄金与一份黄金期货空头。假如现在黄金每盎司售价 389 美元,9 月交割的期货价格为 394 美元,现在的基差为 5 美元;明天,现货价格升至 392 美元,期货价格升至 396.50 美元,于是基差缩小为 4.50 美元。投资者持有黄金现货每盎司获利 3 美元,但持有期货空头每盎司损失 2.5 美元。这样因为基差缩小而净获利 0.50 美元/盎司。

5.4 期货定价原理

5.4.1 期货价格的形成过程

期货价格是指在期货市场上通过公开竞价方式形成的期货合约标的物的价格。

期货市场的公开竞价方式主要有两种:一种是计算机自动撮合成交方式;另一种是公开喊价方式。计算机自动撮合成交方式下,期货价格的形成必须遵循价格优先、时间优先的原则。

期货价格中有开盘价、收盘价、最高价、最低价、结算价等概念。开盘价是指交易开始后的第一个成交价。收盘价是指交易收市时的最后一个成交价。最高价和最低价分别指当日交易中最高的成交价和最低的成交价。结算价是指全日交易加权平均价。

5.4.2 期货价格与远期价格的关系

远期价格和期货价格的差异幅度取决于合约有效期的长短。在绝大多数情况下,当合约的存续期只有数月时,其远期价格与期货价格在理论上的差异几乎可以忽略。此外,税收、交易费用、保证金的处理方式、违约风险、流动性等方面的因素或差异都会导致远期价格和期货价格的差异。

应当注意的是,因为期货保证金的存在,随着合约存续期的延长,二者之间的差异将不可忽略。

远期价格与期货价格的定价思想在本质上是相同的。因此在大多情况下,我们可以合理地假定远期价格与期货价格相等,并都用 F_0 来表示。

5.4.3 定价模型的基本假设

为分析简便起见,本章的分析是建立在如下假设前提下的,假设存在某些市场参与者满足如下条件:

(1) 不存在任何交易成本。
(2) 对所有参与者净赢利(交易赢利减去交易损失后的净额)的课税税率都相同。
(3) 投资者能按照其贷放资金相等的无风险利率借入资金,即借贷资金的利率相等。
(4) 可以利用市场上出现的任何套利机会。当套利机会出现时,市场参与者将参与套利活动,从而使套利机会消失。我们得到的理论价格就是在没有套利机会下的均衡价格。

5.4.4 金融期货的价格

1. 不生利金融资产的远期价格

不生利金融资产是指没有利息支付的金融资产。

对于一个不生利金融资产的远期合约,基础资产的即期价格为 S_0,T 是远期合约到期时间(年),r 是以连续复利计算的无风险利率,F_0 是远期价格。

设想投资人会采取以下策略:
(1) 即期买进一单位资产。
(2) 卖出一张远期合约。

远期合约开仓时的价值为 0,所以该策略的起始成本为 S_0。远期合约规定的标的资产在时刻 T 以远期价格成交,资产提供的收益为 0。实施这个策略,投资者当前付出了 S_0,在未来 T 时刻得到无风险收益 F_0。F_0 必须等于如果将 S_0 进行无风险投资而得到的收益,即

$$F_0 = S_0 e^{rT} \tag{5.1}$$

式(5.1)也可以用离散复利表示,即用 $(1+r)^T$ 取代 e^{rT}。

若 $F_0 > S_0 e^{rT}$,套利者可以购入该资产并卖空其远期;若 $F_0 < S_0 e^{rT}$,套利者可以卖空该资产并买入其远期。

【例 5.3】 不生利金融资产的远期价格计算

一份 4 个月的远期合约,标的资产是从今天开始一年后到期的贴现债券。债券的当前价格是 930 美元(因为远期合约交割时,此债券距到期日还有 8 个月的时间,所以可以将此债券看成是 8 个月的贴现债券)。我们假定 4 个月期的无风险年利率(连续复利)为 6%,因为贴现债券不提供收益,如果在市场上该债券 4 个月的实际远期价格为 950 美元,

那么,套利者该采取怎样的交易策略?

我们可以用式(5.1)来计算,$T=4/12$,$r=0.06$,$S_0=930$,则理论上的远期价格 F_0 为
$$F_0 = 930e^{0.06 \times 4/12} = 948.79(美元)$$

由于 $F_0 < 950$,所以该债券的远期价格被市场高估,套利者应该卖出远期合约。

例5.3 中,如果在市场上该债券 4 个月的实际远期价格为 947 美元,那么套利者又该采取怎样的策略?

如果 $F_0 > 947$,说明该债券的远期价格被市场低估,套利者应该买进远期合约。

2. 生利金融资产的远期价格

1) 产生收益现值的金融资产的远期价格

产生收益现值的金融资产是指能为持有者带来可完全预测的现金收益的金融资产。

假设一个金融资产在其远期合约的存续期内能产生现值为 I 的收益,则投资者可采取如下策略:

(1) 即期买入该项资产。

(2) 持远期合约空头。

开仓时,远期合约价值为 0,所以该策略的即期成本是资产的即期价格 S_0。此策略使投资者在即期得到现值为 I 的资产,T 时期得到等于远期价格为 F_0 的收益。

初始现金流出等于 T 期现金流入:
$$S_0 = I + Fe^{-rT}$$

即
$$F_0 = (S_0 - I)e^{rT} \tag{5.2}$$

若 $F_0 > (S_0 - I)e^{rT}$,套利者可以通过购入金融资产并持有该金融资产的远期空头而获利;若 $F_0 < (S_0 - I)e^{rT}$,套利者可以通过卖空金融资产并持有远期多头而获利。

【例 5.4】 产生现值为 I 的金融资产的远期价格计算

考虑一个股价为 50 美元的股票的 10 个月期远期合约。我们假设对所有的到期日无风险利率(连续复利)都是年利率 8%。同时,我们假设在 3 个月、6 个月以及 9 个月后都会有每股 0.75 美元的红利付出。红利的现值 I 为
$$I = 0.75e^{-0.08 \times 3/12} + 0.75e^{-0.08 \times 6/12} + 0.75e^{-0.08 \times 9/12} = 2.162(美元)$$

变量 T 为 10 个月,因此由式(5.2)可知,远期价格 F_0 为
$$F_0 = (50 - 2.162)e^{0.08 \times 10/12} = 51.14(美元)$$

2) 产生固定收益率的金融资产的远期价格

下面,我们对能产生固定比率 q 收益的金融资产的远期合约进行分析。一个已知的红利收益率意味着表示为资产价格百分比的收益是已知的。我们假设红利收益率按照年率 q 连续支付。

假定投资者会采用下面的策略:

(1) 即期买入 e^{-qT} 个其收益还可进行再投资的资产。

(2) 卖空远期合约。

此项资产以比率 q 增长,在 T 时刻资产价格为 $e^{-qT} \times e^{qT}$,恰好等于一单位资产。根据远期合约条款,在时间 T 以 F_0 的价格卖出该资产。本策略中初始现金流出为 $S_0 e^{-qT}$, T 期现金流入为 F_0,流入流出的现值应该相等,所以,

$$S_0 e^{-qT} = F_0 e^{-rT}.$$

故

$$F_0 = S_0 e^{(r-q)T} \tag{5.3}$$

若 $F_0 < S_0 e^{(r-q)T}$,套利者可以买进远期合约、卖出股票,获得无风险收益;若 $F_0 > S_0 e^{(r-q)T}$,套利者可以通过买入股票、卖出远期合约来锁定无风险收益。

注意,如果在远期合约有效期间红利收益率是变化的,式(5.3)仍然是正确的,此刻 q 等于平均红利收益率。

【例 5.5】 产生固定收益率 q 的金融资产的远期价格计算

一个 6 个月期远期合约,标的资产预期提供年率为 4% 的连续红利收益率,无风险利率(连续复利)为每年 10%,股价为 25 美元。此时,$S_0 = 25$, $r = 0.1$, $T = 0.5$, $q = 0.04$。

由式(5.3)可知,远期合约的多头价格 F_0 为

$$F_0 = 25 e^{(0.1 - 0.04) \times 0.5} = 25.76 (\text{美元})$$

5.4.5 商品期货的价格

1. 商品期货价格的决定

我们可以将商品看做投资资产,且商品本身不生利。S_0 表示商品的现货价格。

若不考虑储存成本,由式(5.1)可知,其远期价格 F_0 为

$$F_0 = S_0 e^{rT} \tag{5.4}$$

若把储存成本看成是负收益,设 U 为期货合约有效期间所有储存成本的现值,由式(5.3)可知

$$F_0 = (S_0 + U) e^{rT} \tag{5.5}$$

若任何时刻的储存成本与商品价格成一定比例,储存成本可看做是负的红利收益率。在这种情况下,由式(5.4)可知

$$F_0 = S_0 e^{(r+u)T} \tag{5.6}$$

其中,u 为每年储存成本与现货价格的比例。

【例 5.6】 黄金期货价格计算

考虑黄金的 1 年期货合约。假设黄金的储存成本是每年每盎司 2 美元,在年底支付。假设现价为 450 美元,无风险利率始终为每年 7%,从而有 $r = 0.07$, $S_0 = 450$, $T = 1$,且

$$U = 2 e^{-0.007} = 1.87$$

期货价格 F_0 为

$$F_0 = (450 + 1.87)(1 + 7\%) = 486.63 (\text{美元})$$

若 $F_0 > 486.63$ 美元,套利者可以买入黄金,卖空 1 年期黄金期货合约来锁定收益。

若 $F_0 < 486.63$ 美元,已经拥有黄金现货的投资者可以售出黄金、买入黄金期货合约,以增加收益。

2. 便利收益与持有成本

便利收益(convenience yield)是指持有实物商品本身所享有、持有其期货合约则不享有的好处。我们假设便利收益可以用货币计量，且为商品现货价格的一定比例。便利收益一般用 y 表示。

与持有期货合约相比，持有现货需要的成本可以用"持有成本"(cost of carry)来概括，其计算公式为

$$c = u + r - q \tag{5.7}$$

其中，c 为持有成本；u 为储藏费用；r 为资金成本；q 为资产收益。

对于金融资产（或广义的资本资产），没有便利收益存在，其期货价格为

$$F_0 = S_0 e^{cT} \tag{5.8}$$

对于普通商品，存在便利收益，其期货价格为

$$F_0 = S_0 e^{(c-y)T} \tag{5.9}$$

【例 5.7】 石油期货价格的计算

石油现货价格为 35 美元/桶，无风险利率为 6%。原油储藏成本为 5%，持有原油库存的便利收益估计为 4%，那么 1 年期的原油期货合约的价格是多少？

由于 $r=0.06, S_0=35, T=1, u=0.05, y=0.04$，故

$$F_0 = 35 e^{(6\%+5\%-4\%) \times 1} = 37.5 (\text{美元})$$

即目前期货市场的价格应该为 37.5 美元/桶。

5.5 主要的期货品种

5.5.1 利率期货

利率期货是指协议双方同意在约定的未来某日期按约定条件买卖一定数量的某种长短期信用工具的可转让标准化合约，包括长期国债、中期国债、国库券、政府住宅抵押证券等。

作为利率期货的标的物，债券价值的计算公式为

$$\text{PV} = \sum_{t=1}^{T} \frac{C}{(1+y)^t} + \frac{\text{FV}}{(1+y)^T} \tag{5.10}$$

其中，PV 为债券价值；T 为到期日；y 为市场利率；C 为息票利息；FV 为债券的面值。

由于息票利息 C 和面值 FV 是固定的，因此债券价格主要受市场利率 y 变动的影响。市场利率 y 上升，债券价值 PV 下降；市场利率 y 下降，债券价值 PV 上升。

上述利率与债券价格的关系非常重要，因为在市场上并不存在直接的债券期货品种，而是通过利率期货来对债券投资组合的利率风险进行套期保值。

根据合约标的物期限的长短，利率期货可分为短期利率期货和长期利率期货两大类。在短期利率期货中，最具有代表性的是 3 个月期的美国短期国库券期货；在长期利率期货中，最具有代表性的是美国长期国债期货和 10 年期美国中期国债期货。

案例 5.3

利率期货的套期保值

2012年5月3日,市场贷款利率为2.75%,根据经营需要,某公司预计在8月要借入3个月期的2 000万美元资金。该公司担心今后数月内利率可能调高,受此影响贷款成本增加。

于是,公司决定在期货市场做卖出套期保值交易。假定该公司在芝加哥商业交易所CME以98.30价格卖出20张9月到期的欧洲美元期货合约。

正如所料,8月由于利率上升贷款利息成本上升至25万美元。但是由于公司已在期货市场做了卖出套期保值交易,得以并用期货获利部分弥补因利率上升对本公司资产造成的损失,实际贷款利率为2.7‰。损益结果如表5.4所示。

表5.4 利率期货的交易结果(卖出套期保值的损益情况)

时间	现货市场	期货市场
2012年5月3日	市场贷款利率为2.75%,如借入2 000万美元,3个月的利息成本为2 000×2.75%×3/12=13.75万美元	卖出20张芝加哥商业交易所的9月到期的欧洲美元期货合约,成交价为98.300
2012年8月3日	借入2 000万美元,贷款利率为5%,3个月利息成本为2 000×5%×3/12=25万美元	买入平仓20张9月到期的欧洲美元期货合约,成交价为96.000
损益	亏损:11.25万美元	获利:11.5万美元

问题讨论:

若该公司预计今后数月内利率可能降低,那么公司是否需要进行套期保值?为什么?

5.5.2 外汇期货

1. 汇率决定理论

1) 购买力平价理论

购买力平价理论包括绝对购买力平价理论和相对购买力平价理论。

(1) 绝对购买力平价(absolute purchasing power parity),是指在某一时点上,两国货币之间的汇率取决于两个国家的一般物价水平之比。根据两国物价水平而求得的均衡汇率,就是绝对购买力平价。

设:W_a表示甲国经济中商品的权数,W_b表示乙国经济中商品的权数,p_{ai}表示甲国第i种商品的价格,p_{bi}表示乙国第i种商品的价格,P_A与P_B则分别表示甲、乙两国的一般物价水平,R表示均衡汇率,则

$$P_A = \sum W_a p_{ai} \tag{5.11}$$

$$P_B = \sum W_b p_{bi} \tag{5.12}$$

$$R = P_A/P_B \tag{5.13}$$

例如,在美国一组商品的平均价格为 3 000 美元,同时该组商品在加拿大的平均价格为 4 700 加元,由式(5.13)有

$$R = \text{USD}3\,000/\text{CAD}4\,700 = \text{USD}0.638\,3/\text{CAD}$$

只要实际汇率高于或低于均衡汇率 R 就会引起套利活动,从而使实际汇率调整至均衡汇率。

(2) 相对购买力平价(relative purchasing power parity),是指两国间货币汇率在一定时期的变化,反映着同一时期两国物价指数的对比关系。用公式表示,即

$$R_1 = R_0 \frac{P_a(t)/P_a(0)}{P_b(t)/P_b(0)} \tag{5.14}$$

其中,R_1 为新汇率;R_0 为旧汇率;$P_a(t)/P_a(0)$ 为甲国计算期物价指数/基期物价指数;$P_b(t)/P_b(0)$ 为乙国计算期物价指数/基期物价指数。

相对购买力平价可以转换为用通货膨胀率表示。设 μ 与 μ^* 分别为在基期和计算期甲、乙两国的通货膨胀率,则

$$P_a(t)/P_a(0) = 1 + \mu \tag{5.15}$$

$$P_b(t)/P_b(0) = 1 + \mu^* \tag{5.16}$$

由式(5.14)有

$$R_1/R_0 = (1+\mu)/(1+\mu^*) \tag{5.17}$$

式(5.17)两边同时减 1,有

$$(R_1 - R_0)/R_0 = (\mu - \mu^*)/(1+\mu^*) \tag{5.18}$$

式(5.18)表明,汇率的升降取决于哪一个国家的通货膨胀率更高。

2) 利率平价理论

假设有一位投资者选择在美国市场和加拿大市场进行投资。美国市场的收益率为 $r_\$$,则一年后在美国投资 1 美元的本利和为

$$\$1 \times (1+r_\$) \tag{5.19}$$

若在加拿大市场进行投资,其投资收益率为 $r_{C\$}$,初始投资时该投资者将美元换成加拿大元,一年后获取的加拿大元本利和为 $\$1 \times E \times (1+r_{C\$})$,然后再将加拿大元换成美元,则可获

$$\$1 \times E(1+r_{C\$})/F \tag{5.20}$$

其中,E 为美元兑换加拿大元的即期汇率;F 为加元兑换美元的远期汇率。

式(5.19)=式(5.20),否则要引起套利活动,即有

$$\$1 \times (1+r_\$) = \$1 \times E \times (1+r_{C\$})/F \tag{5.21}$$

对式(5.21)移项,有

$$F/E = (1+r_{C\$})/(1+r_\$) \tag{5.22}$$

将式(5.22)两端同时减 1,并整理,得

$$(F-E)/E = (r_{C\$} - r_\$)/(1+r_\$) \approx (r_{C\$} - r_\$) \tag{5.23}$$

式(5.23)就是利率平价理论的表达式。

2. 外汇期货合约及交易策略

外汇期货是指协议双方同意在未来某一时期,按照到期日外汇现货市场价格买卖一定标准数量的某种外汇的可转让标准化合约。外汇期货包括美元、英镑、欧元、日元、加拿大元等币种,如表5.5所示。

表5.5 主要外汇期货交易所及其经营的外汇期货种类

交易所名称	外汇期货种类
悉尼期货交易所	澳大利亚元
芝加哥国际货币市场	欧元、英镑、瑞士法郎、加拿大元、日元
中美洲商品交易所	瑞士法郎、英镑、欧元、加拿大元、日元
纽约棉花交易所	欧元
费城证券交易所	瑞士法郎、英镑、日元
伦敦国际金融期货交易所	英镑、美元、日元、瑞士法郎、欧元
伦敦证券交易所	英镑、美元
多伦多期货交易所,温哥华证券交易所	加拿大元、瑞士法郎、欧元、英镑
新加坡国际货币交易所	欧元、日元、欧洲美元、英镑
奥克兰期货交易所	新西兰元、美元
法国国际期货交易所	欧元
东京国际金融期货交易所	欧洲日元、日元、欧洲美元

案例5.4

外汇期货的套期保值

一家德国汽车制造商开始向美国出售产品。订货单要求三个月后装货,货物开发票购买并在装货的一个月后以美元支付。该公司因此可以提前四个月知道其具体的美元收入额。为了慎重起见,该公司决定卖出四个月的美元远期合约来对其外汇风险进行保值。假定远期汇率为$1=DEM1.6000,因此该公司可以将收到的德国马克数额固定下来(出售100万美元换回160万德国马克)。四个月之后,出于好奇,该公司决定看一看当日德国马克的即期汇率。结果德国马克走强,即期交易汇率为MYM1=DEM1.5000。该制造商很满意事先采取了套期保值措施,因为购买远期合约比不采取任何行动而只在收到美元时在现货市场卖出要多收入100 000德国马克,即"盈利"100 000德国马克。

遵循这一成功的保值经验,该制造商在接到下一笔订货时重复使用了该策略。同样地,远期汇率仍为 MYM1＝DEM1.6000。但这一次的结果是美元走强。四个月后的即期交易汇率为 MYM1＝DEM1.7000。该制造商此时很苦恼,因为这次套期保值的结果是公司"损失"了 100 000 德国马克。

问题讨论：

该公司是否值得苦恼？其是否首先盈利了 100 000 德国马克而随后又损失了 100 000 德国马克？如何看待套期保值策略？

5.5.3 黄金期货

1. 国外黄金市场

世界上重要的黄金市场有欧洲的伦敦和苏黎世,美洲的纽约和芝加哥,亚洲的东京、香港、上海、孟买和迪拜,大洋洲的悉尼等。表 5.6 对国际上重要的黄金交易中心进行了简单的介绍。

表 5.6 国际重要的黄金交易中心

地 点	简 介
伦敦：现货交易中心	世界上最大的黄金市场,1919 年正式成立;每天 10:30 和 15:00 公布黄金定盘价(fixing price),定盘会员由五大银行组成,每天两次制定定盘价格,作为金商清算和期权的定价标价标准
苏黎世：中转及结算中心	交易由瑞士银行、瑞士信贷银行和瑞士联合银行进行,三大银行既是代理商也是做市商,大量的南非金和苏联黄金聚集于此
纽约：期货交易中心	纽约商业交易所是黄金期货交易最活跃的市场,每天几乎 24 小时交易,形成的价格最有影响力;计价单位为美元/盎司
香港：中国及东南亚现货金集散地	香港黄金市场已有 90 多年的历史,其形成以香港金银贸易场的成立为标志。现在,香港已形成香港金银贸易场、伦敦本地金交易市场和香港期货交易所共同发展的模式

2. 国内黄金市场

进入 2000 年以来,我国黄金市场发展速度较快。2002 年 10 月 30 日,经国务院批准,上海黄金交易所成立;2007 年 9 月 11 日,经国务院同意,中国证监会批准上海期货交易所上市黄金期货;2007 年 12 月 28 日,中国证监会公布批准上海期货交易所挂牌黄金期货合约;2008 年 1 月 9 日,黄金期货合约正式在上海期货交易所挂牌交易。

3. 黄金期货合约解读

表 5.7、表 5.8 分别列示了上海期货交易所黄金期货的标准合约和保证金标准。表 5.9 列示了上海期货交易所黄金期货标准合约的持仓限额。

表 5.7 上海期货交易所黄金期货的标准合约

交易品种	黄金
交易单位	1 000 克/手
报价单位	元(人民币)/克
最小变动价位	0.01 元/克
最低交易保证金	合约价值的 7%
每日价格最大波动限制	不超过上一交易日结算价±5%
合约交割月份	1~12 月
交易时间	上午 9:00~11:30;下午 1:30~3:00
最后交易日	合约交割月份的 15 日(遇法定假日顺延)
交割日期	最后交易日后连续 5 个交易日

表 5.8 上海期货交易所黄金期货的保证金标准

交易时间段	黄金交易保证金比例/%
合约挂牌之日起	7
交割月前第二月的第十个交易日起	10
交割月前第一月的第一个交易日起	15
交割月前第一月的第十个交易日起	20
交割月份的第一个交易日起	30
最后交易日前二个交易日起	40

表 5.9 不同运行阶段持仓限额　　　　　　　　　　单位:手

项目	合约挂牌至交割月前第二月的最后一个交易日				交割月前第一月			交割月份		
	某一合约持仓量	限仓比例/%			经纪会员	经纪会员	投资者	经纪会员	经纪会员	投资者
		经纪会员	经纪会员	投资者						
黄金	≥8 万手	15	10	5	900	300	90	300	90	30

5.5.4　股票指数期货

1. 股票指数期货概述

1) 股票指数期货的含义

股票指数期货(简称期指),是指协议双方同意在将来某一时期按约定的价格买卖股票指数的可转让标准化合约。

在国际金融市场上,最具代表性的股票指数有美国的道琼斯股票指数和标准普尔

500股票指数、英国的《金融时报》工业普通股票指数、中国香港的恒生指数、日本的日经指数等。

2) 股票指数期货的合约条款

一份标准的股票指数期货合约包括七个方面的内容：交易地点，以推出该期货合约的交易所为主；每份合约的金额；交割月份；最后交易日；报价；每日限价；交割形式。

例如，标准普尔500股票指数期货合约内容有：交易地点为芝加哥商业交易所（CME）；每份合约的金额为指数×500；交割月份为3月、6月、9月、12月；最后交易日为最终结算价格确定日前的一个工作日；报价用标准普尔500指数每点价值500美元，最小变动价位为0.05个指数点，合25美元；最大价格波动不得高于或低于上一交易日结算5个指数点，合2500美元；按最终结算价格进行现金交割，最终结算价格为合约交割月份第三个星期五的标准普尔股票指数构成的股票市场的开盘价所决定。

3) 股票指数期货的特点

(1) 股票指数期货合约是以股票指数为基础的金融期货。
(2) 股票指数期货合约所代表的指数必须是具有代表性的权威性指数。
(3) 股指期货合约的价格是以股票指数的"点"来表示的。
(4) 股票指数期货合约是现金交割的期货合约。

2. 股票指数期货的套期保值交易

股票市场上存在系统风险和非系统风险。对于投资者而言，非系统风险可以通过建立投资组合加以分散，对于系统风险则可以运用股指期货的套期保值功能加以规避。

案例5.5

股指期货的套期保值

某投资基金主要在美国股市投资，9月2日其收益率已经达到17%。鉴于后市不明朗，股市下跌的可能性较大，为了将这个成绩保持到12月底，公司决定利用S&P500股票指数期货合约进行套期保值。

基金组合价值3.50亿美元，与S&P500股票指数的β为0.95。已知9月2日的S&P500股票指数为1 370，而12月到期的期货合约为1 400点。

因此，需要卖出合约数：$\dfrac{350\,000\,000 \times 0.95}{1\,400 \times 500} = 475$（份）

到了12月2日，S&P500股票指数跌到1 233点，而指数期货跌到1 260点，均为10%，但组合价值跌9.5%，即损失$3.50 \times 0.095 = 0.332\,5$（亿美元）。

基金经理买进475份合约平仓，获利$(1\,400 - 1\,260) \times 500 \times 475 = 0.332\,5$（亿美元）。

这个策略保证了组合在市场下跌时基金的价值没有损失。

案例 5.6

沪深 300 指数期货合约

沪深 300 指数是沪深证券交易所于 2005 年 4 月 8 日联合发布的反映 A 股市场整体走势的指数,是从上海和深圳两个证券市场中选取 300 只 A 股作为样本编制而成的成分股指数。指数样本覆盖了沪深两市六成左右的市值,具有良好的市场代表性和可投资性,而且沪深 300 指数与上证 180 指数及深证 100 指数之间的相关性极高,它的变动能够充分反映沪深两市股价的变动。因此,我国首支股指期货选用其作为交易标的。

我国的股指期货合约将在中国金融期货交易所上市交易。中国金融期货交易所(China Financial Futures Exchange,CFFE),简称中金所,是由上海期货交易所、郑州商品交易所、大连商品交易所、上海证券交易所和深圳证券交易所共同发起设立的交易所,于 2006 年 9 月 8 日在上海成立。

目前在中金所模拟上市交易的股指期货品种有期指 0912、期指 1003、期指 1006 和期指 1001。

以期指 0912 为例,其 2009 年 11 月 30 日的交易分时图如图 5.4 所示。

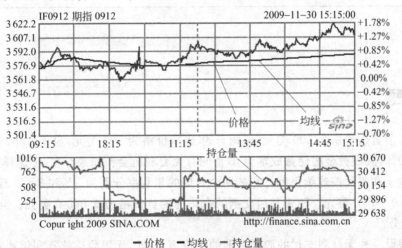

图 5.4　期指 0912 交易分时图

在该图中,当日开盘价为 3 571.0 点,最高价为 3 624.8 点,最低价为 3 503.4 点,当日持仓量为 30 369。

根据沪深 300 指数期货合约的条款,假设股指期货价位现为 3 600 点,一手合约相应面值为 $3\,600 \times 300 = 108$ 万(元)。

按 10% 保证金率计算,买卖一手合约需用保证金为 $108 \times 10\% = 10.8$ 万(元)。

若价位上涨或保证金率上调,交易所需的保证金将更多。表 5.10 列示了沪深 300 指数期货的标准合约。

表 5.10 沪深 300 指数期货的标准合约

合 约 标 的	沪深 300 指数
合约乘数	每点 300 元
报价单位	指数点
最小变动价位	0.2 点
合约月份	当月、下月及随后两个季度
交易时间	9:15～11:30;13:00～15:15
最后交易日交易时间	9:15～11:30;13:00～15:00
每日价格最大波动限制	上一个交易日结算价的 ±10%
最低交易保证金	合约价值的 10%
最后交易日	合约到期月份的第三个周五（遇法定假日顺延）
交割日期	同最后交易日
交割方式	现金交割
交易代码	IF
上市交易所	中国金融期货交易所

习题

1. 目前黄金价格为 500 美元/盎司,1 年远期价格为 700 美元/盎司。市场(借贷)年利率为 10%,假设黄金的储藏成本为 0,请问有无套利机会？如果存在,你怎样操作？

2. 瑞士和美国按连续复利计息的两个月期的年利率分别为 3% 和 8%。瑞士法郎即期价格为 0.650 0 美元。两个月后交割的合约的期货价格为 0.660 0 美元。问存在怎样的套利机会？

3. 假设一种无红利支付的股票目前的市价为 20 元,无风险连续复利年利率为 10%,求该股票 3 个月期远期价。

4. 某股票预计在 2 个月和 5 个月后每股分别派发 1 元股息,该股票目前市价等于 30,所有期限的无风险连续复利年利率均为 6%,某投资者刚取得该股票 6 个月期的远期合约空头,请问:

(1) 该远期价格等于多少？若交割价格等于远期价格,则远期合约的初始值等于多少？

(2) 3 个月后,该股票价格涨到 35 元,无风险利率仍为 6%,此时远期价格和该合约空头价值等于多少？

5. 假设恒生指数目前为 10 000 点,香港无风险连续复利年利率为 10%,恒生指数股息收益率为每年3%,求该指数4个月期的期货价格。

6. 假设目前白银价格为每盎司80元,储存成本为每盎司每年2元,每3个月初预付一次,所有期限的无风险连续复利率均为5%,求9个月后交割的白银远期的价格。

7. 一家银行让一家公司客户从以下两种方案中选择:按11%的年利率借现金或按2%的年利率借黄金,(如果借黄金,利息及本金要用黄金支付。因此今天借100盎司黄金一年后要支付102盎司的黄金)。无风险年利率为9.25%,储存费用为每年0.5%。请分析黄金贷款的年利率与现金贷款的年利率相比是太高了还是太低了?其中两个贷款的利率都用年复利表示。无风险利率和储存成本用连续复利表示。

8. 假定标准普尔500股票指数的值为950点,如果一年期的国库券利率为7%,标准普尔500股指的预期红利为3%。一年期的期货价格是多少?

9. 假定一份期货合约,其标的股票不支付红利,现价为150美元,期货一年后到期。
   (1) 如果国库券利率为6%,期货价格是多少?
   (2) 如果合约期限是三年,期货价格又是多少?
   (3) 如果利率为8%,且合约期限是3年呢?

10. 假设黄金现货价格为每盎司300美元,1年的远期价格为324美元,黄金隐含的持有成本是多少?若无风险利率为每年7%,黄金的隐含储存成本是多少?

11. 为什么没有水泥的期货市场?

12. 作为财务主管,你将为三个月后的偿债基金购入100万美元的债券。你相信利率很快会下跌,因此想提前为公司购入偿债基金债券(现在正折价出售)。不幸的是,你必须征得董事会的同意,而审批过程至少需要两个月。你会在期货市场上采取什么措施,以规避可能实际买入债券前的任何债券收益和价格的不利变动?为什么?只需给出定性的回答。

13. 你管理的资产组合价值500万美元,现在全都投资于股票。你相信自己具有非凡的市场实际预测能力,并且认为市场正处于短期下跌趋势的边缘,你将自己的资产组合暂时转化为国库券,但却不想增加贴现的交易成本或构建新的股票头寸。相反,你决定暂时用标准普尔500指数来轧平原股票头寸。
   (1) 你是买入还是卖出合约?为什么?
   (2) 如果你的股权投资是投资于一市场指数基金,你应该持有多少份合约?已知标准普尔500股票指数的现值为950点,合约乘数为300美元。
   (3) 如果你的资产组合的β值为0.7,你对(2)的答案有什么变化?

14. 假定你的客户说:"我投资于日本股票但是想在一段时间内消除我在该市场上的风险,我是否可以方便而且无成本地卖出股票,又可以在我的预期变化内买回?"
   (1) 简述一套期策略,就可以为投资于日本股票的当地市场风险和货币风险套期保值。
   (2) 简述为什么你在(1)中提出的套期策略不能完全有效?

15. 如果现在的玉米收成很差,你认为这会对为期两年的玉米期货价格产生什么影响?在什么情况下没有影响?

16. 假设6个月后1加仑取暖油的价格将是0.90美元或1.10美元,当前价格为每加仑1.00美元。

(1) 取暖油批发商手中有大量的存货,他面临着什么风险?而一个取暖油的大用户,目前存货很少,他面临着什么风险?

(2) 通过分析计算揭示:双方如何利用取暖油期货市场减小风险,把价格锁定在每加仑1.00美元?假设每张合约是5万加仑,双方都需要对10万加仑油进行风险规避。

(3) 你能否判断各方的福利是否都得到了提高?为什么?

第 6 章 期权分析与投资

学习目标

1. 理解期权概念和基本观念；
2. 掌握看涨期权和看跌期权的原理与特征；
3. 了解利用期权投资的投资策略；
4. 掌握影响期权定价的因素和期权定价的不同方法；
5. 了解各种期权的投资工具。

本章导读

吴桐得到了一笔丰厚的遗产，他打算用这笔遗产进行投资，但他是个谨慎的投资者，希望投资的金融工具既能抓住获取高收益的机会，又能将损失控制在限定的范围内。期权正是这样的一种金融产品。那么，期权为什么具有这样的特征？期权在真实的金融市场上到底是怎样交易的？期权具体有哪些类型？期权的价格是怎样确定的？

这些问题是每一个人进行期权投资时都会遇到的基本问题，而在具体操作时还会遇到更多的问题需要解决。那么，如何在纷繁复杂的期权投资中获得最高的收益呢？本章将带领你解决这些问题，将介绍期权的一些基本特性，说明看涨期权与看跌期权的原理与特征，讲述可以采取的投资策略，并且教你如何对期权进行定价，最后还将介绍具有期权特性的证券，如可赎回债券、可转换债券等。

6.1 期权基础

期权（option）又称选择权，是指在某一特定的期限内（expiration date），按某一事先约定的价格（striking price），买入或卖出某一特定标的资产（underlying assets）的权利。

（1）期权的这种权利对买方是一种权利，对卖方是一种义务，权利与义务不对等。

（2）期权买方赋予买进或卖出标的资产的权利，但不负有必须买进和卖出的义务。

（3）期权卖方只有义务，无不履约的权利。

6.1.1 期权的分类

1. 期权的分类

1) 按照标的资产的买卖不同划分

按照标的资产的买卖不同,可将期权划分为看跌期权和看涨期权。

看涨期权(call options),指赋予合约的买方在未来某一特定时期以交易双方约定的价格买入标的资产的权利。

看跌期权(put options),指赋予合约的买方在未来某一特定时期以交易双方约定的价格卖出标的资产的权利。

2) 按照期权行使的有效期不同划分

按照期权行使的有效期不同,通常将期权划分为欧式期权和美式期权。

欧式期权(European options),是指买方只能在期权到期日才能执行期权(即行使买进或卖出标的资产的权利)。

美式期权(American options),是指买方可以在期权到期日以前的任何时间执行期权。

另外还有亚式期权和百慕大期权(Bermuda options)。前者是指可以按到期日之前的平均价格进行清算的期权,后者是指买方可以在到期日前所规定的一系列时间执行期权。

3) 按照标的资产的不同划分

按照标的资产的不同,通常将期权分为金融期权和实物期权。

金融期权可以分为现货期权和期货期权两类。其中,现货期权又可分为利率期权、货币期权和股票期权。期货期权可以分为利率期货期权、外汇期货期权和股票指数期货期权。

2. 实值、平值与虚值期权

根据期权执行价格与市场价格的关系,在不同情况下,我们将期权称为实值期权、平值期权和虚值期权。下面我们将分析三种期权与看涨期权和看跌期权的关系,见表6.1。

表6.1 实值期权、平值期权、虚值期权与看涨期权和看跌期权的关系

项 目	看 涨 期 权	看 跌 期 权
实值期权	市场价格＞执行价格	市场价格＜执行价格
平值期权	市场价格＝执行价格	市场价格＝执行价格
虚值期权	市场价格＜执行价格	市场价格＞执行价格

6.1.2 期权到期时的价值

1. 到期日看涨期权定价关系

到期日,美式看涨期权与同类欧式看涨期权的价值相同。

如果标的资产的执行价格低于其现货价格,则该期权称为实值期权,价值为 S_T-X。

如果标的资产的执行价格与现货价格相等,则该期权称为平值期权,价值为 0。

如果标的资产的执行价格高于现货价格,则该期权称为虚值期权,没有任何价值。于是,到期时看涨期权的价值可以表示为

$$C_aT = C_eT = \max[S_T - X, 0] \tag{6.1}$$

其中,S_T 为股票在到期日(T 时刻)的价值;X 为执行价格;C_aT 为美式看涨期权到期日的价值;C_eT 为欧式看涨期权到期日的价值。

例如,一个执行价格为 50 美元的某股票看涨期权的到期价值如表 6.2 所示。

表 6.2 某股票看涨期权到期价值　　　　　　　　　　　　单位:美元

股价 S_T	40	50	60	70	80
期权价值	0	0	10	20	30

如果股价低于 50 美元,则期权价值为 0。如果股票高于 50 美元,则其价值为股价与执行价格的差值。股价每上升 1 美元,股权价值也会增加 1 美元,如图 6.1 中的实线所示。

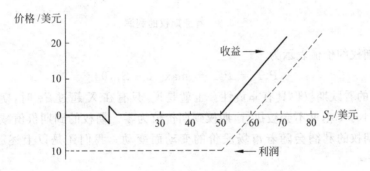

图 6.1 到期时看涨期权多头收益与利润

从利润的角度看,买方利润等于收益减去购买期权的初始投资,也就是成本。假设看涨期权成本为 10 美元,买方的利润就如图 6.1 中的虚线所示。期权到期时,如果股价低于 50 美元,那么持有人就将损失 10 美元。所以,只有在到期日时股价高于 60 美元,买方才能赢利。

相反,对于卖方而言,股票价格高于执行价格,买方会行权,他必须履约将现价为 S_T 的股票以执行价卖给买方。卖方将承担股价上升带来的损失,作为承受风险的补偿,他会收到期权费的收入,如图 6.2 所示。

我们将看涨期权的买方利润和卖方利润放在一起,就可以直观地看出看涨期权的收益状况,如图 6.3 所示。

2. 到期日看跌期权定价关系

到期日,美式看跌期权与同类欧式看跌期权的价值相同。

如果看跌期权为实值期权,则价值为 $X-S_T$;如果看跌期权为虚值期权,则没有任何

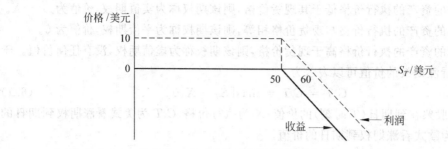

图 6.2　到期时看涨期权空头的收益与利润

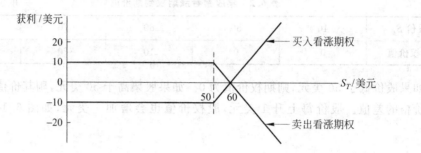

图 6.3　看涨期权的利润

价值。看跌期权的价值表示为

$$P_aT = P_eT = \max[X - S_T, 0] \tag{6.2}$$

同理,到期日的看跌期权也具有非负性。也就是说,只有在 X 超过 S_T 时,期权才会被执行。如果 X 小于 S_T,就不会被执行,期权到期价值为零。期权的到期价值减去成本就是买方利润。期权的利润会随着市场股价的变动而变动。我们还是以上述股票为例,如图 6.4 所示。

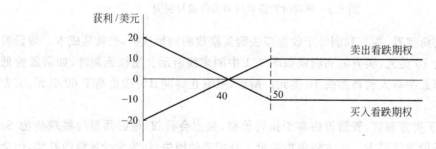

图 6.4　到期日看跌期权利润

6.1.3　欧式看涨期权和看跌期权的平价关系

1. 平价关系

设 P 和 C 分别代表具有相同执行价格 X 和到期日 T 的同一标的股票的欧式看跌期权和看涨期权的价格,考虑以下两个投资组合:

组合 A 由一份欧式看涨期权 C 和金额为 $X\mathrm{e}^{-r(T-t)}$ 的现金组成(保护性看涨期权组合);

组合 B 由一份欧式看跌期权 P 加上一股股票 S 组成(保护性看跌期权组合)。

在期权到期时,组合 A 的价值为

$$\max(S_T - X, 0) + X\mathrm{e}^{-r(T-t)}\mathrm{e}^{r(T-t)} = \max(S_T - X, 0) + X \quad (6.3)$$

组合 B 的价值为

$$\max(X - S_T, 0) + S_T = \max(X, S_T) \quad (6.4)$$

在期权到期日,两个投资组合 A、B 具有相同的价值,因此,根据无套利机会的原则,两个组合必然在现在具有相等的价值:

$$C + X\mathrm{e}^{-r(T-t)} = P + S_t \quad (6.5)$$

注意,式(6.5)的适用条件是每个头寸都持有到期、不存在分红、具有相同的执行价格,并且只适用于欧式期权。

式(6.5)代表的是看跌期权与看涨期权的平价关系,如果这个关系被违背,就会出现套利机会。

在本章的"隐含波动率"部分,还有关于这个公式的具体算例,可以解释这个公式的具体应用。

利用这个平价关系,可以通过任意三种资产得到另一种资产。如由式(6.5)有

$$X\mathrm{e}^{-r(T-t)} = P + S_t - C \quad (6.6)$$

式(6.6)表明,买入股票和看跌期权,同时卖出看涨期权,可以得到一个无风险资产。又如

$$C = P + S_t - X\mathrm{e}^{-r(T-t)} \quad (6.7)$$

式(6.7)表明,买入股票和看跌期权并借入现金,可以得到一个看涨期权,等等。

式(6.5)表示的是不分发红利的情况。如果考虑发放红利,我们可以直接推广到股票支付红利的欧式期权情况:

$$P = C - S_t + X\mathrm{e}^{-r(T-t)} + \mathrm{PV}(D) \quad (6.8)$$

其中,$\mathrm{PV}(D)$ 为在期权有效期内股票所收到的红利的现值。这个公式也适用于股票之外其他资产为标的物的欧式期权,我们只需用资产在期权的有效期内的收益代替红利。例如,投资债券时用债券的息票收入代替股票的红利。

2. 连续复利

我们知道,利率的计付方法一般可分为单利计息和复利计息两种。设本金为 C,年利率为 r,期限为 n 年。

复利计息的本利和为

$$S = C(1+r)^n \quad (6.9)$$

如将 1 年分成若干期计息(如 3 个月的定期存款存 1 年就是将 1 年分为 4 期计息),将会发生怎样的情况呢?设名义年利率仍为 r,1 年分为 t 期,根据习惯每期利率按年利率的比例计算,为 r/t,则 n 年共有 nt 期,故 n 年末本利和为

$$S = C(1+r/t)^{nt} \quad (6.10)$$

显然,$(1+r/t)^t > (1+r)$,故 $C(1+r/t)^{nt} > C(1+r)^n$。

这就是说,按相同的名义年利率 r,每年计算 t 次复利比只计算一次复利的利息要多。并且可以证明,t 越大,利息越多,但它不会无限增大。实际上,根据微积分中有关极限知识,可知

$$\lim_{t\to\infty} C(1+r/t)^{nt} = \lim_{t\to\infty} C(1+r/t)^{\frac{t}{r}nr} = Ce^{nr} \qquad (6.11)$$

所以,本金 C 按名义利率 r 无限次计算复利,n 年后本利和为

$$S = Ce^{nr} \qquad (6.12)$$

这种计息方法称为连续复利计息法,式(6.12)称为连续复利公式。

连续复利公式是一个理论公式,在作理论分析时被经常采用。其原因是可以方便地使用极限、求导等分析工具,但在实际工作中较少采用。当 n 不是很大,而 r 又比较小时,可作为复利的一种近似估计。

【例 6.1】 复利与连续复利的计算

设 $r=3\%$,$n=10$,一单位货币的本例和用复利计算为

$$S = (1+3\%)^{10} = 1.03^{10} \approx 1.343\,9$$

将 1 年分为 4 期计息,其本利和为

$$S = \left(1+\frac{3\%}{4}\right)^{10\times 4} = 1.007\,5^{40} \approx 1.348\,3$$

使用连续复利,本利和为:

$$S = e^{10\times 0.03} = e^{0.3} \approx 1.349\,9$$

连续复利与复利计息之间相差千分之六。

*6.1.4 看涨期权的上下限

在讨论期权定价之前,可以先对期权价格的范围加以界定。

对看涨期权的买方而言,看涨期权能够给其带来的最大收益是股票的卖价,因此其不会支付高于股票现价的金额来购买看涨期权,因此看涨期权的价格不会超过当前的股票价格。

从看涨期权价值的下限看,看涨期权价值最为明显的限制是其价值不可能为负。即使处于虚值状态,也可以不执行。一旦处于实值状态,看涨期权的价值高于其内在价值,便会出现套利机会。

对于美式期权,如果期权价格小于其内在价值,我们就可以立即买入期权,并行权而获得无风险收益。因为你的花费小于因购买期权而能够获得的收益(内在价值)。这种套利活动使得期权价值不会小于其内在价值。由于期权的价值不会低于零,因此对美式期权而言,看涨期权价值的下限是其内在价值(S_T-E)与零的最大值:$\max(S_T-E,0)$。对欧式期权而言,则可以证明,看涨期权价格的下限为股票价格与执行价格现值的差与零的最大值 $\max[S_T-\mathrm{PV}(E),0]$。

因此,我们可以得到欧式看涨期权价格的上下限为:

上限 $C\leqslant S$。人们不会支付高于股票现价的金额 S 去购买实际价值为 S 的股票期

权。若期权的价格 $C_0>$ 股票价格 S_0，则人们不如直接去购买股票，买方不会购买看涨期权，因此这是价格的上限。

下限 $C \geqslant S - PV(E)$。一是明显的限制是其价值不可能为负，$C \geqslant 0$。二是下限为 $S_0 - E$ 和零之间较大者。若期权的价格 $C_0 \geqslant$ 期权的内在价值 $(S_0 - E)$，则卖方出售看涨期权才至少不亏损，所以这为下限。

如图 6.5 所示，看涨期权价值的上限由股票价格决定 $(C<S)$，下限为 $\max[0, S - PV(E)]$，这里 PV 表示现值。

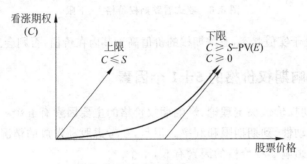

图 6.5 欧式看涨期权价格上下限

1. 欧式看涨期权的上下限

上限：$C \leqslant S$。如果认购一只股票的权利比该股票本身还贵（即 $C>S$），则不如直接买该股票。

下限：$C \geqslant S - PV(E)$。看涨期权价值最为明显的限制是其价值不可能为负。即使处于虚值状态，也可以不执行。一旦处于实值状态，看涨期权的价值高于其内在价值，否则会出现套利机会（若小于其内在价值，那买方只亏不赚，卖方不会卖）。

2. 欧式看跌期权价格的上下限

上限：如果卖一只股票的权利比执行价格的现值还贵 [即 $P>PV(E)$]，则不如直接卖掉该股票。

下限：看跌期权价值最为明显的限制是其价值不可能为负。即使处于虚值状态，也可以不执行。一旦处于实值状态，看跌期权的价值 P 会高于其内在价值 $PV(E) - S$，否则会出现套利机会：若低于其内在价值，大家都会用这个低价 P 来购买，然后用其内在价值卖，从而稳赚不赔——这种生意是不会长期存在的。

如图 6.6 所示，看跌期权价值的上限由执行价格决定：$P \leqslant PV(E)$。同理，下限为 $\max[0, PV(E) - S] \leqslant P \leqslant PV(E)$。

同样，我们也可以证明看跌期权价格的上、下限为：$\max[0, PV(E) - S] \leqslant P \leqslant PV(E)$。

上限：如果卖一只股票的权利比执行价格的现值还贵 [即 $P>PV(E)$]，则不如直接卖掉该股票。

下限：看跌期权价值最为明显的限制是其价值不可能为负。即使处于虚值状态，也可

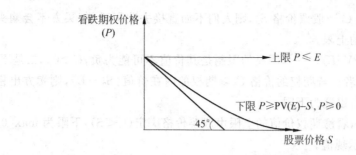

图 6.6 欧式看跌期权价格上、下限

以不执行。一旦处于实值状态,看跌期权的价值高于其内在价值,否则会出现套利机会。

6.1.5 影响期权价格的 5+1 个因素

根据经典的期权价值决定理论,影响期权价格的主要因素有五个:股票价格、执行价格、股票价格的波动性、到期期限和利率。但是,在考虑股利发放的情况下,其价格决定会有所变化。因此,影响期权价格的因素有 5+1 个。

看涨期权的收益等于 S_T-E 时,看涨期权价值与股票价格同向变动,与执行价格反向变动。看跌期权的收益等于 $E-S_T$ 时,看跌期权的价值与股票价格反向变动,与执行价格同向变动。

期限越长越好还是越短越好?

对欧式期权而言,一方面到期期限越长,期权买方获利的可能性越大,因此期权价格就越高。但另一方面,期权的收益是未来行权时才能获得的,到期期限越长意味着期权收益的贴现值越小,因此时间越短对期权买方越有利,因此要综合考虑这两个因素的影响。

对美式期权而言,到期期限对期权价值的影响较为确定。例如,两个美式看涨期权 A、B,除了 A 的到期期限长于 B 外,其他条件两者都相同。由于 B 能行权时,A 也能行权,而 B 到期后,A 仍有机会行权,因此 A 的价值超过了 B。但这对欧式看涨期权则不成立,不同期限的欧式期权行权只取决于到期日时点,行权期完全不重叠。

例如,一个 3 月期和一个 6 月期欧式看涨期权,股票在 4 月分红,那么分红只对 6 月期欧式期权有影响,而对 3 月期期权没有影响。因此,有可能使期权长的欧式期权的价值低于期限短的欧式期权。

因此,对美式期权而言,期限越长,股价越有可能变动到对期权持有者有利的情况,期权价值越高。但对欧式期权而言,期限对期权价值的影响则具有一定的不确定性。

表 6.3 5+1 个因素对期权价格的影响

因素	看涨	看跌	特征
标的资产的价格	+	−	标的资产的价格越高,看涨期权的内在价值越大,标的资产的价格越高,看跌期权的内在价值越小
执行价格	−	+	敲定价格越低,则看涨期权被执行的可能性越大,期权价格越高;敲定价格越高,则看跌期权被执行的可能性越大,期权价格越高

续表

因　素	看涨	看跌	特　征
到期期限	+	+	到期时间越长,执行的可能性越大,期权价格就越高,期权的时间价值就越大
标的资产的波动率	+	+	期货价格的波动性越大,则执行的可能性就越大,期权价格也越高
无风险利率	+	-	利率越高,期权被执行的可能性也越大,期权价格也越高
股利(对于股票期权而言)	-	+	分红付息等将使基础资产的价格下降,而协定价格并不进行相应调整。因此,在期权有效期内,基础资产产生收益将使看涨期权价格下降

利率,尤其是短期利率的变动会影响期权的价格。利率变动对期权价格的影响是复杂的:一方面,利率变化会引起期权基础资产的市场价格变化,从而引起期权内在价值的变化;另一方面,利率变化会使期权价格的机会成本变化。

同时,利率变化还会引起对期权交易供求关系的变化,因而从不同角度对期权价格产生影响。例如,利率提高,期权基础资产如股票、债券的市场价格将下降,从而使看涨期权的内在价值下降、看跌期权的内在价值提高;利率提高,又会使期权价格的机会成本提高,有可能使资金从期权市场流向价格已下降的股票、债券等现货市场,减少对期权交易的需求,进而又会使期权价格下降。总之,利率对期权价格的影响是复杂的,应根据具体情况作具体分析。

利率的水平涉及期权交易的机会成本。买入认购期权时,只要先付订金(期权金),在行使后方付总额作交收,而买股票则要马上支付全数款项。因此,利率越高,对认购期权的买方来说也就越有利。随着利率的增加,认购期权的价格也随之增加,而认沽期权则刚好相反。

6.1.6 股票期权的报价

假设有这样一个现价为9.35美元的股票期权,它的报价如表6.4所示。

表6.4 股票期权报价表

执行价格	到期时间	P/C	成交量	出价	要价	未平仓合约量
Nortel Net works(NT)						9.35
9	3月	看涨	446	0.50	0.55	2 461
9	3月	看跌	155	0.20	0.30	841
8	6月	看涨	**15**	**1.95**	**2.10**	**660**
8	6月	看跌	35	0.55	0.65	1 310
11	9月	看涨	11	1.10	1.25	459
11	9月	看涨	5	2.65	2.80	279

怎样才能看懂报价表呢？我们以表6.4中黑体的一行为例。该期权的执行价格为8美元,6月到期,期权的当前交易量为15。

该看涨期权的持有者可以按1.95美元的价格将其出售。与该期权对应的股票为100股,因此出售该期权将获利195美元。购买该期权的价格为2.10美元。与该期权对应的股票为100股,因此购买该期权的价格应为210美元。未平仓合约数量为660美元。

对于执行价格为8美元的6月看涨期权,如果立即执行,得到1.35美元(9.35-8)。所以,该看涨期权处于实值状态。

6.2 期权交易策略

期权投资策略,是指将不同执行价格的期权或者股票和期权进行组合,得到不同种收益类型。可以将期权投资策略分为单纯的期权策略、股票与期权的组合策略以及期权组合策略三大类。股票与期权组合和期权组合实际上就是多头与空头的组合策略。

6.2.1 期权的保值应用

1. 看跌期权的保值应用

有保护的看跌期权(protective put):持有股票的人,买入以该股票为基础的看跌期权。这两种交易策略组合起来就达到类似于买入一份看涨期权的效果。

在股价下降到执行价格以下时,看跌期权多头给予了投资者以执行价格卖出股票的权利,这时投资者会行权,从而保证了组合的最低价值为执行价格。在股价高于执行价格时,看跌期权的买方不会行权,投资者仍可以获得股价上涨的好处。因此,购买看跌期权,相当于给股票投资上了保险,无论股票价格如何变化,到期时组合的价值不会低于某一数额。保护的代价是你要为购买看跌期权付费,这会在股价上升时减少你的利润。我们将这种由股票多头与看跌期权多头构成的组合称为有保护的看跌期权策略。

表6.5和图6.7显示了这一策略在到期时,组合的收益与利润的情况。图6.7中的实线是总收益,下移的虚线表示建立头寸的成本S_0+P。持有标的资产和买一看跌期权:最低点价值=行使看跌期权的价值:$[X-(S_0+P)]$。

表6.5 保护性看跌期权到期时的收益与利润

项目	$S_T \leqslant X$	$S_T > X$
股票收益(a)	S_T	S_T
+看跌期权的收益(b)	$X-S_T$	0
=总收益(c)	X	S_T

【例6.2】 看跌期权的保值应用

假定投资者持有A公司的股票,价格为46美元,并同时买入A公司股票的看跌期权,期限为3个月,协定价格为45美元,期权费为2美元(即$P=2$)。画出该投资者的盈亏图。

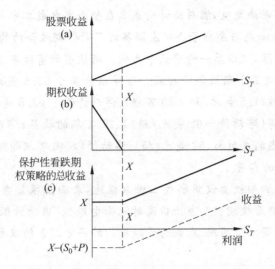

图 6.7　到期时保护性看跌期权的收益分解

行使看跌期权：最大亏损＝产出－投入＝(45 行使看跌期权 X＋0 股票最小值 S_t)－(46 股票投入 S_0＋2 期权投入 P)＝－3；这样就找到了一个特殊坐标(0;－3)。

放弃看跌期权(在 45 右边)：损益＝产出－投入＝(48 股票价格 S_t)－(46 股票投入 S_0＋2 期权投入 P)＝0；这样就找到了一个特殊坐标(48;0)。其他损益同理，改变 S_t 数值带入即可，如图 6.8 所示。

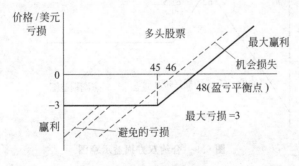

图 6.8　投资者盈亏图

案例 6.1

深南电期权套期保值

(1) 深南电接到的处罚通知

2008 年 10 月 17 日，深南电发布重大事项公告称，深圳证监局《关于责令公司限期整改的通知》指出，2008 年 3 月 12 日，与杰润公司签订的期权合约，未按规定履行决策程序，及时履行信息披露义务及涉嫌违反国家法律、法规的强制性规定，要求公司限期整改。

(2) 深南电的期权对赌合约

第 6 章　期权分析与投资

深南电的主业是燃油发电,燃料油计价成本在整个发电成本中占比很大,为规避油价上升风险,2008年,深南电与高盛子公司杰润签订了两份期权合约的确认书。

由于案例篇幅所限,仅以第一份确认书为例。确认书的有效期为2008年3月3日~2008年12月31日,由三个期权合约构成。当浮动价高于63.5美元/桶时,深南电每月可获30万美元的收益(1.5美元/桶×20万桶);浮动价低于63.5美元/桶,高于62美元/桶时,深南电每月可得(浮动价－62美元/桶)×20万桶的收益;浮动价低于62美元/桶时,深南电每月需向杰润支付与(62美元/桶－浮动价)×40万桶等额的美元。

(3) 深南电交易的实质

杰润将一份简单的期权协议拆解成三份来描述,表面上很复杂,但仔细分析可以发现,这份合约就是一份看跌期权。当油价高时深南电赚钱,当油价低时深南电亏损;因此深南电是看跌期权的买方。同理,杰润为看跌期权的买方。合约双方损益如图6.9所示。

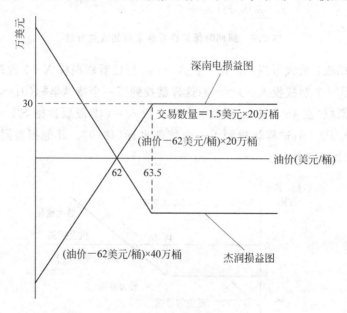

图6.9 合约双方损益示意图

注意到上文数量单位的差别:深南电盈利时用的是20万桶的单位,即收益=(1.5美元/桶×20万桶);但亏损是用的40万桶,即浮动价低于62美元/桶时,深南电每月需向杰润支付(62美元/桶－浮动价)×40万桶等额的美元。这就是说,亏损时的数量要放大一倍。

(4) 赔钱比例 5:1

一位接近公司高层的人士透露,深南电原本想做套期保值,但最终稀里糊涂地弄成了和高盛对赌油价,其根源可能在于,公司内部没有人真正了解海外金融衍生产品,同时也没有聘请专业机构进行风险评估,在相信期权也能套保的言论下,轻易签约。

可是问题在于,深南电和杰润公司签订的是风险收益不对称约定,油价上涨高于62美元时,深南电只能赚取非常有限的固定收益,而在油价跌至62美元以下时,其承受的风险损失则成倍放大。

当时有人推算,若按油价跌到50美元的极端情形看,则深南电需要向杰润公司支付960万美元,而此前七个月,深南电最大的期权收益仅210万美元,赚钱与赔钱比例几近5∶1。

(5) 深南电交易的结果

2009年12月29日讯深南电(000037)发布公告,首次公布和国际著名投行高盛旗下子公司杰润公司原油对赌协议产生的经济纠纷的规模——8 369.99亿美元,按照最新的美元兑人民币汇率计算,相当于5.71亿元人民币。杰润给出"免息分期打折"的优惠方案,公司可分13期免利息支付7 996.29亿美元了结此事,但深南电方面表示"不予认可"。

问题讨论:

1. 深南电是在做套期保值,还是在做对赌?为什么?
2. 深南电巨亏的教训是什么?
3. 若你是深南电的决策者,你会选择什么样的期权对油价上涨进行套期保值?为什么?

2. 看涨期权的保值作用

如何对空头出售股票的风险进行保值呢?我们就要使用看涨期权来对空头股票进行保值,也就是将空头出售股票与多头看涨期权组合起来。

【例6.3】 看涨期权的保值应用

市场价格是46美元,看涨期权的协定价格是50美元,期权费每股1美元。投资者空头出售股票,同时买入该股票的看涨期权。这种策略的盈亏图由表6.6、图6.10来表示:在45左边不履约,净值=股票卖出的损益-期权费=46;卖出的股票S_0-股票市价S_{t-1}期权费=最后一行。在45右边履约,净值=股票卖出的损益+行权的损益=(46卖出的股票S_0-股票市价S_t)+(股票市价S_t-50协定价格-期权费C)。

表6.6 空头股票与多头看涨期权组合的盈亏表

	执行价	期权到期时的股票价格					
		0	25	35	45	50	65
空头出售股票	46美元	+46	+21	+11	+1	-4	-19
多头看涨期权	50美元						
期权费1美元		-1	-1	-1	-1	-1	+14
净值		+45	+20	+10	0	-5	-5

第6章 期权分析与投资

投资风险管理

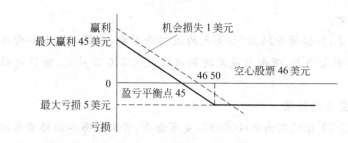

图 6.10　看涨期权的保值效果

6.2.2　期权的增值作用

出售看涨期权来获得收益。出售抛补看涨期权(writing covered calls)：持有股票，出售以股票为基础资产的看涨期权。该交易策略为"多头股票＋空头看涨期权＝空头看跌期权"。

持有标的资产和卖一看涨期权。抛补的看涨期权是指买入股票的同时卖出他的看涨期权。这种头寸称为"抛补"，是因为投资者将来交割股票的义务正好被手中持有的股票抵消。表 6.7 和图 6.11 显示了这一策略在到期时，组合的收益与利润的情况。

表 6.7　抛补的看涨期权到期时的收益与利润

项　目	$S_T \leqslant X$	$S_T > X$
股票收益(a)	S_T	S_T
＋看涨期权的收益(b)	-0	$-(S_T-X)$
＝总收益(c)	S_T	X

图 6.11 中的实线描述了收益类型。可以看出，到期时，如果股票价格低于执行价格 X，看跌期权的买方不会行权，你可以得到期权费。如果股票价格超过执行价格 X，买方会来行权，你必须按执行价格卖出股票。本质上，出售看涨期权意味着卖出了对股价高出 X 的部分的要求权，而获得了初始时的期权价格。因此，到期时抛补的看涨期权的总价值最大为 X。图 6.11 中的虚线是其净利润。

出售抛补的看涨期权已成为机构投资者常用的投资策略。比如，大量投资于股票的基金经理，通过卖出部分或全部股票的看涨期权赚取期权价格收入。尽管在股票价格高于执行价格时他仍会损失掉

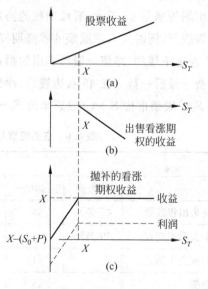

图 6.11　到期时抛补的看涨期权的收益分解

资本利得,但是如果他认为 X 是他原来就打算的股票卖价,那么抛补的看涨期权仍不失为一种销售策略。这种看涨期权能保证股票按原计划卖出。

【例 6.4】 期权的增值应用

持有价格为 46 美元的股票,出售看涨期权,协定价格是 50 美元,期权费 1.25 美元,期限 5 个月。该交易策略为:多头股票+空头看涨期权=空头看跌期权,如表 6.8 和图 6.12 所示。

表 6.8 出售抛补看涨期权的盈亏表

项　　目	期权到期时的股票价格				
	0	25	44.75	50	55
多头股票 46 美元	−46	−21	−1.25	+4	+4
空头看涨期权 50 美元(期权费 1.25 美元)	+1.25	+1.25	+1.25	+1.25	−3.75
净值	−44.75	−19.75	0	+5.25	+5.25

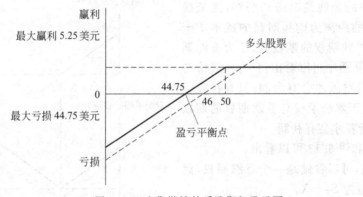

图 6.12 出售抛补的看涨期权盈亏图

不履约净值=股票亏损+期权费收入=S_t 股票市价−S_0 股票投入 46+1.25。期权费 C=最后一行。履约净值=股票赚钱−对方履约造成的亏损=($S_t−S_0$ 股票投入 46)−($S_t−X$ 协定价格 50)+C 期权费 1=最后一行。

6.2.3 合成期权

1. 跨式期权——对敲策略

1) 买入跨式期权组合

同时买进具有相同执行价格与到期时间的同一种股票的看涨期权与看跌期权,就可以建立一个对敲策略。期权购买者付给期权出售方两个期权费:$C+P$(最大损失)。两种期权具有相同的执行价格和到期日。

当投资者预期股票价格会有大幅波动,但不知其变动方向时,则可应用跨式期权策略。如果在期权到期日,股票价格非常接近执行价格,跨式期权就会发生损失,最大损失额为两个期权费之和。如果股票价格在任何方向有很大偏移，就会产生大量的利润，如表6.9和图6.13所示。

表6.9 对敲策略的收益与利润

项 目	$S_T < X$	$S_T \geq X$
看涨期权的收益(a)	0	$(S_T - X)$
＋看跌期权的收益(b)	$X - S_T$	0
＝总收益(c)	$X - S_T$	$(S_T - X)$

图6.13中的实线描述了对敲的收益。只有在 $S_T = X$ 时，组合的收益才为零。除此之外，收益总是正值。虽然从图中看到收益总是大于零，但是这是没有考虑到成本的情况。如果考虑到期权费，股价波动至少要超过期权费之和时，投资者才会有利润。

图6.13中的虚线是对敲的利润，这条线与收益线之间的距离为购买对敲的成本 $P+C$，其中，P 为看跌期权的期权费，C 为看涨期权的期权费。从图中可以看出，只有在股价与 X 显著偏离时，对敲才会有利润；只有在股价与 X 偏离到大于看涨期权与看跌期权的期权费之和时，投资者才会有利润。

由表6.8和图6.13可以看出：

在 X 左端，可以看做是一个看涨期权，此时 $S_T > X$，收益为 $S_T - X$。

在 X 右端，是一个看跌期权，此时 $S_T \leq X$，收益为 $X - S_T$。

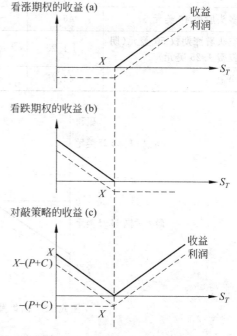

图6.13 对敲策略的收益分解

其利润计算方法如下：
$$Y = \max(0, S_T - X) + \max(0, X - S_T)$$
$$= \begin{cases} S_T - X & S_T > X \\ X - S_T & S_T \leq X \end{cases} \quad (6.13)$$

2) 出售跨式期权组合

与买入跨式期权组合的情况相反，跨式期权组合的出售方或空头则希望股票价格的波动幅度越小越理想。它的盈亏图如图6.14所示。

在 X 左端，可以看做是一个看跌期权，此时 $S_T \leq X$，收益为 $X - S_T$。

在 X 右端，可以看做是一个看涨期权，此时 $S_T > X$，收益为 $S_T - X$。

其利润计算方法如下：

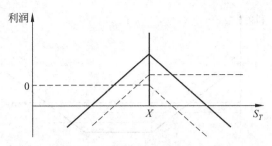

图 6.14 出售跨式期权组合收益图

$$Y = \max(0, X - S_T) + \max(0, S_T - X) = \begin{cases} X - S_T & S_T \leqslant X \\ S_T - X & S_T > X \end{cases} ; \quad (6.14)$$

如果到期日股票价格接近执行价格,投资者将会获利,最大利润为两个期权费之和,然而一旦股票在任何方向大幅变动,其损失是无限的。出售跨式期权是一个高风险的策略。

2. 宽跨式期权

宽跨式期权是一种期权策略,它由具有不同执行价格、相同到期日、以同一股票为标的资产的看涨期权多头与看跌期权多头所构成。宽跨式期权策略是对敲策略的一种变形。与对敲策略唯一不同的是,看涨期权多头与看跌期权多头的执行价格不同。

购买具有较高执行价格的看涨期权($-C_2$)和较低执行价格的看跌期权($-C_1$)。在锁定成本($-C_1-C_2$)的情况下,当价格超出(X_1, X_2)时可获得最大利润。

与对敲策略一样,当投资者预测市场将会大幅震荡时,可以采用宽跨式期权策略。与对敲策略相比,宽跨式策略的优势在于成本更低,但是获利难度更大。这里我们假设,看涨期权和看跌期权的执行价格分别为 X_1 和 X_2。那么,当股票价格高于 X_2 与期权费之差时,利润为正。同理,当股价高于 X_1 减去期权费之和时,才能赢利。

1) 买入宽跨式期权

买入宽跨式期权组合是指投资者购买相同到期日但执行价格不同的一个看跌期权和一个看涨期权,其中看涨期权的执行价格 X_2 大于看跌期权的执行价格 X_1。

宽跨式期权策略与跨式期权策略类似。投资者预期股价会有大幅变动,但不能确定股价是上升还是下降。宽跨式期权策略中股价变动程度的预期要大于跨式期权策略中的股价变动,投资者才能获利。但是,当股价最终处于中间状态时,宽跨式期权损失也较小。利润如图 6.15 所示。

由图 6.15 可以看出:

在高价区 $S_T \geqslant X_2$,看涨期权多头收益为 $S_T - X_2$。

在中价区 $X_1 < S_T < X_2$,没有期权被行使,收益为 0。

在低价区 $S_T \leqslant X_1$,看跌期权多头收益为 $X_1 - S_T$。

买入宽跨式期权策略的利润计算方法如下:

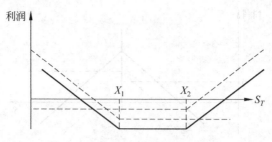

图 6.15　买入宽跨式策略利润图

$$Y = \max(0, S_T - X_2) + \max(0, X_1 - S_T) = \begin{cases} S_T - X_2 & S_T \geqslant X_2 \\ 0 & ; \quad X_1 < S_T < X_2 \\ X_1 - S_T & S_T \leqslant X_1 \end{cases} \quad (6.15)$$

运用宽跨式期权所获利润大小取决于两个执行价格的接近程度。它们距离越远，潜在的损失就越小，为获得利润，股价的波动需要更大一些。

2) 出售宽跨式期权

如果投资者预期股价不可能有巨大变动，则可运用出售宽跨式期权策略。与出售跨式期权类似，由于投资者的潜在损失是无限的，所以该策略的风险很高，如图 6.16 所示。

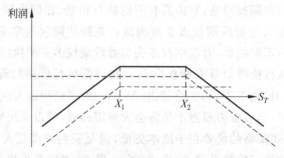

图 6.16　出售宽跨式策略利润图

由图 6.16 可以看出：

在高价区 $S_T \geqslant X_2$，看跌期权多头收益为 $X_1 - S_T$。

在中价区 $X_1 < S_T < X_2$，没有期权被行使，收益为 0。

在低价区 $S_T \leqslant X_1$，看涨期权多头收益为 $S_T - X_2$。

买入宽跨式策略的利润计算方法如下：

$$Y = \max(0, X_1 - S_T) + \max(0, S_T - X_2) = \begin{cases} X_1 - S_T & S_T \leqslant X_1 \\ 0 & ; \quad X_1 < S_T < X_2 \\ S_T - X_2 & S_T \geqslant X_2 \end{cases} \quad (6.16)$$

6.2.4　价差期权

价差期权交易策略是指持有相同类型的两个或多个期权头寸（即两个或多个看涨期权，或者两个或多个看跌期权）。

1. 牛市价差期权

投资者预期股票价格小幅上涨从而构建牛市价差期权(bull spreads)。购买一个较低执行价格(X_1)的股票看涨期权和出售一个相同股票的较高执行价格(X_2)的看涨期权；两个期权的到期日相同。执行价格较高看涨期权的价值小于执行价格较低看涨期权的价值，因此用看涨期权构建牛市差价期权时，投资者需要初始投资，即现金流出 C_1-C_2，如图 6.17 所示。

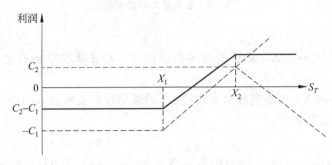

图 6.17　牛市价差策略利润图

在高价区 $S_T \geqslant X_2$，看涨期权多头收益 (S_T-X_1)+看涨期权空头收益 $-(S_T-X_2)=X_2-X_1$。

在中价区 $X_1<S_T<X_2$，看涨期权多头收益 (S_T-X_1)+看涨期权空头收益 $0=S_T-X_1$。

在低价区 $S_T \leqslant X_1$，看涨期权多头收益 0+看涨期权空头收益 $0=0$，如图 6.17 所示。其利润计算方法如下：

$$Y = \max(0, S_T-X_1) - \max(0, S_T-X_2) = \begin{cases} X_2-X_1 & S_T \geqslant X_2 \\ S_T-X_1; & X_1 < S_T < X_2 \\ 0 & S_T \leqslant X_1 \end{cases} \quad (6.17)$$

牛市价差期权策略限制了投资者在股价上升时的潜在收益，同时该策略也限制了投资者在股价下降时的损失。

2. 熊市价差期权

投资者预期股票价格小幅下跌从而构建熊市价差期权(bear spreads)。购买较高执行价格(X_2)看涨期权和出售一个相同股票的较低执行价格(X_1)的看涨期权，两个期权的到期日相同。执行价格较高看涨期权的价值小于执行价格较低看涨期权的价值，因此熊市价差期权投资者最初会获得收入，即现金流入 C_1-C_2。

购买具有较高执行价格的看涨期权($-C_2$)，出售具有较低执行价格的看涨期权($+C_1$)。在锁定成本(C_1-C_2)的情况下，当价格下降时可获得最大利润，如图 6.18 所示。

由图 6.18 可以看出：

在高价区 $S_T \geqslant X_2$，看涨期权多头收益 (S_T-X_2)+看涨期权空头收益 $-(S_T-X_1)=$

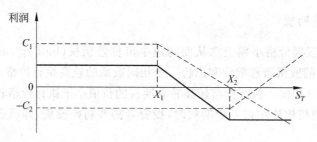

图 6.18 熊市价差策略利润图

$-(X_2-X_1)$。

在中价区 $X_1<S_T<X_2$，看涨期权多头收益 $0+$ 看涨期权空头收益 $-(S_T-X_1)=-(S_T-X_1)$。

在低价区 $S_T\leqslant X_1$，看涨期权多头收益 $0+$ 看涨期权空头收益 $0=0$。

其利润计算方法如下：

$$Y = \max(0, S_T-X_2) - \max(0, S_T-X_1) = \begin{cases} -(X_2-X_1) & S_T \geqslant X_2 \\ -(S_T-X_1); & X_1 < S_T < X_2 \\ 0 & S_T \leqslant X_1 \end{cases}$$

(6.18)

与牛市价差期权类似，熊市价差期权同时限制了股价朝有利方向变动时的潜在赢利和股价朝不利方向变动时的损失。

3. 蝶式价差期权

投资者预期股票价格会有小幅波动但不能确定方向时从而构建蝶式价差期权（butterfly spreads）。购买一个较低执行价格（X_1）的看涨期权，购买一个较高执行价格（X_3）的看涨期权，出售两个执行价格（X_2）的看涨期权，其中 X_2 为 X_1 和 X_3 的中间值。一般来讲，中间值 X_2 非常接近股票的现价，如图 6.19 所示。

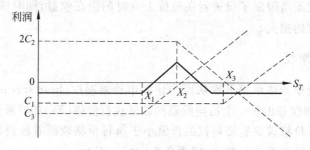

图 6.19 蝶式价差策略利润图

由图 6.19 可以看出：

$X_1<X_2<X_3$，购买执行价格 X_1 和 X_3 的看涨期权，出售 2 份执行价格 X_2 的看涨期权。当价格在 X_2 时，可获得最大利润。

在低价区 $S_T\leqslant X_1$，没有任何期权将被执行，收益$=0$，即上边公式的第一行。

在中价区左段 $X_1 < S_T < X_2$，看涨期权多头 X_1 将被执行，收益为 $(S_T - X_1)$，即式 (6.19) 的第二行。

在中价区右段 $X_2 < S_T < X_3$，

(1) 看涨期权的多头 X_1 将被执行，收益为 $S_T - X_1$。

(2) 看涨期权空头 X_2 将被执行，收益为 $-2(S_T - X_2)$。

(3) = (1) + (2) = $(S_T - X_1) - 2(S_T - X_2) = (2X_2 - X_1) - S_T = (X_3 - S_T)$，即式 (6.19) 的第三行 $(X_3 - S_T)$。因为购买时 $2X_2 = X_1 + X_3$，所以 $X_3 = 2X_2 - X_1$。

在高价区 $S_T \geqslant X_3$，所有期权都被执行：

(1) 看涨期权的多头 X_1 将被执行，收益为 $S_T - X_1$。

(2) 总数为 2 份的看涨期权空头 X_2 将被执行，收益为 $-2(S_T - X_2)$。

(3) 看涨期权 X_3 将被执行，收益为 $S_T - X_3$。

(4) = (1) + (2) + (3) = $(S_T - X_1) - 2(S_T - X_2) + (S_T - X_3) = 2X_2 - (X_1 + X_3) = 0$。

蝶式价差期权的利润计算方法如下：

$$Y = \max(0, S_T - X_1) - 2\max(0, S_T - X_2) + \max(0, S_T - X_3)$$

$$= \begin{cases} 0 & S_T \leqslant X_1 \\ S_T - X_1 & X_1 < S_T < X_2 \\ X_3 - S_T & X_2 < S_T < X_3 \\ 0 & S_T \geqslant X_3 \end{cases} \quad (6.19)$$

如果股票价格保持在 X_2 附近，运用蝶式价差期权策略就会获利；如果股票在任何方向上有较大波动，则会有少量损失。对于那些认为股票价格不可能发生较大波动的投资者来说，这是一个非常适当的策略。但这一策略需要少量初始投资。

6.3 期权定价

6.3.1 二叉树定价模型

1. 二叉树

没有深厚的数学背景，要完全理解通常使用的期权定价公式是很困难的。下面，我们通过一个简单的特例来对期权定价进行考察，不仅可以帮助我们进一步理解更复杂的实用模型，也可以帮助我们理解期权价格的特性。

假定在期权到期时股票价格只有两种可能：股票价格或者涨到给定的较高水平，或者跌到给定的较低的价格。

假定现在股票价格为 100 元，年底的股票价格可能涨至 200 元 (100%)，或者跌到 50 元 (-50%)。该股票的看涨期权的执行价格为 125 元，有效期为 1 年，无风险利率是 8%。如果年底的股票价格下跌了，看涨期权持有者的收益将会是 0；如果股票价格涨到 200 元，期权持有者将会获得 75 元的收益。可用以下的"二叉树"图（图 6.20）来加以说明。

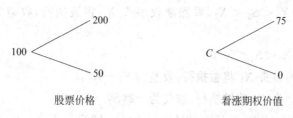

图 6.20 二叉树示意图

期末组合价值有两种可能：

建立组合：

买入 1 股股票(100 元)，卖 2 份看涨期权(即比例为 1∶2)，期初组合价值 $V_0=100-2\times C_0$；成本为(支出的 100－卖 2 份看涨期权的收入)。

期末组合价值有两种可能：

股票上涨 $V_u=200-2\times 75=50$(元)；

股票下跌 $V_d=50-2\times 0=50$(元)；

这样构建的组合无论股票涨跌结果是一样的，确切地说，即没有波动，这个组合的收益应该等于无风险收益率，即

$$V_0\times(1+r)=V_u \quad \text{或者} \quad V_d$$

在期初借款投入，1 年后按照 $r=8\%$ 的终值，则 $V_u=V_d=(100-2\times C_0)\times 1.08=50$(元)。

解上述方程，即用复制方法求出看涨期权的价值 $C_0=26.85$ 元。

2. 二叉树模型定价

下面我们将上述求解看涨期权价值的过程一般化，介绍如何确定二叉树比例构建无风险组合，得到期权价格。

已知欧式看涨期权，假设现价为 S_0，上涨价格为 $S_u=u\%$，下跌价格为 $S_d=d\%$(或者下跌 $d\%$)；到期时上涨价值为 C_u，下跌价值为 C_d，执行价格为 E，无风险利率为 r，到期时间为 t，则看涨期权到期时的价值为

$$C_u=\max(0,S_u-X),\quad C_d=\max(0,S_d-X) \tag{6.20}$$

图 6.21 为欧式看涨期权二叉树示意图。

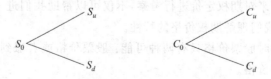

图 6.21 欧式看涨期权二叉树示意图

与以上稍有不同的是，这里我们假设卖出了一个看涨期权，我们需要购买多少股股票才能使得股票价格无论上升还是下跌，组合到期时的价值会保持不变。

设需要买入 h 股股票，组合初始价值

$$V_0 = h \times S_0 - C_0 \tag{6.21}$$

到期时，股票价格上涨：

$$V_u = h \times S_u - C_u \tag{6.22}$$

到期时，股票价格下跌：

$$V_d = h \times S_d - C_d \tag{6.23}$$

如果使 $V_u = V_d$，即组合价值没有波动，由式(6.22)=式(6.23)解得

$$h = (C_u - C_d)/(S_u - S_d) \tag{6.24}$$

h 就是所谓的套期保值率，即按此比例构建的组合没有波动，其收益率应该等于无风险收益率：

$$V_0(1+r)^t = V_u = V_d \tag{6.25}$$

可以解得

$$C_0 = h \times S_0 - V_0 \tag{6.26}$$

将式(6.25)代入式(6.26)，得

$$C_0 = h \times S_0 - V_u/(1+r)^t \tag{6.27}$$

将式(6.22)代入式(6.27)，得

$$C_0 = h \times S_0 - (hS_u - C_u)/(1+r)^t \tag{6.28}$$

由上面的结果我们可以看到：到期时间 t：离到期日越远，被减项的分母越大，被减项的整个数值越小，看涨期权价格就越高。无风险利率 r：无风险利率越高，被减项的分母越大，被减项的整个数值越小，看涨期权越值钱。

这种定价方法主要依赖复制概念。我们用股票的多头与看涨期权的空头复制了一个无风险资产，因此该组合的收益应等于无风险收益率。

上述推导期权价格的方法依赖对到期时股票价格只有两种状态的假设，因此被称为二叉树定价模型。

【例 6.5】 看涨期权的二叉树定价

已知有某只股票的看涨期权，现在股票的价格 S_0 为 60 美元，未来 1 年有可能上涨 u 为 15%，也有可能下降 d 为 20%。而期权的执行价格 E 为 50 美元，无风险利率 r 为 10%，时间 t 为 1 年。那么，如何用二叉树定价模型对这个期权定价？

解析：上涨价格：

$$S_u = (1 + u\%)S_0 = (1 + 15\%)60 = 69$$

下跌价格：

$$S_d = (1 + d\%)S_0 = (1 - 20\%)60 = 48$$

上涨价值：

$$C_u = \max(0, S_u - E) = \max(0, 69 - 50) = \max(0, 19) = 19$$

下跌价值：

$$C_d = \max(0, S_d - E) = \max(0, 48 - 50) = \max(0, -2) = 0$$

套期保值率：

$$h = (C_u - C_d)/(S_u - S_d) = (19 - 0)/(69 - 48) = 0.905$$

看涨期权的价值：

$$C_0 = h \times S_0 - (h \times S_u - C_u)/(1+r)^t$$
$$= (19-0)/(69-48) \times 60 - \{[(19-0)/(69-48)] \times 69 - 19\}/(1+10\%)^1$$
$$= 14.805$$

保持以上其他条件不变,波动变大,$u=20\%$,求得

$C_u = 22$; $C_d = 0$; $h = 0.917$; $C_0 = 22/24 \times 60 - (22/24 \times 72 - 22)/1.1 = 15$

从上面的结果,我们还可以看到,波动性越大,就越可能成为实值期权,收益也可能越高,看涨期权越值钱。

3. 二叉树模型推广

虽然两状态股票价格模型看起来很简单,但是我们可以将其推广,加入现实的假设。首先,假定我们将1年分为n个时期,然后假定在任何一个时期股票只有两个可能的价值,即增长$u\%$或者下降$d\%$,当n足够多的时候,我们求得的期权价格就逼近其内在价值了。

例如,$n=2$,将1年分为两个6个月的时间,假定在任何一个时期,股票都只有两个可能的价值。这里我们假定股价将增长10%或者下降5%,股票的初始价格为每股100美元。

$U\%=10\%$,$d\%=-5\%$,在点100处:$100\times(1+10\%)=110$,$100\times(1-5\%)=95$;在点110处:$110\times(1+10\%)=121$;$110\times(1-5\%)=104.5$;在点95处:$95\times(1+10\%)=104.50$,$95\times(1-5\%)=90.25$。在1年中价格可能的路径如图6.22所示。

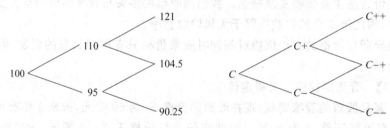

图6.22 二叉树模型举例

依照我们前面的方法,可以依次求出$C++$、$C-+$、$C--$;再求出$C+$、$C-$;最后求出C。这个方法同样适用于看跌期权,无论欧式还是美式。由于该方法简便实用,因此得到广泛应用。

6.3.2 Black-Scholes 期权定价模型

布莱克-舒尔斯(Black-Scholes)期权定价模型(简称 B-S 模型)由美国金融学家布莱克和舒尔斯于1973年提出,该模型的提出在当时的理论界和实务界引起了强烈反响,而该模型也被认定为是一个令人满意的期权均衡定价模型。

B-S 模型是一个连续时间模型,利用套期保值资产组合概念导出不支付红利股票的欧式看涨和看跌期权定价公式。

由于 B-S 模型的推导需要高深的数学知识,在此我们仅介绍有关 B-S 模型及其扩展

模型的一些结论性内容。

1. 欧式看涨期权的 B-S 模型

该模型的推导与二叉树模型遵循类似的推理过程,但是它假设投资者在这段时间内连续地调整复制投资组合。

B-S 定价公式为

$$C_0 = S_0 N(d_1) - Xe^{-rT} N(d_2)$$
$$d_1 = [\ln(S_0/X) + (r + 0.5\sigma^2/T)]/(\sigma T^{1/2})$$
$$d_2 = d_1 - (\sigma T^{1/2})$$

(6.29)

其中,C_0 为当期欧式看涨期权价格;S_0 为当期股票价格;$N(d)$ 为从标准正态分布中随即抽取的样本小于 d 的概率;X 为执行价格;$e=2.71828$,为自然对数的底数;r 为无风险利率(与期权到期日相同的连续复利计算年利率);T 为期权距离到期日的年数;$\ln$ 为自然对数;σ 为股票连续复利的年收益率标准差。

B-S 定价公式的推导比较复杂,但是它在形式上与二叉树模型很相像,可以将其看做是二叉树模型的调整形式,即对股票价格与借入无风险资产分别进行了 $N(d_1)$、$N(d_2)$ 的调整,这样 B-S 定价公式与二叉树定价在形式上实际上是高度一致的。

【例 6.6】 看涨期权的 B-S 定价

假设一个股票看涨期权,$S_0=100, X=95, r=0.10, T=0.25$(3 个月),$\sigma=0.50$,则

$$d_1 = [\ln(S_0/X) + (r + \sigma^2/2)T]/(\sigma T^{1/2}) = 0.43$$
$$d_2 = 0.34 - 0.5\sqrt{0.25} = 0.18$$

下面我们利用 B-S 模型来对它定价。

首先需要使用正态分布表(表 6.10)获得正态分布的频率。由于查表只能获得 $N(0.42)$ 与 $N(0.44)$ 的值,所以通过插值法求得 $N(0.43)$ 的值。

表 6.10 标准正态分布概率密度表

X	0.00	0.01	0.02	0.03	0.04	0.05	0.06	0.07	0.08
0.0	0.500 0	0.504 0	0.508 0	0.512 0	0.516 0	0.519 9	0.523 9	0.527 9	0.531 9
0.1	0.539 8	0.543 8	0.547 8	0.551 7	0.555 7	0.559 6	0.563 6	0.567 5	0.571 4
0.2	0.579 3	0.583 2	0.587 1	0.591 0	0.594 8	0.598 7	0.602 6	0.606 4	0.610 3
0.3	0.617 9	0.621 7	0.625 5	0.629 3	0.633 1	0.636 8	0.640 4	0.644 3	0.648 0
0.4	0.655 4	0.659 1	0.662 8	0.666 4	0.670 0	0.673 6	0.677 2	0.680 8	0.684 4
0.5	0.691 5	0.695 0	0.698 5	0.701 9	0.705 4	0.708 8	0.712 3	0.715 7	0.719 0
0.6	0.725 7	0.729 1	0.732 4	0.735 7	0.738 9	0.742 2	0.745 4	0.748 6	0.751 7
0.7	0.758 0	0.761 1	0.764 2	0.767 3	0.770 3	0.773 4	0.776 4	0.779 4	0.782 3
0.8	0.788 1	0.791 0	0.793 9	0.796 7	0.799 5	0.802 3	0.805 1	0.807 8	0.810 6
0.9	0.815 9	0.818 6	0.821 2	0.823 8	0.826 4	0.828 9	0.835 5	0.834 0	0.836 5

续表

X	0.00	0.01	0.02	0.03	0.04	0.05	0.06	0.07	0.08
1.0	0.8413	0.8438	0.8461	0.8485	0.8508	0.8531	0.8554	0.8577	0.8599
1.1	0.8643	0.8665	0.8686	0.8708	0.8729	0.8749	0.8770	0.8790	0.8810
1.2	0.8849	0.8869	0.8888	0.8907	0.8925	0.8944	0.8962	0.8980	0.8997
1.3	0.9032	0.9049	0.9066	0.9082	0.9099	0.9115	0.9131	0.9147	0.9162
1.4	0.9192	0.9207	0.9222	0.9236	0.9251	0.9265	0.9279	0.9292	0.9306
1.5	0.9332	0.9345	0.9357	0.9370	0.9382	0.9394	0.9406	0.9418	0.9430
1.6	0.9452	0.9463	0.9474	0.9484	0.9495	0.9505	0.9515	0.9525	0.9535
1.7	0.9554	0.9564	0.9573	0.9582	0.9591	0.9599	0.9608	0.9616	0.9625
1.8	0.9641	0.9648	0.9656	0.9664	0.9672	0.9678	0.9686	0.9693	0.9700
1.9	0.9713	0.9719	0.9726	0.9732	0.9738	0.9744	0.9750	0.9756	0.9762

$N(0.43) = N(0.42) + \{[N(0.44) - N(0.42)]/(0.44 - 0.02)\} \times (0.43 - 0.02)$

d	$N(d)$
0.42	0.6628
0.43	**=>0.6664**　插值
0.44	0.6700

同理,可以通过查表和插值法求得 $N(0.18) = 0.5714$。

将上述数值带入 B-S 定价公式(6.29),就可以得到看涨期权价值:

$C_0 = S_0 N(d_1) - X e^{-rT} N(d_2) = 100 \times 0.6664 - (95 e^{-0.10} \times 0.25) \times 0.5714$
$= 13.7(元)$

同样,也可以用 B-S 公式计算看跌期权价格。当用 B-S 模型计算看跌期权价值时,得到的结果与评价关系计算价值的结果一样。

2. 欧式看跌期权的 B-S 模型

B-S 定价公式为

$$P = X e^{-rT} [1 - N(d_2)] - S_0 [1 - N(d_1)] \tag{6.30}$$

代入例 6.6 中的看涨期权数据: $S = 100, r = 0.10, X = 95, \sigma = 0.50, T = 0.25$,则看跌期权的价值为

$P = 95 e^{-10\% \times 0.25} (1 - 0.5714) - 100 \times (1 - 0.6664) = 6.35(元)$

3. 用平价关系求解看跌期权值

有了看涨期权的价格,我们也可以用平价关系求得看跌期权的价值。由 6.1.3 节 1. 中的平价关系式(6.5)可知

$$P = C + PV(X) - S_0 = C + X e^{-rT} - S_0 \tag{6.31}$$

代入例 6.6 中的数据: $C = 13.70, X = 95, S = 100, r = 0.10, T = 0.25$,则看跌期权的

价值为

$$P = 13.70 + 95e^{-0.10 \times 0.25} - 100 = 6.35(元)$$

不难发现,用 B-S 模型与用平价关系计算看跌期权价值结果是一样的。上面我们没有考虑红利的影响。B-S 模型同样适用于派发红利的股票。

*4. 红利调整后的 B-S 模型

B-S 期权定价模型是针对欧式无红利股票期权的定价,现实中,红利支付却是经常的事。红利支付会导致股票价格下降,从而降低买入期权的价值。因此,红利支付成为期权定价中的第六个变量。

引入红利支付对 B-S 模型作扩展,用期权有效期内预期的红利支付的现值来冲减股票现价,即用 S_0 − PV(红利)代替 S_0,那么期权的价值为

$$C_0 = (S_0 - \text{PV})N(d_1) - Xe^{-rT}N(d_2) \tag{6.32}$$

式(6.32)可以看做是 B-S 模型的应用。

在式(6.32)中,第一项 $S_0 N(d_1)$ 为投资于股票的资金总额,$N(d_1)$ 为购买股票的数量;第二项 $-Xe^{-rT}N(d_2)$ 为投资于无风险资产的资金总额,负号表示借入。通过比较 B-S 公式计算的 C_0 和期权的实际市场价格,可以确定期权价值被低估还是被高估。投资者可以按适当的比例买入期权并卖空股票构建一个无风险套期保值头寸,以防止股票价格的不利波动造成损失,合适的套期保值率由 $N(d_1)$ 确定。

6.3.3 套期保值率与期权弹性

1. 套期保值率

期权套期保值率(hedge ratio)是股票价格上涨 1 美元时期权价格的变化量。由于股票价格上升会带来看涨期权价格的上升,因此看涨期权的套期保值率为正值;股票价格上升会带来看跌期权价格的下降,因此看跌期权的套期保值率为负值。套期保值率通常又称为期权的德尔塔(Delta)。Delta 通常表示为期权价格的变化占股票价格的变化的比重。

因为 $N(d_1)$ 是一个概率值,其大小为 0~1。因此,对应每份卖出的看涨期权需要拥有的股票数量也应为 0~1,即在构建一个套期保值头寸时,股票的数量一定要小于期权的份数。

因为 $N(d_1)$ 小于 1,所以期权价格的变动小于股票价格的变动。

完全套期保值:股票多头和相应期权的空头(或相反)构成的组合,能将股票价格波动的全部风险对冲掉。

2. 期权弹性

期权弹性(option elasticity)表示标的股票价值变化 1%时,期权价值变化的百分比。弹性即风险大于 1,表示期权风险大。

【例 6.7】 套期保值率与期权弹性的计算

已知相关参数 $X = 90, r = 0.1, T = 0.5 (6 个月), \sigma = 0.30$。当 S_0 取不同数值时,期权

价格、套期保值率、对冲股票的期权数量计算见表6.11。

表6.11 参数表

S_0	C_0	$N(d_1)$	对冲股票的期权数量 X
60	0.30	0.059	16.95
80	4.57	0.416	2.40
100	17.07	0.798	1.25
120	34.92	0.955	1.05
140	54.48	0.992	1.01
160	74.41	0.999	1.00

套期保值率 $N(d_1)$ 是1份期权对应的股票的股数。

1份期权表示为 $N(d_1)$ 股股票，X 份期权表示为1股股票，则

1份期权/$N(d_1)$ 股股票 = X 份期权/1股股票，那么，对冲股票的期权数量 $X = 1/N(d_1)$。

图6.23表示，由于套期保值率就是某个股票价格水平下的期权价格曲线的斜率：$\Delta C/\Delta S$。当股票价格变动时，套期保值率也将变化。随着期权价格的增加，套期保值率增大。

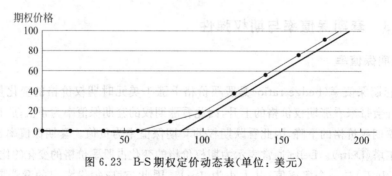

图6.23 B-S期权定价动态表（单位：美元）

*3. 隐含波动率

用 Black-Scholes 公式和期权的实际价格求解波动性。

隐含波动率（implied volatility）是指使期权的市场价格与用期权定价公式计算出来的价值相等的 σ 值。在上面介绍的B-S期权定价模型中，股票价格、行权价格、无风险利率、期权到期时间通常都是已知的，唯一需要顾及的参数就是股票价格的波动率。这可以通过历史数据、情景分析或者其他期权价格中估计，然后用B-S模型公式得到期权价值的估值。

另外，在已知期权市场价格的情况下，假设观察到的期权价格与B-S模型得到的期权价值一致，那么我们通过模型可以推出股票价格的波动率，这就是期权隐含波动性。波动性是否与股票的相同？

投资者可以判断,是否实际的股票波动性超过了隐含的波动性,如果超过了,则购买期权会带来收益。即如果实际的波动性比隐含的波动性高,期权的公平价格就要高于观察到的价格。

期权价值与波动性正相关。如果投资者认为某期权价格反映的波动性过低,就有可能发生套利行为:股票价格降低时可以通过套期保值获利,获利的多少取决于期权价格与潜在波动性的相对大小。如果投资者认为某期权价格反映的波动性过高,同样可能发生套利行为:认为反映的波动性过高,就是实际上达不到这么高,这时可以按照高波动性定价卖期权。由于实际上达不到这么高,卖期权赚钱。

案例 6.2

利用隐含波动率套利

某公司股票现在价格为每股 100 元。其看涨期权的执行价格为 90 元,距离到期日还有 60 天,现价为 12 元,无风险利率为 4%(1 年)。隐含的股票收益标准差为 33%,且此后 60 天内无红利支付。假如你相信未来 2 个月该公司的股票收益标准差将是 37%,你将怎样利用这个情形?

解析:这实际上是如何理解隐含波动率(或者说隐含标准差)的问题。一般情况是:市场上有期权的报价、已经知道标的物(如股票、债券等)的现价、知道该期权的到期日、该期权的执行价格、无风险利率,然后按照 B-S 模型,我们可以求出波动率(即隐含波动率)。如果实际的波动率(或者预期的波动率)与隐含波动率不同,就可能存在定价错误,导致套利机会的出现。套利方法就是根据 Delta 套期方法[看涨期权 $\Delta C = N(d_1)\Delta(S)$],构建投资组合。如果实际的波动率高于隐含的波动率,期权的价格就被低估了。所以,该组合要买入看涨期权,卖出股票,比例是 $N(d_1)$ 份股票对应 1 份期权。因为股票价格的变化导致组合价值本身的变化为 0,所以当期权价格回归其内在价格的时候可以获利。

$$6d_1 = [\ln(S_0/X) + (r + \sigma^2/2) \times T]/[\sigma \times T^{1/2}] = 0.8171$$
$$= [\ln(100/90) + (0.04 + 0.37^2/2) \times 0.1667]/[0.37(0.1667)^{1/2}] = 0.8171$$

查表利用内插法求得:$N(d_1) = N(0.8171) = 0.7931$;$100 \times 0.7931 = 79.31$。

一份期权合约是对 100 股股票的执行权利,因此为达到套期保值的目的,你会购买一份看涨期权并卖出 79 股股票。

6.3.4 对投资组合保险

我们已经知道,保护性看跌期权策略提供了一种对资产的保险。投资者都非常喜欢保护性看跌期权,当资产价格下降时,看跌期权仍有权利以执行价格卖出资产,将证券投资的价值锁定在执行价格之上。因此,保护性看跌期权是资产组合保险的一个简单而方便的方法。也就是说,它限制了最坏情况下资产组合的收益率。

但如果不存在基于特定投资组合的看跌期权,是否依然存在一些做法能保护证券组合的价值免遭市场价格下跌的风险呢?当然可以。

由于不能买到基于特定投资组合的看跌期权,可以通过风险投资组合与无风险资产间分配资金来构建一个"合成看跌期权"。这种"动态策略"可通过"程序交易"来实现。

当股票价格上涨时,出售一些债券,购买更多的股票。

当股票价格下降时,出售一些股票,购买更多的债券。

下面我们通过一个例子来说明这种"合成看涨期权"的构建。

案例 6.3

为复制保护性看跌期权采取的策略

假设某投资者购买了一个价值为 10 万美元的某股票组合,而且投资者相信在 6 个月后该组合的价值要么上升 25%,达到 12.5 万美元;要么下跌 20%,达到 8 万美元。在第二个 6 个月后,股价仍要么上升 25%,要么下降 20%,因此 12 个月后其价值会有三种结果,如图 6.24 所示。

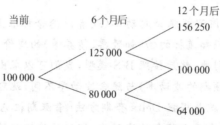

图 6.24 对股票的保险策略

假设 6 个月无风险债券收益率为 5%,投资者希望保证期末组合价值至少为 100 000 美元,同时也有可能达到 159 250 美元的水平,那么他该怎么做呢?

解析:b-bill;$S_u = u \times S = 1.25 \times S$;$S_d = d \times S = 0.8 \times S$;半年的 $r = 5\%$。

投资者在起初不可能将 10 万美元全部投资于股票,因为这样将可能使组合最终的价值为 6.4 万美元。如果投资 6 个月后,组合的价值为 12.5 万美元,他就不用担心,因为后 6 个月无论股价上涨还是下跌,组合最终的最低价值将会达到 10 万美元。他唯一需要担心的是,不能让组合的价值在投资 6 个月后下降到 8 万美元。因为现在的问题实际上变成了,要保证 12 个月后最终价值最小为 10 万美元。那么,他投资 6 个月后的价值应至少为多少才能实现这一目标?

思路:从右到左,逆向考虑。为了使最终收益至少为 100 000 美元,那么投资 100 000 美元/1.05=95 238 美元于 6 月期无风险债券。

为了使最终收益至少为 100 000 美元,就要满足图 6.23 中 12 个月后 $d \times S = 100\,000$(美元),那么 6 个月后上升为 $u \times S = 125\,000$(美元)。即在 6 个月时点的股票投资表达式(股票投资 $1.25 \times S$+债券投资的本利和 $1.05b$)=125 000(美元);否则由图可知,12 个月时点的 100 000 美元将不保,亦即

$$1.25s + 1.05b = 125\,000(美元) \tag{6.33}$$

当然,6个月时点的125 000(美元)若不下降,就"同时亦有可能达到156 250美元的水平"了。

为了使最终收益至少为100 000美元,就要满足图6.23中12个月后 $du \times S = 100\,000$ 美元,那么6个月时点下降为 $d \times S = 80\,000$ 美元。即在6个月时点的股票投资表达式(股票投资 $0.8 \times S$+债券投资的本利和1.05b)=95 238美元;否则由图可知,12个月时点的100 000美元将不保,亦即

$$0.8s + 1.05b = 95\,238(美元) \tag{6.34}$$

至于上式为什么是95 238美元的解释,可见如下分析。

如上所述,投资100 000美元/1.05=95 238美元,故95 238美元×1.05=100 000美元,是6个月时点的投资到12个月时点变成100 000美元的初始值。这样在6个月时点至少可以进行半年的无风险投资。因为投资者要保证期末组合价值至少为100 000美元。

解由式(6.33)、式(6.34)组成的二元一次方程,有

$$S = 66\,138\text{ 美元}; \quad b = 40\,312\text{ 美元}$$

那么

总投资额=$s+b$=106 450美元。

与在股票组合上直接投资100 000美元类似,以6 450美元购买保护性看跌期权。

进行这一初始投资相当于投资10万美元于股票,同时花6 450美元购买了一个保护性的看跌期权。

这一策略是通过动态策略实现的:如果股票价格上涨,6个月后,应将全部资产放入股票,这样组合终值要么是156 250美元,要么是10万美元。如果股价下跌,6个月后,组合的价值为95 238美元。在这种情况下,就需要全部投资于债券,才能保证组合最终为10万美元。

6.4 我国类似期权的证券

我国类似期权的证券投资工具有以下几种:
(1) 认股权证(warrant)。
(2) 可转换债券(convertible bond)。
(3) 可赎回债券(callable bond)。
(4) 抵押贷款(collateralized loan)——隐含的看涨期权:假如借款人在到期时需要偿还 L 元,而其抵押物价值 S_T 元,现在的价值为 S_0。在贷款到期时,如果抵押物价值 $S_T >$ 需要偿还的金额 L,则借款人会归还贷款,如果 $S_T < L$,借款人可以违约,放弃仅值 S_T 美元的抵押物,卸去清偿义务。
(5) 股票期权:经理人的补偿。

(6) 附带买权的租赁(lease with buy option)。

下面我们具体介绍几种投资工具。

6.4.1 认股权证

认股权证也称为股本权证,一般由基础证券的发行人发行,行权时上市公司增发新股售予认股权证的持有人。它实际上是公司发行的看涨期权,它与看涨期权的一个重要区别在于认股权证的执行需要公司发行新股。这就增加了一个公司的股票数。而看涨期权的执行只需卖方交割已经发行的股票,公司的股票总数不变。另外,当认股权证的持有者以执行价格购买股票时会为公司带来现金流。这些不同使得认股权证和看涨期权拥有不同的价值。

认股权证的发行主体是标的股的发行人(上市公司本身),因此认股权证的标的股不是现在已经存在的股票,而是行权时公司新发行的股票。

我国典型的认股权证有:

(1) 长电权证是认股权证,是长电股份公司以未来准备发行的股票为标的设立的。权证执行会有稀释效应。

(2) 宝钢权证是备兑认购权证,新钢钒权证是备兑认沽权证,其标的都是目前已经存在的股票。权证执行不会有稀释效应。

6.4.2 含权债券

含权债券的价值由两部分构成:一是其本身的价值;二是其隐含的期权的价值。例如,国开行、华电集团等国内机构发行多种含权债券,包括投资人选择权、发行人选择权、投资人选择权兼掉期的债券。

6.4.3 可转换债券

1. 可转换债券的一些概念

当股市处于熊市,股权融资困难时,企业通过可转换债券吸引投资者。

可转换债券是指其持有者可以在一定时期内按一定比例或者价格将其转换成一定数量的另一种证券的证券。不论证券市场价值如何,持有者都有权将债权或优先股按照约定比例换为普通股。当股价上涨时,可转换债券的持有人行使转换权比较有利,因此可转换债券实质上嵌入了普通股票的看涨期权,正是由于这个原因我们将其列为含权的投资工具。

可转换债券有如下特征:

(1) 可转换债券是一种附有转股权的特殊债券。在转换以前,它是一种公司债券,具备债券的一切特性,有规定的利率和期限;在转换成股票后,它变成了股票,具备股票的一般特征,持有人由债权人转变为股权所有人。

(2) 可转换债券具有双重选择权。一方面,投资者可自行选择是否转股,并为此承担转债利率较低的机会成本;另一方面,转债发行人拥有是否实施赎回条款的选择权,并为此要支付比没有赎回条款的转债更高的利率。双重选择权使投资者和发行人的风险收益限定在一个范围内,并可以利用这一特性股票进行套期保值。

目前有多只公司可转换债券在沪、深两地上市。

【例 6.8】 可转换债券的相关计算

某可转换债券,已知期限 10 年,票息率为 10%,转换比例为 50,面值为 1 000 元,目前债券价格为 950 元,目前该股票的市场价格为 21 元。

面值转换价格＝面值/转换比例＝1 000/50＝20(元)

转换价值＝股票市场价格×转换比例＝21×50＝1 050(元)

市场转换价格＝可转换债券的价格/转换比例＝950/50＝19(即股票价格超过 19 元,才值得转换成股票)

每股转换溢价＝目前股票的市场价格－市场转换价格＝21－19＝2(元)

市场转换溢价比例＝每股转换溢价/目前股票的市场价格＝2/21＝9.5%

2. 可转换债券的价值构成

可转换债券的持有者(而非发行公司)拥有期权,有权将债券按照约定比例换为普通股。

例如,一个转换比为 10 的债券的持有人可以将票面价值为 1 000 元的债券换为 10 股普通股,我们也可以说,在这种情况下转换价格为 100 元(面值转换价格＝面值/转换比例＝1 000/10＝100)。

如果债券的现值低于股票市价的 10 倍(转换比例＝面值/股价＝1 000/100 股价＝10 倍),投资者就会转换,即这个转换的期权为实值。再如,价值为 950 元的转换比为 10 的债券,在股价高于 95 元时,转换就是有利可图的。因为 10 股股票的价值超过了债券的价值 950 元。

许多可转换债券发行时都是深度虚值的,因为发行者在设定转换比时就转换是不赢利的,除非发行后股价大幅上涨或债券价格大幅下跌。

图 6.25 为不考虑破产情况下的可转换债券价值。

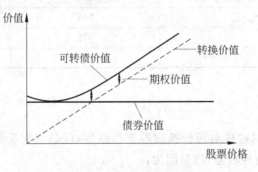

图 6.25 不考虑破产情况下的可转换债券价值

债券的转换价值等于即刻转换所获得的股票的价值。很显然,债券的售价≥转换价值。否则,你就可以买入债券,立刻转换,而获得净利。这种情况不会持续,因为所有投资者都这样做,最终债券会升值。

普通债券价值等于不能转换为股票的债券的价值。可转换债券的售价＞普通债券价值,因为可转换这一特点是有价值的。实际上,可转换债券是一个普通债券与一个看涨期权的组合。于是,可转换债券的市场价值有两个底价限制：转换价值与普通债券价值。

*案例 6.4

可转换债券的价值构成

债券 A 转换价值仅为 600 美元(转换后不值钱,还不如持有到期赚的多,如下面所说的 967 美元),而对应的普通债券的价值为 967 美元,这是普通债券将来的息票与本金按照 8.5% 的市场利率折现的现值。实际的债券市价为 972 美元,比普通债券高 5 美元,这反映出转换的可能性很低。根据市价 972 美元以及计划支付的利息计算,它的到期收益率为 8.42%。

债券 B 的转换期权处于实值,转换价值为 1 250 美元(转换后很值钱,比债券持有到期赚的多。有好处),价格 1 255 美元则反映了股票的价值(5 美元是债券提供的对股价下跌的保护)。收益率为 4.76%,比对应的普通债券的收益率要低,收益率的差异导致转换的期权价值较高。相关数据如表 6.12 所示。

表 6.12 债券 A、B 参数表

项　　目	债券 A	债券 B
息票年利率/元	80	80
到期时间/年	10	10
评级	Baa	Baa
转换比	20	25
股票价格/元	30	50
转换价值/元	600	1 250
10 年期 Baa 级债券的市场收益率/%	8.5	8.5
对应的普通债券的价值/元	967	967
债券实际价格/元	972	1 255
到期收益率/%	8.42	4.76

理论上,我们可以这样对可转换债券进行估值,就是把它看做是普通债券加看涨期权。但是实践中,可行性较差,这是因为：

(1) 代表期权执行价格的转换价格经常随时间而变。

(2) 在债券的有效期内,股票会支付红利,使得期权定价分析更加复杂化。

(3) 大部分可转换债券可由公司自行决定赎回,这本质上是投资者与发行者互相拥有对方出售的看涨期权。如果发行者执行看涨期权,收回债券,债券持有者一般在1个月内仍可以转换。当发行者在知道债券持有者会选择转换的情况下执行期权时,我们就说发行者是强迫转换。这意味着,这种行为可看做是强制转换。这也说明了债券的实际期限是不可预测的。

3. 可转换债券的有关条款

1) 赎回条款

这一条款是指发行人在到期之前有买回债券的权利。这一条款只有在发行人的股票价格大幅上升以致超过其赎回价值时才生效。制定这一条款,主要是为了促使投资者将债券转换为股票。

2) 售回条款

这一条款给予持有者按某一事先决定的价格和日期卖出其持有债券给发行人的权利。这一条款一般只有在股票价格大幅下跌超过一定幅度时才生效。许多可转换债券的售回价格高于面值,有些等于面值。

*6.4.4 可赎回债券

大部分公司债券发行时都带有赎回条款,即发行方在将来某时间可以以约定的赎回价格将债券从持有人手中买回。赎回条款实际上是给发行人的看涨期权,执行价格即约定的赎回价格。可赎回债券实质上是发行者出售给投资者的普通债券与同时投资者出售给发行者的看涨期权的组合。

当然,公司必须为它所拥有的这种隐式看涨期权付出代价。所以,在同样的息票利率下,可赎回债券比普通债券的价格低,并且我们希望这个价差等于期权价格。如果可赎回债券是平价发行,那么其息票利率必须高于普通债券,高息票是对投资者的补偿,因为发行公司拥有看涨期权。图 6.26 为可转换债券价值与普通债券价值比较。

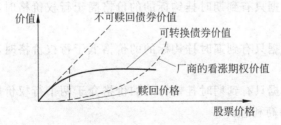

图 6.26 可转换债券价值与普通债券价值比较

图 6.26 描述了这种类似期权的证券。横轴表示与可赎回债券的其他条款相同的普通债券的价值,45°虚线表示普通债券的价值,实线表示可赎回债券的价值,点线表示公司所拥有的看涨期权的价值。由于公司拥有赎回债券的选择权,所以可赎回债券的潜在的资本利得是有限的。

隐含在可赎回债券里的期权实际比一般看涨期权更复杂,因为它通常是在经过一段期权保护期后,才可以执行,而且债券的赎回价格随时间而变化。

可赎回债券的价值 ＝ 普通债券的价值 － 看涨期权的价值

对债券的看涨期权定价,最常用的定价模型就是利率二叉树模型。

*6.4.5 可回售债券

可回售债券是指公司债券发行时,给予持有者按某一事先决定的价格和日期卖出其持有债券给发行人的权利。这一条款一般只有在股票价格大幅下跌超过一定幅度时才生效。

可回售债券的价值＝普通债券的价值＋看跌期权的价值

*6.4.6 结构性产品:高息票据和保本票据

1. 结构性产品的定义

结构性产品又称联结型产品或挂钩产品,基本上可以看做是由债券加上各类衍生产品构建而成。结构性产品在海外金融市场已经发展多年,种类繁多。从其挂钩的标的来看,可以与证券挂钩,可以与利率挂钩,可以与汇率挂钩,可以与商品挂钩,甚至可以与信用挂钩等。

从收益形态上来区分,结构性产品大致可以分为两类:一类为高收益型(high yield notes,通常称为高息票据);另一类为保本型(principle guaranteed notes,通常称为保本票据)。

2. 高息票据

高息票据的持有人相当于持有了无风险债券并同时卖出期权,其较高的利息收入来源于其卖出期权的权利金收入。根据所卖期权的种类,高息票据一般分为看涨、看跌与看平高息票据三类。

(1) 看涨高息票据只有到期时挂钩标的的价格高于行权价格时,票据持有人才有权收取约定的高利息。

(2) 看跌高息票据只有到期时挂钩标的的价格低于行权价格时,票据持有人才有权收取约定的高利息。

(3) 看平高息票据只有到期时挂钩标的的价格介于两个行权价格之间时,票据持有人才有权收取约定的高利息。

高息票据实际上可以看做是一个看涨期权,其损益如图6.27所示。

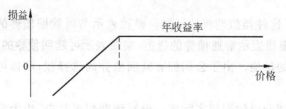

图 6.27 投资者到期损益图

高息票据定价公式为

$$HYN = (F/X) \times [PV(X) - P] \quad (6.35)$$
$$= (F/X) \times [S - C] \quad (6.36)$$

其中，F 为高息票据面值；X 为执行价格；S 为挂钩标的现价；C 为看涨期权；P 为看跌期权。

高息票据定价公式的证明如下：

根据平价公式，式(6.35)＝式(6.36)。

由式(6.5)得到

$$C + Xe^{-r(T-t)} = P + S \quad (6.37)$$

其中，C 为一份欧式看涨期权的价格；$Xe^{-r(T-t)}$ 为金额为 $Xe^{-r(T-t)}$ 的现金；P 为一份欧式看跌期权的价格；S 为一股股票。

把式(6.37)移项，有

$$Xe^{-r(T-t)} - P = S - C \quad (6.38)$$

把式(6.38)带入式(6.35)，有

$$HYN = (F/X) \times (S - C) \quad (6.39)$$

证毕。

案例 6.5

看涨高息票据的定价实例

某日，招商银行股票的市场价格为 6.70 元，高息票据的面值为 10 000 元，行权价格为 6.30 元，无风险利率为 4％，高息票据的剩余期限为 9 个月，招商银行股票的年化波动率为 25％，则可以根据 B-S 公式计算出该日 1 份招商银行高息票据的价格 HYN＝9 216.14 元。因此，只要 9 个月后招商银行股票的价格不低于 6.30 元，投资者的年化收益率将达到 11.50％。

解析：已知 $S_0 = 6.7, X = 6.3; r = 0.04, T = 9/12 = 0.75$（9 个月）；$\sigma = 0.25$

$$d_1 = [\ln(S_0/X) + (r + \sigma^2/2)T]/(\sigma T^{1/2})$$
$$= [\ln(6.7/6.3) + (0.04 + 0.25^2/2) \times 0.75]/(0.25 \times 0.75^{1/2})$$
$$= [0.061\,557\,893 + 0.053\,437\,5]/0.216\,506\,35 = 0.531\,1$$
$$d_2 = d_1 - (\sigma T^{1/2}) = 0.531\,1 - (0.25 \times 0.75^{1/2}) = 0.314\,593\,6$$

其中，C_0 为当期看涨期权价格；S_0 为当期股票价格；$N(d)$ 为从标准正态分布中随机抽取的样本小于 d 的概率；X 为执行价格；e＝2.718 28，为自然对数的底数；r 为无风险利率（与期权到期日相同的连续复利计息年利率）；T 为期权距离到期日的年数；ln 为自然对数；σ 为股票连续复利的年收益率标准差。

$$N(d_1) = N(0.53) = 0.701\,9$$

d_1	$N(d_1)$
0.52	0.698 5
0.531 1 ⇒ 插入法	**0.701 9**

0.54	0.705 4

$N(d_2) = N(0.31) = 0.621\ 7$

d_2	$N(d_2)$
0.30	0.617 9
0.31 ⇒插入法	**0.621 7**
0.32	0.625 5

$$P = X e^{-rT}[1 - N(d_2)] - S_0[1 - N(d_1)]$$
$$= 6.3 e^{-0.04 \times 0.75}[1 - 0.621\ 7] - 6.7[1 - 0.701\ 9]$$
$$= 2.312\ 853\ 136 - 1.997\ 27 = 0.315\ 583\ 136$$
$$HYN = (F/X) \times [PV(X) - P]$$
$$= (10\ 000/6.3) \times [6.3 \times (1 + 0.04)^{-0.75} - 0.315] = 9\ 210.13$$

投资者的年化收益率 $= 9\ 216.14(1 + r)^{0.75} = 10\ 000$，则 $r = 11.50\%$。

3. 保本票据

保本票据指投资人在到期时至少可以获得事先约定某一比例的投资本金，而实际总收益随着挂钩标的涨跌幅而定的金融产品。保本票据的持有人相当于持有了无风险债券并同时买入期权，其较高的或有收益来源于其买入期权可能带来的收入。

保本票据定价公式为

$$PGN = (F/X) \times (1 + a) \times PV(X) + (F/X) \times b \times C \qquad (6.40)$$

其中，F 为保本票据的面值；X 为执行价格；S 为挂钩标的现价；C 为看涨期权；a 为保本率；b 为参与率。

保本票据定价公式的证明如下：

对式(6.40)移项：

$$PGN/(F/X) = (1 + a) \times PV(X) + b \times C \qquad (6.41)$$

由于投资者收取的股票数

$$N = [(面值\ F = 10\ 000)/(执行价格\ X = 6.3)] = 1\ 587(股) \qquad (6.42)$$

注意到式(6.42)的 $N = F/X$，

$$每股价格\ S = 发行价\ PGN\ 9\ 220 / 股票数\ N\ 1\ 587\ 股 = PGN/(F/X)$$
$$= 5.81(元/股) \qquad (6.43)$$

把式(6.43)带入式(6.41)，有

$$S = (1 + a) \times PV(X) + b \times C \qquad (6.44)$$

式(6.44)移项

$$bC = S - (1 + a) \times PV(X) \qquad (6.45)$$

当 b 参与率 $=100\%$、保本率 $a = 0$ 时，式(6.43)变成

$$C = S - PV(X) \qquad (6.46)$$

由式(6.1)$C_aT=C_eT=\max[S_T-X,0]$和$S-PV(E)\leqslant C\leqslant S$可知,式(6.46)同它们一样都是看涨期权的价值。

投资者收取的本息 = 面值×[保本率+max(0,挂钩标的存续期的涨幅×参与率)]

由于在这种交易中$b\neq 100\%$,所以在式(6.44)的左端用b打个折。同理,这种交易由于存在保底收入,$a\neq 0$,所以在式(6.43)的右端、在执行价格现值的基础上再作用个(1+保本率a)。于是有式(6.45)。

证毕。

案例6.6

保本票据的定价实例

挂钩标的:上证50指数(000016.SH)。

存续期:1年。

面值:1万元。

保本率:101.8%。

参与率:15%。

结算规则概要:到期后,投资者收取的本息为

$$\text{面值}\times[\text{保本率}+\max(0,\text{挂钩标的存续期的涨幅}\times\text{参与率})]$$

投资者在发行日用10 000元购买1张票据。

1年以后,如果上证50指数下跌了,他将收回10 180元:面值10 000×[保本率101.8%+max(0,挂钩标的存续期的涨幅×参与率)]=10 180(元)。

如果上证50指数上涨了,其收益率为1.8%加上上证50指数涨幅的15%。例如,上证50指数上涨了30%,那么他将能收回:10 000面值×(101.8%保本率+30%涨幅×15%参与率)=10 630(元),如图6.28所示。

解析:已知$X=S$,标准差=30%,$r=4\%$,$t=1$,$a=1.8\%$,$b=15\%$,$N(d_1)=0.612$,$N(d_2)=0.493$,那么$(F/X)\times(1+a)\times PV(X)=9\,780.836$(元)。

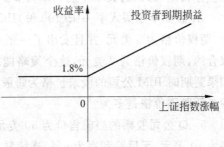

图6.28 投资者到期损益图

由上边已证明的公式进行计算:

$$PGN=(F/X)\times(1+a)\times PV(X)+(F/X)\times b\times C$$

由式(6.29)知:

$$C_0=S_0N(d_1)-Xe^{-rT}N(d_2)$$
$$d_1=[\ln(S_0/X)+(r+\sigma^2/2)T]/(\sigma T^{1/2})$$
$$d_2=d_1-(\sigma T^{1/2})$$

将其代入式(6.40)得

$$PGN=(F/X)\times(1+a)\times PV(X)+(F/X)\times b$$

即

$$[S_0 N(d_1) - Xe^{-rT} N(d_2)] = (F/X) \times (1+a) \times PV(X) + (F/X)$$
$$\times 15\% [S_0 \times 0.612 - Xe^{-0.04 \times 1} \times 0.493]$$

由 $X = S$ 有
$$PGN = (F/X) \times (1+a) \times PV(X) + (F/X)$$
$$\times 15\% [S_0 \times 0.612 - Xe^{-0.04 \times 1} \times 0.493]$$
$$= (F) \times (1+a) \times PV(X) + F \cdot 15\% [0.612 - e^{-0.04 \times 1} \times 0.493]$$
$$= 9780.836 + 10000 \times 15\% [0.612 - e^{-0.04 \times 1} \times 0.493]$$
$$= 9780.836 + 207.4962 = 9988.332(元)$$

如果该票据按照面值出售,相当于溢价 $10000 - 9988.332 = 12$(元)。

习题

1. 在以下情况下描绘出以价值为 S 的股票为基础资产发布的、执行价格为 E 的欧式卖出期权的收益曲线:
（1）持有多头(即买入卖出期权)。
（2）持有空头(即售出卖出期权)

2. 画出持有一份欧式买入权和一份欧式卖出权的投资组合的收益图,两个期权的到期日相同,执行价格都为 E,都是基于价值为 S 的股票发行。

3. 假设一欧式看跌期权价格 $P = 15$ 美元,看涨期权价格 $C = 20$ 美元,股票价格 $S = 150$ 美元,组成一个卖出－买入平价组合。若该组合的收益与一个面值 150 美元的纯贴现债券相同,那么为其 1 年期利率为多少?

4. 假如李刚买入了一张(100 份)IBM 公司 5 月执行价格为 100 美元的看涨期权合约,期权价格为 5 美元,并且卖出了一张 IBM 公司 5 月份执行价格为 105 美元的看涨期权合约,期权价格为 2 美元,这个策略能获得的最大潜在利润是多少,最大损失是多少? 如果到期时 IBM 公司的股票价格为每股 103 美元,李刚的利润为多少? 达到盈亏平衡时的最低股票价格是多少?

5. Q 公司股票的当前售价为 50 美元,一个一年期执行价格为 55 美元的看涨期权价格为 10 美元,无风险利率为 5%,连续复利,那么,一年期执行价格为 55 美元的看跌期权的价格为多少?

6. 以股票 A 为标的签发一份欧式看涨期权,其执行价格为 85 美元,期限为 9 个月。股票 A 目前的价格为 80 美元。在期权到期时,股票 A 的价格可能上涨 25%,也可能下降 20%。如果无风险利率为 8%,那么,这份期权的价值约等于多少?

7. 考虑同一股票的一年看涨期权和一年看跌期权,两者的执行价格都是 100 美元。如果无风险收益率为 6%,连续复利,股票的市场价格为 105 美元,并且看跌期权价格为 7 美元,那么看涨期权的价格为多少?

8. 一位客户咨询购买ABC公司股票的欧式买入期权,该期权当前的美元价格为55美元,股票的估计方差是0.04。如果期权25天后到期,而此间的无风险利率为5%,应该怎样向客户提出建议?

9. 资产组合A由400股股票和此种股票的400份看涨期权构成。资产组合B由500股股票组成,期权的德尔塔值是0.5,如果股价发生变化,则对哪个组合的影响比较大?

10. 一可转换债券面值为1 000美元,市值为900美元。当前该债券发行公司的股价为28美元,转换比率为30股。则此债券转换溢价为多少?

11. *A公司股票现在价格为每股100美元。一看涨期权的执行价格为90美元,到期日为60填,现价为12美元。无风险利率为4%。隐含的股票收益率标准差为33%,且伺候60天内无红利支付(一份期权对应100股股票)。假设你相信未来两个月A公司股票收益标准差将是37%,你将如何操作?操作了上一步之后,你构造了一个资产组合,此时看涨期权的价格向面值靠拢,你实现的利润为多少?

12. *B公司股票现价为每股50美元。看跌期权的执行价为55美元,到期日为60天,其价格为5.2美元。无风险利率为4%。隐含的股票收益率标准差为25%,且在60天内无红利支付。假如你认为在未来两个月股票收益标准差将是20%,看跌期权被定价过高,你将如何操作?在构造了上述组合之后,看跌期权的价格向面值靠拢,你现实的利润为多少?

习题答案

第1章 金融市场与投资环境

（略）

第2章 投资理论

1. $w_A = 22.03\%$。
2. 风险厌恶型。
3. 15%
4. $\beta_2 = 1.25$
5. $w_A = 42.86\%, w_B = 57.14\%$。
6. $W_s = 60\%, W_b = 40\%$。
7. 风险资产组合。
8. a. 118 421 美元，b. $E(r) = 14\%$，c. 114 407 美元。
9. 股票市场价格为 50 美元。
10. $NPV = 11.97, \beta = 2.773$。
11. $E(r) = 15.5\%$。
12. BP 公司赢得了官司。
13. a. $k = 8\%$，b. $k = 7\%$，c. 预期收益 200 万美元。

第3章 债券市场与债券投资

1. 价格将上升。
2. 三种债券价格分别为：463.19 美元，1 000 美元，1 134.20 美元。
3. (1)当前价格 1 052.42 美元，六个月后价格 1 044.52 美元；(2)持有期收益率 4%/半年。
4. 价格上升，B 种债券上升幅度比较大。
5. 高于。
6. $i = 3.368\%$/半年。
7. 零息票债券不提供可用于再投资的息票利息。
8. $f_2 = 5\%, f_3 = 7.5\%, f_4 = 4.5\%$。
9. 存在套利机会，套利利润为 2.91 美元。
10. 正确。
11. 不确定。
12. 价格下降 3.64%。
13. $D = 2.833\ 4$ 年。
14. $D^* = 9.27$ 年。

15. (1)持有11/16的零息债,5/16的永久债;(2)持有12/17的零息债,5/17的永久债。

16. 资本损失百分比11.19%。

17. 用63.6%的5年期债券和36.4%的8年期债券构建免疫组合。

第4章 股票与基金

1. (略)

2. (1)自动化企业经济繁荣时表现更好,经济衰退时表现更差;(2)自动化企业β值高。

3. (1)大众汽车;(2)欢乐影院。

4. a.增长率 $g=10\%$;b.价格25美元。

5. 售价为20美元。

6. a.财富减少500万美元;b.26.3%。

7. 夏普比率为16%,特雷诺比率为4.44%,詹森比率为2.2%。

8. 处于行业成熟期。

9. (略)

10. 观点错误。

11. (1)101.82元;(2)18.52%。

12. (略)

13. (略)

第5章 远期与期货

1. 有套利机会。

2. 借入美元买入瑞士法郎,同时卖出瑞士法郎期货合约。

3. 远期价格20.51美元。

4. 远期价格28.89元,初始价值为零;远期价格34.52元,合约价格5.55元。

5. 期货价格10 236点。

6. 远期价格为84.49元。

7. 相比较低。

8. 期货价格988美元。

9. (1)略,(2)30万美元,(3)56250美元,(4)9.68%。

10. 24美元/盎司,0.01美元。

11. (略)

12. (略)

13. a.卖空;b.18份合约;c.13份合约。

14. (略)

15. (略)

16. (略)

第6章 期权分析与投资

1. （略）
2. （略）
3. 一年期利率 3.4%。
4. 最大利润为 200 美元，最大损失为 300 美元，盈亏平衡价格为 103 美元。
5. 看跌期权价格 12.3 美元。
6. 看涨期权价格 8.16 美元。
7. 看涨期权价格 17.82 美元。
8. 不值得购买。
9. 对 A 的影响较大。
10. 转换溢价 60 美元。
11. 实现利润 50 美元。
12. 卖出 85 股股票，实现利润 26.3 美元。

参 考 文 献

[1] 滋维·博迪,等. 2005. 投资学[M]. 朱宪宝,译. 北京:机械工业出版社
[2] 滋维·博迪,罗伯特·C莫顿. 2000. 金融学[M]. 伊志宏,译. 北京:中国人民大学出版社
[3] 中国金融教育发展基金会金融理财标准委员会. 2007. 金融理财原理[M]. 北京:中信出版社
[4] 威廉·夏普,等. 2005. 投资学[M]. 赵锡军,等,译. 北京:中国人民大学出版社
[5] 斯蒂芬·罗斯,等. 2009. 公司理财[M]. 吴世农,等,译. 北京:机械工业出版社
[6] 迟国泰. 2005. 金融与资本市场[M]. 大连:大连理工大学出版社
[7] 柳永明,李宏. 2008. 风险管理[M]. 上海:上海财经大学出版社
[8] 宋清华,李志辉. 2005. 金融风险管理[M]. 北京:中国金融出版社
[9] 郑振龙,陈蓉. 2006. 金融工程[M]. 北京:高等教育出版社
[10] 吴晓求. 2005. 证券投资学[M]. 北京:中国人民大学出版社

后　　记

金融学涉及的分支学科林林总总，但只有公司财务、投资学是从方法论的角度研究一般金融方法和原理的学科，其他学科往往都在运用这两门学科的基本原理和基本模型。

公司财务和投资学又有一些明显的区别：就整体而言，前者更基础一些，后者更专业一些。就涉及的数学公式或金融模型来讲，前者更简单一些，后者则更复杂一些，甚至还涉及艰涩的数学公式与推导。就金融学方法的三大理论支柱来说，前者更侧重于跨时期的资源最优化(货币的时间价值)和一般的资产估值，后者则更侧重于具体的资产估值和风险管理(包括投资组合理论)——本书的安排，就是更侧重于具体的资产估值和风险管理(包括投资组合理论)这两大金融学理论支柱的。

不言而喻，人们现在和过去的经济活动，在未来的经济效果或收益都充满了不确定性或风险。只不过这种不确定性或风险对于投资尤其是金融资产的投资而言，会相对更大一些。因此，投资风险管理应运而生。

一门课程名称的规范或许重要，但更重要的是其内容的设计和方法的选取。本书的内容涵盖了投资组合与风险管理(portfolio and risk management)这类许多国外 MBA 和其他形式研究生该类课程的主要内容。其中，风险管理旨在反映金融学科的核心内容和具有很强的应用性质。

现代金融学的第一次革命以亨利·M. 马科维茨(Harry M. Markowitz)于 1952 年发表于《金融杂志》的划时代的博士学位论文"证券组合选择"为标志，这项杰出的研究于 1990 年问鼎诺贝尔经济学奖。12 年后，马科维茨的学生威廉·夏普(William Sharpe)将其发展成为资本资产定价模型，他以这个成果的杰出贡献于 1990 年与其导师马科维茨一起问鼎诺贝尔经济学奖。

现代金融学的第二次革命开始于 1973 年。费希尔·布莱克(Fisher Black)和迈伦·斯科尔斯(Myron Scholes)，罗伯特·默顿(Robert Merton)提出期权定价理论，发表了"期权定价和公司负债"。B-S 公式给金融行业带来了现代鞅和随机分析的方法。这种方法使投资银行能够对无穷无尽的"衍生证券"进行生产、定价和套期保值。1997 诺贝尔经济学奖授予了在期权定价理论方面有杰出贡献的罗伯特·默顿和迈伦·斯科尔斯(由于诺贝尔奖不授予死者，故费希尔·布莱克未得奖)。

上述当代金融学第一次革命和第二次革命的经典之作在本书中都有专门章节论述，旨在使学生掌握其经典理论的用法，并能够通过案例的讨论和实例的研读，用其来初步地分析和解决问题。

近年来，笔者对金融进行了比较深入的研究。

一是商业银行风险管理研究的基金项目。主持的科学研究项目如下：

- "基于违约风险金字塔原理的小企业贷款定价模型"，国家自然科学基金项目(71171031)。
- "基于组合风险控制的银行资产负债管理优化理论与模型"，国家自然科学基金项目(70471055)。

- "贷款组合风险优化决策模型的研究",国家自然科学基金项目(70142008)。
- "银行贷款组合风险决策理论与方法的研究",国家自然科学基金项目(70042002)。
- "信贷风险决策方法的研究",国家自然科学基金项目(79942009)。
- "信贷风险管理量化模型的研究",国家自然科学基金项目(79770011)。
- "信用风险评价理论与模型研究",教育部科学技术研究项目(2011-10)。
- "银行资产负债管理的资源配置优化决策理论与模型研究",高等学校博士学科点专项科研基金项目(20040141026)。
- "Research on Methods of Decision-making for Credit Risk",加拿大国际开发署资助的国际合作项目(CCUIPP'1998)。

二是期货交易风险管理研究。主持的科学研究项目如下:

- "期货套期保值优化决策理论与模型的研究",国家自然科学基金项目(70571010)。
- "期货交易风险管理研究",中国期货业协会资助的中期协联合研究计划(第三期)资助课题(ZZ200505)。
- "中国期货市场交易风险管理制度研究",中国期货业协会资助的中期协联合研究计划(第二期)资助课题(GT200410)。
- "大连市粮食期货风险管理制度研究",大连市科技计划项目(2004C1ZC227)。

三是金融机构管理与评价研究。主持的国家社会科学基金项目有"我国商业银行效率与竞争力研究"(04BJY082)。

四是有代表性的金融机构风险管理咨询项目。主持的科学研究项目如下:

- "邮储行小额贷款信用风险评价系统研究",中国邮政储蓄银行有限责任公司课题。
- "基于金融机构风险评价的非信贷资产风险管理",中国邮政储蓄银行有限责任公司课题。
- "大连银行小企业贷款定价系统",大连银行课题。
- "大连银行小企业信用风险评价系统",大连银行课题。
- "贷款五级分类评价系统",大连银行课题。
- "银行信贷风险管理决策系统",北京金高科技股份有限公司课题。

抑或是在早期主持中国石油天然气股份有限公司课题"中国石油经营风险规避机制研究"中,其主要内容也涉及中国石油的投资风险的管理、中国石油的财务风险的管理、中国石油的价格风险管理和中国石油的汇率与利率风险管理等金融风险管理的内容。

笔者早期出版的《银行现代化管理方法》、《信贷系统工程概论》、《银行系统工程》等著作,对银行管理进行了初步的探索。

近几年笔者出版的《国际金融》、《财务管理》、《财务管理案例》等著作,又对金融学的部分内容进行了较多的涉猎。

在教学实践中,笔者在管理科学与工程一级学科博士点带研究生的研究方向包括金融数学与金融工程、商业银行风险管理、信用风险管理决策理论与模型、公司财务风险管理、商业银行效率与竞争力评价理论与模型。在金融工程博士点带研究生的研究方向包括金融数学、商业银行风险管理决策理论与模型、信用风险管理决策理论与模型、期货交易风险管理决策理论与模型、公司财务风险管理决策理论与模型。在企业管理博士点带研究生的研究方向包括财务管理、信用管理、公司治理。

以上科研与教学的实践仅仅是在金融领域某些科学问题的纵深探索，众多的金融学科的问题尚未触及，因为金融学科这个领域实在是太大、太广博了。

诚如前言所述，与科研成果的论文发表、专著撰写的标新立异不同，教材的特色在于针对特定的读者，有针对性地对经典理论的内容进行取舍和结构重组。虽然结构的变化与重组或许能使系统产生新的功能，但笔者仍然对那些金融理论的经典作者心存感激并表示深深的敬意。因为没有这些大家之作流传于世，要想编写一本合适的教材是不可能的，要想进行金融理论与方法的进一步研究，也是不可能的。

随着教育的发展，对金融理论与实务教学也会提出越来越高的要求。期待着读者对本书提出宝贵意见，反馈意见敬请发电子邮件予笔者本人：chigt@dlut.edu.cn。

非常欢迎对金融理论和实务研究感兴趣的同行或业界人士指导我们的金融研究或进行合作研究，我们的研究背景请详见位于大连理工大学研究生院或大连理工大学管理学院的迟国泰人主页：http://gs.dlut.edu.cn/newVersion/chgt.page, http://management.dlut.edu.cn/TeacherInfoModelPage/teacher1/chiguotai.html。

迟国泰

2013 年 7 月于大连理工大学工商管理学院

教师服务

感谢您选用清华大学出版社的教材！为了更好地服务教学，我们为授课教师提供本书的教学辅助资源，以及本学科重点教材信息。请您扫码获取。

❯❯ 教辅获取

本书教辅资源，授课教师扫码获取

❯❯ 样书赠送

财政与金融类重点教材，教师扫码获取样书

 清华大学出版社

E-mail: tupfuwu@163.com
电话: 010-83470332 / 83470142
地址: 北京市海淀区双清路学研大厦 B 座 509

网址: http://www.tup.com.cn/
传真: 8610-83470107
邮编: 100084

教师服务

感谢您选用清华大学出版社的教材！为了更好地服务教学，我们为授课教师提供本书的相关教学辅助资源，以及本学科重点教材信息。请您扫码获取。

> 教学资源提取

本书配套教学课件，需要的教师可扫码获取。

> 样书赠送

"数据与信息管理"重点教材，教师扫码获取样书。

清华大学出版社

E-mail: fuqiwu@163.com
电话: 010-83470332、83470142
地址: 北京市海淀区双清路学研大厦B座509

网址: http://www.tup.com.cn/
传真: 8610-83470107
邮编: 100084